우리, 서로 사랑하자

우리, 서로 사랑하자

지은이 | 유기성
초판 발행 | 2014. 9. 25
29쇄 발행 | 2023. 6. 28
등록번호 | 제3-203호
등록된 곳 | 서울특별시 용산구 서빙고로 65길 38.
발행처 | 사단법인 두란노서원
영업부 | 2078-3352   FAX | 080-749-3705
출판부 | 2078-3331

책 값은 뒤표지에 있습니다.
ISBN 978-89-531-2083-9 03230

독자의 의견을 기다립니다.
tpress@duranno.com   www.duranno.com

이 책의 성경 본문은 《성경전서 새번역》을 사용하였습니다.

두란노서원은 바울 사도가 3차 전도여행 때 에베소에서 성령 받은 제자들을 따로 세워 하나님의 말씀으로 양육하던 장소입니다. 사도행전 19장 8-20절의 정신에 따라 첫째 목회자를 돕는 사역과 평신도를 훈련시키는 사역, 둘째 세계선교(TIM)와 문서선교(단행본·잡지) 사역, 셋째 예수문화 및 경배와 찬양 사역, 그리고 가정·상담 사역 등을 감당하고 있습니다. 1980년 12월 22일에 창립된 두란노서원은 주님 오실 때까지 이 사역들을 계속할 것입니다.

유기성 지음

우리,
서로
사랑하자

"당신은 예수님과
얼마나 친밀하십니까?"

두란노

제게 있어서 교회는 애증이 교차되는 곳이었습니다. 저의 증조할머니가 선교사를 통해서 예수를 처음 믿게 된 후, 아들인 저의 할아버지가 목사가 되셨고, 저의 아버지도 목사가 되셨으니, 저는 3대째 목사입니다. 저는 목사의 집에서 자라나 어려서부터 예수를 믿었고, 예배당과 사택이 어려서부터 제 생활공간이었습니다.

그러나 목회자의 아들로 교회 안에서 자란 제게 교회는 기쁨이 아니었습니다. 솔직히 교회를 떠나고 싶었던 때가 여러 번이었습니다. 그래서 친구 하나도 전도하지 못했습니다. 교회에 데려오고 싶은 마음이 없었기 때문입니다.

제게 교회란 어른들의 싸우는 모습만 남아 있는 곳이었습니다. 어찌 교회에서 싸우는 일만 있었겠습니까? 좋은 일들도 있었을 것입니다. 그러나 어린 저의 눈에 비친 교회 어른들은 늘 싸우는 분들처럼 보였습니다. 어려서 제일 무서운 분은 장로님이셨습니다. 안방에서 밥을 먹다가 장로님이 찾아오시면 밥 수저를 놓고 동생들과 뒷방으로 들어가 쪼그리고 앉아서 돌아가시기만을 기다린 적이 한두 번이 아니었습니다. 아버지 심부름으로 재정 장로님께 돈을 받으러 장로님이 경영하시는 가게에 가면 장로님은 제가 무슨 일로 왔는지를 아시면서도 문밖에 세워 놓고 몇 시간씩 기다리게 하셨습니다. 지금도 그때의 기억이 선명합니다.

어머니는 제가 신학교 4학년 때 심장 수술을 준비하시다가 견뎌내지 못하고 돌아가셨습니다. 예배당을 건축해야 하는 어려운 교회 형편 때문에 병을 숨기시다가 수술할 시기를 놓치신 것입니다. 장인어른도 목사님이셨는데, 아내가 대학입시를 치러야 할 고3 때 간암으로 세상을 떠나셨습니다. 목사 안수 받을 때 저는 하나도 기쁘지 않았습니다. 목사 안수를 받는다고 감격해 하는 동료들을 보며 "나는 목사가 되어야 하나?" 하는 고민을 수도 없이 했습니다.

요즘 전도가 안 된다고 아우성인데, 전도가 안 되는 첫 번째 이유를 꼽으라면 당연히 전도를 하지 않기 때문일 것입니다. 변명의 여지가 없습니다. 그러나 전도를 열심히 해도 결실이 적은 것은 교회가 사랑으로 소문나지 않았기 때문입니다. 세상 사람들은 교회가 싸우는 데라고 여깁니다. 정말 기가 막히고 가슴을 치고 통탄할 일이지만 아니라고 변명할 수도 없습니다. 교인들이 교인들을 무서워하는 것이 현실입니다. 어려운 문제를 상담하고 기도 받고 가면서 "목사님, 다른 교인들은 모르게 해주세요!" 하는 말을 많이 듣습니다. 교회 안에 입소문이 얼마나 무서운지 모릅니다. 교회 자체가 전도의 장애물이 되고 있는 것입니다.

교회가 처음부터 그랬던 것은 아닙니다. 초대 교회의 교부인 터툴리안Tertulian 이 그 당시 사람들에게 전도할 때는 언제나 "예수 믿는 사람들처럼, 서로 사랑하며 사는 사람들을 본 적이 있습니까?"라고 물었다고 합니다. 당시에는 이 질문에 이의를 제기하는 이들이 없었습니다. 지금도 이 말씀처럼 전도할 수 있다면 얼마나 좋을까요?

십자가 복음이 싸움 하나, 미움 하나 해결하지 못한다면 그것을 복음이라고 할 수 있습니까? 상처 난 자를 더 괴롭게 하는 곳에 환자를 보낼 사람이 누가 있을까요? 교회는 사랑으로 소문나야 진정한 예수님의 교회입니다.

주일 예배에 참석하는 교인 수가 늘어나면서 예배 인원수에 자꾸 신경이 쓰이는 것을 부인할 수 없었고, 교인들도 그런 것 같았습니다. 교회는 부흥하는 것 같은데 무엇인가 잘못되어 가고 있음을 느꼈습니다. 그때, 주님께서 저에게 분명한 말씀을 주셨습니다. 선한목자교회가 교인 수나 건물 크기로 소문난 교회가 아니라 '사랑으로 소문난 교회'여야 진정으로 하나님이 기뻐하신다는 것입니다. 생각해 보니 보통 심각한 문제가 아님을 비로소 깨달을 수 있었습니다. 교회의 진정한 핵심 가치를 깨닫고 난 후에 찾아온 가장 큰 변화는 사람이 달라 보이는 것이었습니다. 평소에 사랑이 안 되는 사람, 부흥에 걸림돌이 되는 사람이라고 여겨졌던 사람들이 정말 귀한 존재로 부각되는 것입니다. 사랑의 기적을 경험하게 하시려고 허락한 사람들로 보이는 것입니다. 그리고 주님은 제게 주신 소명을 다시 확인시켜 주셨습니다.

신학교 3학년 시절, 학교 채플 시간이었습니다. 그날 설교자로 오신 목사님의 성함은 기억나지 않지만 설교 본문은 아직도 기억하고 있습니다. "사랑하는 자들아 우리가 서로 사랑하자"요일 4:7 입니다. 성경 봉독 시간에 그 말씀을 읽는데, 갑자기 눈물이 쏟아져 정말 서럽게 울었습니다. 주위 친구들에게 미안할 정도로 눈물을 억제하기 힘들었습니다. "우리, 서로 사랑하자." 그 성경 구절이 마치 주님의 탄식처럼 들렸고, 제 가슴 깊은 곳에 응어리져 있는 어려서부터 받은 교회에 대한 상처 같았습니다. 그날 그렇게 울고 난 다음 제 마음에는 놀라운 변화가 생겼습니다. "내가 목사가 되면 서로 사랑하는 교회를 만들 거야!" 하는 다짐이 생긴 것입니다. 목사가 되어 무엇을 할 것인지가 분명해진 것입니다. 제 마음에 있었던 쓴 뿌리와 상처, 곧 싸우는 교회의 기억이 천국 같은 사랑과 기쁨이 충만한 교회를 세우라는 소명이 된 것입니다.

그때부터 요한일서는 꼭 한번 강해 설교를 해 보고 싶은 성경이었습니다. 그리고 드디어 주일예배 때 요한일서를 강해하기로 결정한 후, 말씀을 준비할 때마다 얼마나 많이 울었는지 모릅니다. 신학생 때는 마음이 아파서 울었지만, 지금은 우리의 연약함에도 불구하고 변함없이 사랑하시고, 또 사랑만 하며 살 수 있도록 해주시는 주님을 바라보며 감격하여 울었습니다.

사랑이 없어서 상처받았거나, 사랑에 목말라 사랑을 찾아 헤매는 성
도들과 이 말씀을 함께 나누고 싶습니다. 책을 위해서 원고를 작성한
것이 아니라, 매주 설교했던 내용을 정리한 것이기에, 중복되는 듯한
느낌이 있지만, 매 장마다 요한 사도를 통해, 주님으로부터 직접 말씀
을 듣는다는 마음으로 본다면 강조해서 하는 말씀으로 읽으실 수 있을
것입니다.

원고 작업을 해주신 두란노서원 출판부와 교정에 함께 수고해 준 아
내와 큰딸 지영이에게 고마운 마음을 전하고 싶습니다. 무엇보다도 사
랑의 삶을 함께 배우며 살아가는 동역자인 선한목자교회 모든 교우들
께 감사를 드립니다.

2014년 9월
유기성

우리,
서로
사랑하자

차례

프롤로그

PART 01   예수님을 알게 되는 기적
01 당신은 예수님과 얼마나 친밀하십니까?   15
02 빛 가운데 사는 기쁨을 누리십시오   33
03 하나님을 사랑하면 기적이 일어납니다   55
04 하나님을 사랑할 때 비로소 눈이 뜨입니다   73
05 그리스도 안에 머물러 있어야 합니다   91

PART 02   사랑으로 뒤집어지는 인생
06 우리는 죄를 지을 수 없게 된 사람입니다   113
07 하나님의 자녀와 악마의 자녀가 드러납니다   133
08 사랑만 하며 삽시다   151
09 우리가 믿는 분은 살아 계신 주입니다   171
10 하나님처럼 사랑하게 됩니다   191

PART 03   세상을 이기는 사람들
11 천국을 바라보면 사랑을 갈망하게 됩니다   211
12 예수님이 세상을 이기게 해 주십니다   229
13 나의 생명, 주께 있습니다   249
14 복음을 거부하는 죄는 용서 받을 수 없습니다   269
15 주님이 지켜 주시므로 두려울 것이 없습니다   287

에필로그

PART 01

예 수 님 을
알 게 되 는 기 적

그저 예수님을 믿는다고 말하는 것과 예수님과 사귐을 갖는 것은 굉
장한 차이가 있습니다. 예수님과 친밀히 사귀고, 예수님과 온전히 하
나가 된 사람만이 진짜 예수님을 믿는 사람입니다. 예수님을 깊이 만
나려면 빛 가운데로 나아가야 합니다. 내 삶을 그대로 주님 앞에 드러
내야 합니다. 그러면 주님이 나의 삶을 만지실 것입니다.

요한일서 1:1-4

1 이 글은 생명의 말씀에 관한 것입니다. 이 생명의 말씀은 태초부터 계신 것이요, 우리가 들은 것이요, 우리가 눈으로 본 것이요, 우리가 지켜본 것이요, 우리가 손으로 만져 본 것입니다. 2 이 생명이 나타나셨습니다. 우리는 그것을 보았습니다. 그래서 우리는 이 영원한 생명을 여러분에게 증언하고 선포합니다. 이 영원한 생명은 아버지와 함께 계셨는데, 우리에게 나타나셨습니다. 3 우리가 보고 들은 바를 여러분에게도 선포합니다. 우리는 여러분도 우리와 서로 사귐을 가지기를 바라는 것입니다. 우리의 사귐은 아버지와 또 그의 아들 예수 그리스도와 함께하는 사귐입니다. 4 우리가 이 글을 쓰는 것은 우리 서로의 기쁨이 차고 넘치게 하려는 것입니다.

유기성 목사님의 〈요한일서〉 강해 1강을 볼 수 있습니다.

CHAPTER 01

당신은 예수님과
얼마나 친밀하십니까?

예수님을 믿는 사람은 성경을 많이 알거나 직분이 있는 사람이 아니라,
예수님과의 진정한 사귐이 있는 사람입니다. 예수님과 온전히 하나가 된
사람만이 예수님을 믿는 사람입니다.

예수님을 진짜 믿습니까?

우리가 세상을 살면서 힘들고 어려운 일을 만나면 "기도합시다"라는
말을 듣곤 합니다. 그러나 정말 기도만하면 모든 문제가 해결될까요?
물론, 기도도 안 하는 것은 문제가 있습니다. 그러나 무턱대고 기도만
한다고 어려운 일이나 시험 거리가 해결되는 것은 아닙니다. 그렇다면
성경이 이렇게 두껍게 기록될 이유가 없습니다. 그저 한 줄로 "힘들고
어려우면 기도해라" 하면 그만일 것입니다. 성경이 이렇게 두껍게 기
록된 것은 기도를 하되 하나님의 뜻이 무엇인지, 하나님이 무엇을 원
하시는지, 하나님이 무엇을 계획하고 계시는지를 알고 기도하라는 것
입니다. 하나님의 뜻을 분명히 알고 기도하는 것과 무턱대고 기도만

하는 것이 똑같을 수 있겠습니까?

요한일서를 통해서 우리는 이 세상을 향한 하나님의 계획을 보게 됩니다. 특히 우리 그리스도인들을 향한 하나님의 계획을 알게 됩니다. 요한 사도는 요한일서 첫 부분에서 아주 놀라운 말을 합니다. 예수님을 믿는다는 것은 예수님과의 사귐이라는 것입니다. 그저 예수님을 믿는 것과 예수님과 사귐을 갖는 것은 굉장한 차이가 있습니다. 그러므로 자신이 예수님을 믿는다고 생각한다면 스스로 예수님과 얼마나 친밀히 사귀고 있는지를 돌아볼 필요가 있는 것입니다.

제가 부산에서 목회를 할 때, 당시 초등학교에 다니던 큰딸 지영이가 부산에 온 유명한 가수의 공연에 가 보고 싶다고 했습니다. "아빠, 콘서트 가도 돼요?" 이렇게 묻더군요. 솔직히 저의 마음은 '안 갔으면' 하는 것이었습니다. 공연에 가는 것이 아이에게 큰 유익이 되지 않을 것 같았기 때문입니다. 그러나 아버지가 가지 말라고 해서 안 가는 것은 딸의 열망을 진정으로 해결해 주는 것이 아닌 것 같아서 하나님께 물어보라고 했습니다. "하나님께 물어봐. 하나님께서 가라고 하시면 가도 되겠지. 그러나 하나님께서 가지 말라고 하시면 안 가는 것이 옳지 않겠니?"

그런데 저의 딸이 하나님께 여쭤보고 그 응답을 들었을까요?

한번은 조지 뮬러 George Müeller 목사님에게 어느 단체 대표자들이 찾아와서 "무엇을 도와드리면 좋겠느냐?"고 물었습니다. 수천 명의 고아들을 먹이는 목사님의 사역을 귀하게 여기고 뭔가 돕고 싶은 마음으로 찾아온 것입니다. 그런데 조지 뮬러 목사님은 그들에게 아주 쌀쌀맞게 대답했습니다.

“하나님께 물어보시지요? 제게 물어볼 필요가 뭐 있나요. 무엇을 도
와줄지 하나님께 물어보시고, 하나님께서 말씀하신 대로 하세요.”

조지 뮬러 목사님이 이렇게 대답한 것은, 목사님이 하나님께 약속한
것이 있었기 때문입니다.

“고아들을 먹이고 살릴 때 누구의 도움도 부탁하지 않겠습니다. 오
직 하나님께 기도하면 하나님께서 응답해 주셔서 이 아이들을 다 먹
여 살리실 것을 믿습니다.”

이렇게 지나칠 정도의 결단을 한 것은, 당시에 많은 교인들이 기도
에 응답하시는 하나님을 진짜로 믿지 않았기 때문입니다. 그들은 하나
님이 정말 살아 계셔서 자신들을 도우신다는 것을 안 믿었습니다. 그
래서 돈을 벌어야 하겠기에 주일도 제대로 지키지 않았습니다. 조지
뮬러 목사님은 설교만 해서는 안 되겠다고 결심하고, 기도만으로 고아
를 먹여 살려 보겠다고 결단했습니다. 그런데 사람들이 와서 “무엇을
도와드릴까요?”라고 하니, 무엇을 도와달라고 하는 대신 “기도해 보세
요. 하나님이 응답하실 것입니다”라고 한 것입니다. 그러면 그 단체의
사람들은 하나님께 기도해서 조지 뮬러 목사님에게 필요한 것을 정확
히 응답받았을까요? 조지 뮬러 목사님의 책에 이 부분에 대해서는 자

세히 쓰여 있지 않았습니다.

우리가 삶 속에서 하나님께 "어떻게 할까요?"라고 물으면 정말 주님이 친절하게 응답하실까요? 이렇게 하나님을 믿고 살 수 있을까요? 많은 그리스도인들이 이 점에 대해서 영 자신이 없어 합니다. 그저 교회 다니는 것이 예수 믿는 것이라고 생각하지, 예수님과의 친밀한 사귐에 대해서는 자신이 없습니다.

요한 사도는 자신이 예수님의 제자로서 예수님으로부터 직접 말씀을 들었고, 예수님을 직접 보았고, 예수님을 직접 만져도 보았다는 말로 요한일서를 시작합니다. 1장 1절에서 언급한 '생명의 말씀'은 예수님을 말하는 것입니다.

> "이 생명의 말씀은 태초부터 계신 것이요, 우리가 들은 것이요, 우리가 눈으로 본 것이요, 우리가 지켜본 것이요, 우리가 손으로 만져 본 것입니다" 요일 1:1.

사람마다 성격이 다 다른데, 사람들에게 유난히 친밀하게 대하는 사람이 있습니다. 요한 사도가 그런 사람이었습니다. 그는 예수님께 아주 친밀하게 대했던 유별난 제자였습니다. 명화 〈최후의 만찬〉을 보면 예수님께 기대어 안겨 있는 제자가 있는데, 바로 요한 사도입니다. 만졌다는 표현을 쓴 걸 보면, 그는 예수님과 다닐 때 예수님의 손을 만지곤 했던 것 같습니다. 이렇게 요한 사도가 예수님의 말씀을 직접 들었고, 직접 보았고, 또 직접 만져 보았다고 말하는 것은 자신이 주님과 그런 특별한 관계에 있었다는 것을 과시하고 자랑하려고 한 말이 아닙니다. 요한일서를 읽는 모든 그리스도인도 자신처럼 그렇게 친밀하게 주님과 사귈 수 있다는 말을 하려고 한 것입니다.

3절을 보면, "우리가 보고 들은 바를 여러분에게도 선포합니다. 우리는 여러분도 우리와 서로 사귐을 가지기를 바라는 것입니다. 우리의 사귐은 아버지와 또 그의 아들 예수 그리스도와 함께하는 사귐입니다"라고 했습니다. 요한 사도가 우리와 함께 사귀자고 말하는 것은 그저 친하게 지내자는 뜻이 아닙니다. 그가 누리고 있는 이 엄청난 축복, 즉 예수님과의 친밀한 교제를 우리와 같이 나누고 싶다는 말입니다. 요한 사도는 이 서신을 읽는 모든 이들에게 예수님과 친밀한 관계를 가지라고 간곡하게 권하고 있는 것입니다. 지금 당신은 어떠십니까? 당신은 예수님과 친밀하게 사귀고 있습니까?

예수 믿는 사람은 어떤 사람입니까? 주일에 교회 와서 예배드리는 사람, 신상명세서의 종교란에 기독교라고 쓰는 사람입니까? 예수를 믿음으로 속죄함을 받고 하나님의 자녀가 되었다고 고백하는 사람입니까? 세상 사람들은 그렇게 생각할지 모르지만 성경을 자세히 보면 그렇지 않습니다. 이 정도 가지고는 아직 예수 믿는 사람이라고 말하기 이릅니다. 예수님과 사귐이 있는 사람, 그것도 친밀한 관계를 누리고 있는 사람이 예수 믿는 사람입니다.

예수를 믿는다는 사람 중에 별의별 사람이 많습니다. 성경이 하나님의 말씀인 것을 분명히 믿지 않으면서 자기가 예수 믿는 사람이라고 말하기도 합니다. 십자가 복음을 믿지 않으면서도 자기가 기독교인이라고 말하는 사람도 있습니다. 이런 문제로 신학적 논쟁이 일어나기도 합니다. 그래서 정통 보수 신앙이 필요합니다. 성경이 하나님의 말씀임을 믿고, 십자가 복음을 분명히 믿는 것은 대단히 중요합니다.

그런데 정통 보수 신앙을 가진 사람은 예수님을 진짜로 믿는 것입니까? 아직 그렇다고 단정하기 어렵습니다. 정통 보수 신앙을 가졌는데도 용서하지 못하고, 사랑하지 못하는 사람들이 있습니다. 정말 예수 믿는 사람이라면 원수도 사랑하고, 자신을 핍박하는 자를 위해 기도하는 사람이어야 할 것입니다. 그런데도 분명히 자신이 예수님 때문에 지옥에 갈 처지에서 용서받았고, 구원받았으며, 하나님의 자녀가 되는 권세를 얻었다고 하면서도 자신은 죄지은 자를 용서하지 못하고, 미워하고 싸우는 이유가 무엇일까요? 예수님과의 사귐이 없기 때문입니다.

목사요, 장로요, 신학 박사라 할지라도 이기적인 욕심, 명예 욕심이 해결되지 않았다면 그들이 가진 정통 보수 신앙은 단지 지식일 뿐입니다. 지식으로 믿는 신앙은 아무 힘이 없습니다. 진정 예수 믿는 사람은 성경이나 신학 지식을 많이 가졌거나 교회에서 어떤 직분을 가진 사람이 아니라, 예수님과의 진정한 사귐이 있는 사람입니다. 예수님이 포도나무가 되시고 그 사람은 그 가지가 되어 그가 예수님 안에 거하고 예수님이 그 사람 안에 거하는 사람입니다. 이처럼 예수님과 온전히 하나가 된 사람이 예수 믿는 사람입니다.

요한계시록 2장에 보면, 에베소 교회가 나옵니다. 에베소 교회는 정통 보수 신앙을 철저히 지킨 교회입니다. 정통 보수 신앙을 굉장히 자랑스럽게 여기는 교회나 교단이 있는데, 에베소 교회가 그 대표적인 교회였습니다. 이단과 싸워서 기독교 교리를 지켜 낸 교회입니다. 그 점에 대해서는 예수님께서도 인정하셨고 칭찬도 하셨습니다. 그러나 에베소 교회는 무서운 경고를 받았습니다. 십자가 촛대를 옮기시겠다는 경고였습니다. 그것은 그들이 예수님을 향한 첫사랑을 잃어버렸기 때문입니다. 교리적으로는 아주 훌륭했습니다. 지식적으로도 완벽합니다. 그런데 문제는 사랑이 없는 것입니다. 이런 성도들과 교회가 오늘날도 많습니다. 정통 보수 신앙은 별로 자랑할 것이 아닙니다. 정말 자랑할 게 있다면 사랑을 자랑해야 하는 것입니다. 이 사랑은 예수님과의 실제적인 사귐에서부터 나옵니다. 예수님으로 인해 흘러나오는 것입니다.

요한복음 17장을 보면 다음과 같이 말씀하고 있습니다.

"영생은 곧 유일하신 참하나님과 그가 보내신 자 예수 그리스도를 아는 것이니이다" 요 17:3, 개역개정.

영생은 우리가 죽고 난 후 천국에 가서 영원히 사는 것을 뜻하는 게 아닙니다. 문자적으로만 해석하면 그런 뜻이지만, 성경이 말하는 영생은 예수님을 아는 것입니다. 여기서 '안다'는 것은 지식이 아니라 사귐, 즉 예수님과의 교제를 말합니다. 마음에 예수님이 와 계시고, 예수님과 친밀한 교제를 나누는 사람은 이미 영생을 가진 사람입니다. 그렇게 살다가 천국에 가는 것입니다. 만일 예수님과의 사귐이 없다면 영원한 천국에서의 삶도 없는 것입니다. 그래서 예수님이 "영생은 예수 그리스도를 아는 것"이라고 말씀하신 것입니다.

우리가 가족 관계나 교우 관계를 맺을 때도 그 기본은 예수님과의 사귐에서부터 시작됩니다. 3절을 보면, "우리의 사귐은 아버지와 또 그의 아들 예수 그리스도와 함께하는 사귐"이라고 했습니다. 부부 관계나 부모와 자녀의 관계, 형제간의 관계는 모두 예수님과 함께하는 사귐입니다. 혹시 부부 싸움을 하다가 "어디 시시비비를 한번 가려 보자. 누가 잘했나 따져 보자"라고 하면 큰일 납니다. 예수님과 함께하는 관계이기 때문에 먼저 예수님께로 가야 합니다. 그리고 예수님과의 관계를 점검해 봐야 합니다. 왜 부부 싸움을 할 수 밖에 없었을까요? 예수님과의 관계에 문제가 생겼기 때문입니다. 예수님과의 관계가 회복되고 나면 해결이 안 될 문제가 없습니다. 부모와 자녀의 관계, 형제들과의 관계도 똑같습니다. 예수 믿는 성도들의 가족 관계는 다 예수님과 함께하는 관계입니다. 그러므로 가족을 볼 때 예수님이 함께 보여야 합니다. 예수님이 함께 보일 때, 천국 같은 관계를 맺고 살 수 있는 것입니다.

교회에서도 마찬가지입니다. 교인들과의 관계는 다 예수님과 함께하는 관계입니다. 그러므로 교인들을 볼 때, 예수님이 함께 보여야 합니다. 교인들 사이에 어려운 일이 생겼습니까? 그렇다면 예수님과의 관계에 문제가 생긴 것입니다. 만나서 따지기 전에 일주일동안 주님과의 관계를 먼저 점검하는 시간을 가지면 해결되지 못할 문제가 없습니다.

우리 그리스도인들에게는 세상을 변화시켜야 하는 사명이 주어졌습니다. 그런데 요한일서를 보면 "세상을 변화시키라. 세상을 변혁시키라"는 말씀이 안 나옵니다. 왜 그럴까요? 세상은 우리가 변화시킬 수 있는 대상이 아니기 때문입니다. 우리 힘으로는 세상을 못 바꿉니다. 세상은 이미 악한 영이 장악하고 있는 영역입니다.

그렇다고 해서 우리가 세상을 떠나 수도원이나 산속에 들어가서 살아야 하는 것은 아닙니다. 요한 사도는 세상을 변화시키기 전에 먼저 예수님과의 사귐을 바로 가지라고, 예수님과 온전히 연합하라고 말합니다. 그러면 예수님이 우리를 통해 세상을 변화시키십니다. 그때 비로소 우리가 세상을 변화시키는 자가 되는 것입니다. 그 전에 먼저 꼭 해야 할 것이 있습니다. 바로 예수님과 친밀한 관계를 갖는 것입니다.

우리는 예수님과 친밀한 사귐을 가질 수 있다는 것을 믿어야 합니다. 요한 사도는 그가 예수님을 아는 것처럼 우리도 예수님과 친밀한 사귐을 가질 수 있다고 말합니다. 예수님은 요한복음 14장에서 다음과 같이 말씀하셨습니다.

> "내가 너희를 고아와 같이 버려두지 아니하고 너희에게로 오리라
> 조금 있으면 세상은 다시 나를 보지 못할 터이로되 너희는 나를 보
> 리니"요 14:18-19, 개역한글.

주 예수님이 우리 눈에 보이거나 손에 잡히지는 않으시지만, 우리와 늘 함께 계신 것을 믿어야 합니다.

아프리카 선교의 구심점이 된 선교단체 HAMHeart of Africa Mission 과 WECWorldwide Evangelization for Christ 의 설립자인 C. T. 스터드Studd 선교사

님이 아프리카에 가서 아주 자그마한 선교관을 짓고 그곳에서 사역을 시작하셨습니다. 그런데 어느 날 그 선교관에 뱀이 들어온 사건이 일어났습니다. 이에 대해 선교사님이 사모님께 보낸 편지에는 이렇게 쓰여 있었습니다.

"하나님의 보호의 손길이 우리를 덮고 있소. 오늘 아침에 식사를 하자마자 아이들이 들어와서 침대에 뱀에 있다고 하더군. 담요를 들춰 보니 가느다란 초록색 뱀이 있었소. 물리면 죽는다고 원주민이 일러 주던 바로 그놈이더군. 간밤에 그놈과 함께 잔 거요. 그러나 하나님이 보내 주신 사자는 아마 한숨도 못 잤을 거요."

이것이 스터드 선교사님의 믿음이었습니다. 그는 뱀이 이불 속에 들어와 있는지도 모르고 피곤해서 정신없이 잤습니다. 그러나 하나님은 뱀이 그를 물지 못하도록 밤새도록 지켜 주셨습니다. 주님은 멀리 하늘에 계신 분이 아니고, 지금 나와 함께 계시는 분입니다. 세상은 주님을 보지 못하지만, 나는 주님을 알도록 밤새 나를 지키시는 분입니다. 우리는 이 사실을 실제로 믿어야 합니다.

예수님을 만나는 방법

예수님을 믿고 예수님과 친밀한 교제를 나누려면 반드시 말씀을 봐야 합니다. 요한일서는 이렇게 시작합니다. "이 글은 생명의 말씀에 관한 것입니다." 생명의 말씀이란, 예수 그리스도를 말하는 것입니다. 그러면 예수 그리스도에 대한 말씀이라고 하면 될 텐데, 왜 생명의 말씀이라고 했을까요? 우리가 말씀을 통해서 예수님을 알게 되기 때문입니다. 그래서 요한 사도는 '말씀'과 '예수 그리스도'를 같이 썼습니다. 요한 사도는 예수님을 육신으로 알았습니다. 그러나 예수님이 승천하시고 난 다음에는 말씀으로 주님을 만났고, 주님과 교제했고, 주님과 동행했습니다. 그리고 우리 모두가 주 예수님을 말씀을 통해서 알게 되었습니다.

누가복음 24장에 보면, 엠마오로 가는 두 제자가 예수님을 만났을 때 이렇게 고백하는 모습이 나옵니다.

"저희가 서로 말하되 길에서 우리에게 말씀하시고 우리에게 성경을 풀어 주실 때에 우리 속에서 마음이 뜨겁지 아니하더냐" 눅 24:32, 개역한글.

예수님이 부활하신 후 엠마오로 가는 두 제자를 만나셨는데, 그들은 예수님을 못 알아보았습니다. 아마 예수님이 부활하신 후에 좀 변화된 모습으로 나타나셨던 것 같습니다. 그때 예수님이 "얘들아, 나를 좀 똑바로 보렴. 내가 누군지 모르겠니?"라고 하셨으면 제자들이 "혹시 주님이십니까?"라고 할 수도 있지 않았을까요? 이렇게 간단한 방법도 있건만, 예수님은 제자들에게 모세와 모든 선지자의 글로 시작하여 모든 성경에 예수님에 대해 말씀하신 구절들을 쭉 설명하십니다. 제자들이 그 말씀을 듣는 중에 가슴이 뜨거워진 것입니다. 그리고 예수님을 바라보는 눈이 뜨인 것입니다. 예수님은 왜 이렇게 하셨을까요? 이것이 우리가 지금 예수님을 만나는 방식이기 때문입니다. 우리는 말씀을 통해서 예수님이 우리와 함께 계시고, 우리 삶 속에 계시고, 우리에게 말씀하시고, 우리를 통해 역사하시는 것을 알게 됩니다.

예수님과 정말 친밀하게 사귀기를 원한다면 말씀을 봐야 합니다. 은사자를 찾아가거나 어떤 신비적인 방법에 매이지 말고 말씀을 묵상해야 합니다. 말씀을 24시간 붙잡고, 말씀을 통해서 말씀하실 주님을 바라보면 한 사람도 예외 없이 다 예수 그리스도와 친밀한 사귐을 갖게 됩니다.

존 웨슬리John Wesley 목사님은 1738년 5월 24일, 올더스게이트Alders Gate 거리에서 로마서 말씀을 듣다가 성령의 충만함을 받았습니다. 조지 뮬러 목사님은 회심하기 전에 부랑아였습니다. 그런데 어느 날 친구 집에 하루를 묵게 되었습니다. 그 친구의 집은 아주 경건했습니다. 매일 저녁에 예배를 드렸는데, 그 집에 묵다 보니 가정 예배를 드릴 때 할 수 없이 같이 앉게 되었습니다. 예배를 드리고 찬송을 부르고 말씀을 읽는데, 그의 마음에 너무나 놀라운 평안이 임했습니다. 지금까지 한 번도 경험해 보지 못한, 설명할 수 없는 평안과 마음의 은혜가 느껴진 것입니다. 그리고 "하나님은 살아 계시는구나. 예수님이 나를 사랑하시는구나. 나를 구원하실 분은 주님이시구나"라고 고백하며 회심하게 됩니다. 이것이 주님께로 돌아오게 된 계기입니다. 말씀이 이렇게 해 주는 것입니다. 만일 말씀을 떠나서 예수님을 만나기를 원한다면 그것은 잘못된 일입니다.

어느 신학생이 페이스북에 글을 올렸는데, 학교에서 교수님이 신학생들에게 이렇게 이야기를 했답니다.

"여러분이 신학교에서 성경구절 300구절만 외우고 나가면, 설교를 하거나 상담을 하거나 말씀을 나눌 때, 성경책을 안 보고도 성경 구절을 자유자재로 인용할 수 있을 것입니다. 그러면 교인들이 반드시 여러분을 존경하게 될 것입니다. '우리 전도사님, 우리 목사님, 정말 실력 있네. 신령하시네. 말씀을 저렇게 많이 아시네'라고 말할 것입니다. 여러분이 앞으로 목회를 할 때 굉장한 도움이 될 것이니 제 말을 반드시 명심하길 바랍니다."

그런데 그 신학생은 교수님의 그 말에 거부 반응이 일어났다고 합니다. 왜 그랬을까요? 교수님은 나름대로 뜻이 있어서 그런 말을 하셨겠지만, 성경은 교인들의 존경을 받기 위해서 외우는 것이 아니기 때문입니다. "내가 성경을 많이 안다. 내가 실력이 있는 목사다"라고 과시하려고 성경을 읽는 것이 아닙니다. 성경은 그런 목적으로 읽는 것이 아닙니다. 하나님이 왜 우리에게 성경을 주셨을까요? 지금도 우리와 함께 계시는 예수님을 우리가 알게 하려고 성경을 주신 것입니다.

정말 예수님과 그렇게 친밀하게 사귈 수 있을지, 살아 계신 예수님, 친밀하고 인격적으로 만나 주시는 예수님으로 믿을 수 있을지 아직도 확신이 안서는 분이 있을 것입니다. 그러나 예수님과의 사귐을 정말로 원하는 사람은 누구든지, 틀림없이 예수님과 친밀한 교제를 하게 될 것입니다. 그냥 교회만 왔다 갔다 하는 식으로 예수를 믿는 게 아니라, 예수님과의 사귐이 있는 삶이 성경의 약속인 줄로 믿고 받아들이는 사람은 누구든지 예수님을 만날 수 있습니다.

저는 목사의 아들로 자랐지만, 어릴 때는 주님과의 친밀한 교제를 몰랐습니다. 그러다가 고등학생 때 "예수 그리스도께서 너희 안에 계신 줄을 너희가 스스로 알지 못하느냐 그렇지 않으면 너희는 버림 받은 자니라"고후 13:5, 개역개정 는 말씀을 설교로 듣고 너무나 혼란스러웠습니다. '예수님이 내 안에 계신다니!' 그래서 전도사님께 가서 상담까지 했지만, 예수님이 내 안에 계신다는 사실이 안 믿어졌습니다. 제가 할 수 있는 것이라고는 믿는 척하는 것뿐이었습니다. 도저히 제 안에 예수님이 계신다는 것을 믿을 수가 없었습니다. 신학교에 들어가서도 그랬습니다. 정말 예수님을 만나고 싶었고, 친밀하게 교제하고 싶었지만 안 믿어졌습니다. 전도사 때도 안 믿어졌습니다. 저는 그때 혼란스러웠고, 심지어 두려웠습니다. '내가 명색이 전도사인데, 예수 믿는 사람이 아니라면 도대체 나는 무엇인가?' 얼마나 두려웠는지 모릅니다. 예수님과 친밀하게 교제할 자신이 없었습니다.

그러다가 목사가 됐습니다. 그러고도 목사가 됐으니 참 엉터리였죠. 그래도 좋은 목사라고 칭찬을 많이 받았습니다. 예수님과 친밀하지 않은 목사라도 사람들 앞에서 얼마든지 좋은 목사인 척할 수 있습니다. 그러나 하나님을 어떻게 속이겠습니까? 목사 안수를 받은 지 한 달 만에 군목 훈련을 받다가 제 삶에서 가장 큰 위기에 부딪혔습니다. 다리를 절게 될 처지가 된 것입니다. 그때서야 예수님을 인격적으로 만났습니다. 저 자신의 영적인 실상이 다 드러나고서야 비로소 주님을 나의 구주로 영접하게 되었습니다. 주님을 바라보는 눈이 뜨였습니다.

그 과정은 너무나 고통스러웠지만, 그때부터 모든 게 달라졌습니다.

그 후 목회를 하면서 예수님은 정말 살아 계시고, 우리와 함께 계심을 담대하게 증거할 수 있었습니다. 그것이 제 목회의 전부였습니다. 안산에서 목회할 때, 주님과 친밀히 교제하는 신앙에 대하여 더 깊이 전하였고, 제자 훈련을 본격적으로 시작하였습니다. 선한목자교회에 와서 11년째 목회를 하면서 저는 예수님을 마음에 왕으로 모시고 살라고, 24시간 예수님을 바라보라고 전하고 있습니다. 성도들이 제가 그것밖에 모르는 목사라고 생각할 정도로 전하고 있습니다. 이 말씀을 전할 때 제 안에 감격이 있습니다. 주님과의 친밀한 교제에 대해서 제가 정말 믿고 있다는 것이 너무나 놀라운 일이기 때문입니다. 저의 과거를 돌아보았을 때 이 같은 믿음은 어느 한순간에 이뤄진 일이 결코 아닙니다. 제 마음 안에 끊임없는 갈망이 있었습니다. 고등학생 때부터 "예수님이 내 안에 계신다는데, 왜 나는 그 주님을 만나지 못하는 거지?" 하며 정말 고민 많이 했습니다. 도저히 그냥 넘어갈 수가 없었습니다. 여러분도 성경에 있는 말씀을 건성으로 넘기지 마십시오. "정말 그렇다면 주님, 저를 만나 주세요." 이렇게 진심으로 주님께 고하시기 바랍니다. 분명 주님을 만나지 못할 사람이 한 사람도 없을 것입니다.

어느 날 C. T. 스터드 선교사님의 선교관에 아프리카 원주민들이 몰려들었습니다. 스터드 선교사님은 그들에게 "왜 제게 오셨나요? 저는 여러분에게 드릴 게 아무 것도 없습니다. 돈을 줄 수도 없고, 먹을 음식도, 옷도 줄 수 없습니다. 저는 오직 하나님의 말씀밖에는 전할 게 없습니다"라고 말했습니다. 그러자 아프리카 원주민들은 "우리는 아무것도 원하지 않습니다. 우리가 원하는 것은 오직 하나님, 그분입니다"라고 대답했습니다.

여러분은 어떻습니까? "하나님, 저는 아무것도 원하는 게 없어요. 돈, 아닙니다. 성공도 아닙니다. 건강도 아닙니다. 하나님, 저는 예수님, 오직 주님만을 원합니다." 이렇게 고백할 수 있다면 누구나 주 예수님 과 친밀히 교제할 수 있습니다.

D. L. 무디 Moody 목사님이 이런 이야기를 했습니다.

"영국 거리에서 걸어 다니는 사람은 가난한 사람이라는 뜻입니다. 마차를 타고 다니는 사람은 좀 나은 사람이고, 뒤에 시종을 한 명 거 느리고 있는 사람은 부자라는 뜻입니다. 만약에 시종을 두 사람 거 느리고 있다면 유산을 많이 받은 사람일 것입니다. 그런 뜻에서 하 나님의 자녀들은 가난한 사람이 없습니다. 왜냐하면 항상 시종 둘을 뒷자리에 태우고 다니기 때문입니다. 시편 23편 6절을 보면, "나의 평생에 선하심과 인자하심이 정녕 나를 따르리니"라고 했습니다. 선 하심과 인자하심이 우리를 따라다니는 것입니다."

당신 뒤에는 선하심과 인자하심이 따라다니고 있습니까? 그렇다면 유산을 많이 받은 것입니다. 이는 하나님의 자녀이기에 가능한 일입니 다. 우리에게 가장 큰 재산은 우리와 함께 계시는 주님입니다. 이 사실 을 아는 것이 진짜 예수를 믿는 것입니다. 그리고 거기서부터 성도들 의 삶에 영광이 나타나게 됩니다.

정말로 예수 믿는 사람은

무엇을 많이 알거나

무슨 직분이 있는 사람이 아니라,

예수님과의 진정한 사귐이 있는

사람입니다.

요한일서 1:5-10

⁵ 우리가 그리스도에게서 들어서 여러분에게 전하는 소식은 이것이니, 곧 하나님은 빛이시요, 하나님 안에는 어둠이 전혀 없다는 것입니다. ⁶ 우리가 하나님과 사귀고 있다고 말하면서, 그대로 어둠 속에서 살아가면, 우리는 거짓말을 하는 것이요, 진리를 행하지 않는 것입니다. ⁷ 그러나 하나님께서 빛 가운데 계신 것과 같이, 우리가 빛 가운데 살아가면, 우리는 서로 사귐을 가지게 되고, 하나님의 아들 예수의 피가 우리를 모든 죄에서 깨끗하게 해 주십니다. ⁸ 우리가 죄가 없다고 말하면, 우리는 자기를 속이는 것이요, 진리가 우리 속에 없는 것입니다. ⁹ 우리가 우리 죄를 자백하면, 하나님은 신실하시고 의로우신 분이셔서, 우리 죄를 용서하시고, 모든 불의에서 우리를 깨끗하게 해 주실 것입니다. ¹⁰ 우리가 죄를 지은 일이 없다고 말하면, 우리는 하나님을 거짓말쟁이로 만드는 것이며, 하나님의 말씀이 우리 속에 있지 아니합니다.

유기성 목사님의 〈요한일서〉 강해 2강을 볼 수 있습니다.

CHAPTER 02

빛 가운데 사는 기쁨을 누리십시오

빛 가운데 살라는 말은 죄를 안 짓고 살라는 말이 아닙니다. 내가 가지고 있는 허물과 죄악을 다 드러내라는 것입니다. 빛 가운데 나아가면 더러운 것이 없어지는 것이 아닙니다. 문제가 있는 대로, 잘못이 있는 대로 다 드러나게 될 뿐입니다.

예수님은 승천하시기 전에 제자들에게 아주 중요한 약속을 하셨습니다. "너희를 고아처럼 버려 두지 아니하고, 너희에게 다시 오겠다"요 14:18 고 하셨습니다. 이제 예수님은 육신으로는 우리와 같이 계시지 않지만, 성령의 역사로 우리 가운데 오셔서 늘 같이 계시고, 우리를 인도하십니다. 이 약속은 오순절 마가의 다락방에 성령이 임하심으로 이뤄졌습니다. 제자들뿐 아니라 예수님을 믿는 모든 성도에게 이 약속을 주셨습니다. 우리가 예수님을 믿으면 그저 막연하게 하나님 아버지를 믿는 것이 아니라, 우리와 함께 계시고 우리와 친밀히 교제하시고 우리를 인도하시는 바로 그 주님을 믿고 사는 것입니다. 이것이 바로 예수님을 믿는 진정한 축복이고 능력입니다. 이는 우리에게 말할 수 없는 기쁨이 됩니다.

20세기에 들어오면서부터 전 세계적으로 가장 부흥한 종교는 기독교와 이슬람교입니다. 이 둘은 참 묘한 관계에 있습니다. 기독교의 발흥지라고 할 수 있는 유럽은 더 이상 기독교 국가라고 말하기 어려울 정도로 이슬람교가 확산되고 있습니다. 심지어 영국은 이슬람 국가라고 불러야 한다는 말이 나올 정도입니다. 왜 이렇게 되었을까요? 기독교가 생명을 잃어버렸기 때문입니다. 그런데 참 묘하게도, 지금 이슬람 국가들 안에서는 기독교의 부흥이 놀랍게 일어나고 있습니다. 믿어지지 않을 정도의 선교 보고가 계속되고 있습니다. 그 국가들은 생명력 있는 그리스도인들이 선교사로, 전도자로 나가 신앙생활을 하고 있는 곳입니다.

우리가 그저 교회 다니는 사람, 혹은 교리적인 지식으로 예수를 믿는 사람이 되면 하나님 나라에 아무런 도움이 안 됩니다. 살아 계신 주님, 나와 함께 계시는 주님과의 사귐이 있는 성도가 되어야 합니다. 요한 사도는 이 말을 하려고 요한일서를 썼습니다. 그는 요한일서 1장 1-4절에서 예수님을 '생명의 말씀'이라고 표현했습니다. 우리가 지금도 말씀을 통해서 예수님과 얼마든지 사귈 수 있다는 것입니다. 예수님과의 사귐은 항상 말씀에 기초해야 하고, 말씀에 의해 분별되어야 합니다.

숨김이 없이 사는 삶

요한 사도는 더 나아가서 빛 가운데 사는 것을 통하여 예수님과의 사큄을 가질 수 있다고 말합니다. 7절 말씀을 보면, 하나님께서 빛 가운데 계신 것과 같이 우리가 빛 가운데서 살면 우리가 서로 사귐을 가지게 된다고 합니다. 우리가 예수님을 믿되, 살아 계신 주님과 친밀하게 교제하려면 반드시 빛 가운데서 살아야 합니다.

그렇다면 빛 가운데 사는 것은 어떻게 사는 것일까요? 어떤 사람들은 빛 가운데 사는 것은 죄를 안 짓고 사는 삶이라고 생각합니다. 아주 틀린 말은 아니지만, 정확한 표현은 아닙니다. 만일 빛 가운데 사는 것이 죄를 안 짓고 사는 것이라면 7절 말씀은 모순이 됩니다. 7절에서 우리가 빛 가운데서 살면 하나님의 아들 예수의 피가 우리를 모든 죄에서 깨끗하게 해 주신다고 했습니다. 빛 가운데 사는 것이 죄를 안 짓고 사는 것이라면 예수님의 피가 깨끗하게 해 줄 죄가 어디 있겠습니까? 빛 가운데 살라는 말은 죄를 안 짓고 살라는 말이 아닙니다.

빛 가운데 산다는 것은 내가 가지고 있는 허물과 죄악을 드러내는 것입니다. 빛 가운데 나아간다고 문제나 죄가 사라지는 것이 아닙니다. 문제가 있는 대로, 잘못이 있는 대로 다 드러나게 될 뿐입니다. 그것이 싫은 사람은 어둠 속에 숨게 되는 것입니다. 어둠 속에 사는 사람과 빛 가운데 사는 사람의 차이는 죄를 지었느냐, 안 지었느냐가 아니라, 자신의 삶과 허물을 드러낼 수 있느냐 감추고 숨어 버리느냐 하는 것입니다. 우리가 예수님과 친밀하게 동행하려면 반드시 자신을 드러내야 합니다. 자신의 마음과 삶을 그대로 다 드러내고 살아야 합니다. 정말로 하나님과 친밀하게 교제하기를 원한다면 각오해야 합니다. 이제는 마음과 삶을 다 공개하고 살겠다는 결단을 해야 합니다.

8절을 보면, 우리가 죄가 없다고 말하는 것은 자기를 속이는 것이요, 진리가 우리 속에 없는 것이라고 합니다. 9절에 "죄를 자백하면"이라고 표현했는데, 이것이 바로 빛 가운데 사는 것입니다. 우리가 죄를 자백하면 하나님은 신실하시고 의로우신 분이셔서 우리 죄를 용서하시고, 모든 불의에서 우리를 깨끗하게 해 주실 것입니다. 5절에서 요한 사도는 예수님으로부터 직접 들은 말씀이라고 하면서 "하나님은 빛이시요"라고 했습니다. 하나님은 빛이십니다. 하나님과의 사귐을 가지려면 빛 가운데로 나와야 합니다. 빛 가운데로 나온다는 것은 자신의 모습을 그대로 다 드러내는 것입니다. 당연히 죄도 드러나게 됩니다. 죄 없는 사람이 어디 있겠습니까? 그래서 빛 가운데 사는 사람, 하나님과의 교제가 있는 사람은 항상 "나는 죄인이다"라고 고백하며 사는 것입니다.

주변에 예수님을 제대로 믿는 분이 있다면, 틀림없이 자신이 얼마나 문제가 많은 사람이며, 얼마나 죄인인지를 잘 알고, 고백하는 사람일 것입니다. 그들은 항상 빛 가운데 드러나 있는 사람이기 때문입니다. 그런데 주변에 예수를 믿는다고 하지만 속을 모르겠는 사람들이 있습니다. 자신을 전혀 드러내지 않으니까 도대체 그 사람이 어떤 삶을 사는지 알 수가 없습니다. 이런 사람이 어둠 속에 있는 사람입니다. 내가 빛 가운데 사는지, 어둠 속에 사는지는 죄를 많이 지었는지, 적게 지었는지로 판단하는 것이 아닙니다. 나에 대해서 주변 사람들이 잘 알고 있다면, 나는 지금 빛 가운데 사는 것입니다. 그런데 주변 사람들이 나에 대해서 아는 게 하나도 없다면, 나는 지금 어둠 속에 숨어 있는 것입니다.

누가복음 18장에 보면, 예수님은 바리새인과 세리의 기도를 통해 이 것을 설명하셨습니다. 먼저 바리새인의 기도입니다.

"하나님이여 나는 다른 사람들 곧 토색, 불의, 간음을 하는 자들과 같지 아니하고 이 세리와도 같지 아니함을 감사하나이다 나는 이레 에 두 번씩 금식하고 또 소득의 십일조를 드리나이다 하고"^{눅 18:11-12,} 개역개정.

반면에 세리는 감히 눈을 들어 하늘을 쳐다보지도 못하고 가슴을 치 며 이렇게 기도했습니다.

"하나님이여 불쌍히 여기소서 나는 죄인이로소이다 하였느니라"
눅 18:13, 개역개정.

세상적인 기준으로 보면 바리새인과 세리 중에 누가 의인입니까? 분명히 바리새인이 의인일 것입니다. 바리새인이 하나님의 율법을 지 키려고 얼마나 애를 썼습니까? 그런데 예수님은 "세리가 바리새인 보 다 의롭다"눅 18:14, 개역개정 고 말씀하십니다.

도대체 하나님은 무슨 기준으로 이런 판단을 하신 것일까요? 겉으 로 보면 분명히 바리새인이 훨씬 더 경건하고, 하나님의 말씀대로 살 았을 것입니다. 반면, 세리는 남의 돈을 갈취하는 도둑놈이었습니다. 그 당시에는 거지도 세리가 주는 동냥은 안 받았다고 할 정도로 완전히 죄인 취급을 받던 사람입니다. 그런데 어째서 세리가 더 의롭다고 하실까요?

그것은 바리새인의 기도 속에는 자신이 잘못했다는 고백이 하나도 없었기 때문입니다. 바리새인은 완전히 자신을 숨기고 있었던 것입니다. 어쩌면 스스로도 속고 있었는지 모릅니다. 그저 자신이 하나님의 뜻대로 했던 것이라 믿고 있는 것만 나열하고 있기 때문입니다 눅 18:11. 그런데 세리는 자신이 잘했던 이야기를 하나도 하지 않습니다. 그냥 자신은 죄인이고 감히 하나님을 쳐다볼 수도 없는 사람이라고 고백합니다. 결국 세리는 빛으로 드러났고, 바리새인은 어둠 속에 몸을 숨기고 만 것입니다.

우리가 때때로 어떤 사람을 보고 "아, 저 사람은 참 믿음이 좋아"라고 할 수 있지만, 모르는 일입니다. 하나님 앞에서 자신의 모든 것을 드러내고 산 사람이라면 다른 사람들의 판단이 옳을 수도 있습니다. 그런데 자신을 감추고 살았다면 그 진실한 모습은 모르는 것입니다. 오직 하나님만 아십니다. 그러나 숨어 있던 것들이 반드시 드러날 때가 옵니다. 그때가 두려운 사람은 자신을 숨기고 사는 사람입니다. 그러므로 지금부터 다 드러내 놓고 살아야 합니다. 빛 가운데서 살아야 한다는 말입니다.

자신을 죄인이라고 고백한다고 해서 그것만으로 빛 가운데 산다고 단정하기는 어렵습니다. 우리는 다 자기가 죄인이라고 고백합니다. 만나서 이야기하면 다 "내가 죄인이다"라고 합니다. 기도할 때 보면 "하나님, 지난 한 주간에도 말할 수 없이 많은 죄를 짓고 살았습니다" 하고 고백합니다. 그러나 그렇게 말로 고백한 것만 가지고는 진짜 자신의 죄를 다 드러내고 고백하고 사는지 알 수 없습니다. 그러면 무엇을 보고 알까요? 다른 사람을 정죄하는 것을 보면 알 수 있습니다. 다른 사람을 정죄한다는 것은 자기 자신을 모른다는 것입니다. 예수님이 누구 때문에 십자가를 지셨습니까? 예수님은 나의 죄를 위해 십자가에서 죽으셨습니다. 그것을 정말 믿는다면 다른 사람을 정죄할 수 없습니다. 내 죄가 얼마나 큰데 다른 사람을 정죄합니까? 하나님의 빛 가운데 나아간 사람은 자신을 봅니다. 남의 말을 못합니다. 도무지 할 수가 없습니다. 남도 잘못했지만, 우선 자신의 죄가 엄청나게 크기 때문입니다.

누가복음 15장에 탕자의 이야기가 나옵니다. 탕자는 아버지의 재산을 다 말아먹은, 정말 아버지의 마음에 근심덩어리인 아들입니다. 그런데 그 탕자가 돌아옵니다. 탕자는 더 이상 아들이라고 대접받을 자신이 없습니다. 그래서 자신을 그냥 품꾼으로 써 달라고, 굶어 죽지만 않게 해 달라고 하며 아버지에게로 돌아옵니다. 그때 아버지는 다른 것은 보지 않습니다. 다시 돌아온 것만으로 기뻐하며 자녀의 지위를 회복시켜 주고 잔치를 벌입니다.

그런데 문제는 큰아들입니다. 큰아들은 그동안 아버지와 함께 살면서 아버지에게 잘하고, 아버지의 재산도 잘 관리했습니다. 아주 모범생 중에 모범생이었습니다. 그런데 이 큰아들의 마음이 뒤집어진 것입니다. 아버지가 동생을 위해 소를 잡아 준 것에 얼마나 화를 내는지 모릅니다. "아버지, 이럴 수가 있습니까? 나는 그동안 아버지께 충성을 다했어도 염소 새끼 한 마리 안 잡아 주더니, 당신의 다른 아들이 이렇게 방탕하고 돌아오니 소를 잡아 주십니까?" 큰아들은 분했습니다. 자신은 잘못한 것이 하나도 없다고 생각했습니다. 지금 아버지의 속을 가장 힘들게 하는 사람, 아버지를 가장 이해 못하고 있는 사람이 바로 자신인데도 "나는 아무 잘못이 없다"고 생각하는 것입니다. 아버지와의 진정한 사귐이 없었던 것입니다. 아버지의 마음을 정말 아는 아들이 아니었던 것입니다. 큰아들은 빛 가운데로 나아가지 못했습니다. 자신을 볼 수 있는 용기가 없었습니다. 아마 큰아들에게 누가 "당신의 잘못도 크다"라고 말한다면 멱살을 잡고 난리가 날 것입니다.

하나님은 우리가 얼마나 많은 죄를 지었는가에 관심이 있는 게 아니라, 얼마나 솔직하게 우리의 죄를 고백하느냐에 관심을 두십니다. 우리는 육신을 가지고 살고 있기 때문에 죄의 유혹과 충동에서 벗어날 수 없습니다. 예수 그리스도 안에서 거듭났어도 육신은 여전히 육신이기 때문입니다. 하나님은 우리에게 다른 것을 요구하지 않으십니다. 오직 그 죄를 고백하라고 하십니다. 빛 가운데 거한다는 것은 이처럼 우리의 죄를 고백하는 것입니다.

그동안 우리는 숨기는 데 연연하며 살았습니다. 숨기고 감추고 누르고, 그렇게 살았습니다. 한국의 정서가 그렇습니다. 유교적인 전통은 항상 숨기고 누르고 감춥니다. 체면이 중요합니다. 속은 어떻든지 간에 사람들이 보는 앞에서는 자신을 반듯하게 꾸며야 합니다. 그래서 우리가 어릴 때도 "꼭꼭 숨어라. 머리카락 보일라" 하는 노래를 부르지 않았습니까? 그런데 예수님을 믿고도 여전히 그 수준에서 머물고 있는 것입니다. 예수를 믿고도 우리는 여전히 교회에 모여서 숨기고 누르고 감추며 삽니다. 다른 사람이 나에 대해 알면 큰일 난다고 생각합니다. 다른 사람이 알면 큰일 날 것을 가지고 살아가고 있는 것입니다. 그러니 교우들과의 관계에도 한계가 있을 수밖에 없습니다. 어느 선까지는 허락하지만 그 이상은 들어오면 안 됩니다. 자기 속을 다 알면 큰일 납니다. 자기 실상을 알면 안 되는 것입니다. 그래서 예수를 믿어도 항상 불안합니다. 근원적으로는 하나님 앞에 섰을 때가 가장 두렵습니다.

언제까지 이렇게 살 것입니까? 정말 하나님과의 친밀한 교제를 원한다면, 자신의 삶과 마음을 다 공개하고 살 결단을 해야 합니다. 하나님이 이미 우리 안에 와 계십니다. 하나님 앞에서 다 공개된 내용입니다. 더 이상 부끄럽다고 숨기고 감춘다고 해서 될 수 있는 상황이 아닙니다. 그런데도 우리는 참 어리석게 숨기고 삽니다.

교회에 갈 때 거울을 얼마나 자주 보시나요? 우리는 사람들 앞에 나와서 예배를 드릴 때는 반듯하게 꾸미려고 애를 씁니다. 그러나 마음을 다스릴 생각은 거의 안 합니다. 사람들이 마음은 안 보니까요. 마음은 그저 화나는 대로, 짜증이 나는 대로, 슬픈 대로, 원망하는 그대로 가지고 교회에 옵니다. 드러내고 안 드러내고는 이렇게 차이가 있습니다. 외모는 다 드러나니까 깔끔하게 다듬지만, 드러나지 않는 속마음은 완전히 엉망입니다. 그러나 하나님은 우리 속의 중심을 보십니다. 이제 예수를 믿고 살면 속도 드러낼 결단을 하고 살아야 합니다. 이것이 두려운 분도 있을 것입니다. 그러나 언제까지나 그 상태에 머무르면 안 됩니다. 천국은 다 드러나 있는 상태에서 하나님과 영원히 사는 것입니다. 여기서 안 되면 천국도 없습니다.

회개의 기쁨

먼저 자신을 드러내는 것이 얼마나 기쁜 일인지 알아야 합니다. 절대로 두려운 일만은 아닙니다. 4절에서 요한 사도는 "우리가 이 글을 쓰는 것은 우리 서로의 기쁨이 차고 넘치게 하려는 것"이라고 했습니다. 자기 속에 있는 것을 다 드러내는 게 어떻게 그렇게 기쁠 수가 있을까요? 만약 허물과 잘못이 있으면 주님의 보혈로 깨끗이 씻음 받을 수 있기 때문입니다. 드러내지 않고, 고백하지 않으면 깨끗이 씻음 받을 수가 없습니다. 주님이 십자가에서 피 흘려주시기까지 우리의 죄를 사해 주셨지만 우리 자신이 죄를 드러내고 고백하지 않으면 깨끗이 씻음 받은 은혜를 누릴 수 없습니다. 그러나 우리가 빛 가운데 나오기를 힘쓰면 깨끗이 씻음을 받습니다. 깨끗이 씻음 받는 것이 어떤 느낌인지 우리는 잘 알고 있습니다. 따라서 우리는 빛 가운데 나와도 전혀 두려워할 게 없습니다. 하나님이 우리를 절대 버리시지 않기 때문입니다. 예수님이 십자가에서 우리를 완전히 구원해 주셨기 때문에 아무리 못나고 문제가 많고 죄가 많은 사람이라도 빛 가운데로 나아가면 하나님이 절대 내치지 않으십니다. 오히려 우리를 깨끗이 씻겨 주십니다.

어떤 분은 이렇게 말합니다. "계속 똑같은 죄를 짓고 회개하는 것을 언제까지 해야 합니까?" 죄짓고 회개하고, 또 죄짓고 회개하고. 이것을 언제까지 해야 하느냐고 합니다. 이제는 회개할 의욕도 없고 체면도 없어서 좌절했다면, 다시 한 번 되묻겠습니다. 어차피 더러워질 텐데 세수는 왜 합니까? 세수하고 샤워하면 시원함과 상쾌함을 느낍니다. 언제나 더러워지는 존재이지만 사람들의 눈에 정결하고 깨끗한 사람으로 보입니다. 그렇습니다. 우리는 늘 씻어야 하는 존재입니다. "어차피 더러워질 텐데 왜 씻어야 돼?" 하면서 일주일, 한 달을 안 씻고 살아 보십시오. 아마 누가 옆에 앉으려고도 안 할 것입니다. 빛 가운데서 살지 않는 사람은 결국 이렇게 되는 것입니다.

우리가 빛 가운데로 나아가면, 하나님께서 우리 스스로의 힘으로는 도무지 이길 수 없는 죄에서 이기게 해 주십니다. 하나님은 우리가 다시는 죄짓지 않아야 우리의 회개를 받아 주겠다고 하시지 않으셨습니다. 조건을 안 붙이셨습니다. 물론 회개는 궁극적으로 죄짓지 않게 만드는 것이지만, 이는 우리 힘으로 할 수 없습니다. 만일 다시는 죄짓지 말아야 진정한 회개라면, 우리는 한 번도 진정한 회개를 못하게 될 것입니다. 하나님은 아주 단순하고 간단하게 회개를 말씀하셨습니다. 잘못했으면 잘못했다고 고백하라는 것입니다. "하나님, 제가 잘못했습니다. 하나님, 이것이 저의 죄입니다." 이렇게만 하라는 것입니다.

"아이고, 목사님. 말로 잘못했다고 하는 것 가지고 다 회개라고 할 수 있겠습니까?" 하고 말하는 분도 있을 것입니다. 그러나 여러분, 말로 회개하는 것이 얼마나 어려운 일인지 아셔야 합니다. 아담과 하와가 선악과를 따 먹었습니다. 그때 하나님은 모른 척 "아담아, 아담아. 네가 어디에 있느냐?"고 하셨습니다. 아담이 어디에 있는지, 아담이 왜 숨었는지 하나님이 모르셨겠습니까? 그런데도 왜 하나님은 "아담아, 아담아. 네가 어디에 있느냐?"고 하셨을까요? 아담은 지금 나무 밑에 숨어 있습니다. 하나님은 이미 나무 밑에 숨은 아담을 곁눈질로 보고 계십니다. 그리고 그쪽을 향해서 아담을 부르십니다. 하나님의 의도가 무엇입니까? 아담이 빨리 뛰쳐나와서 "하나님, 제가 선악과를 따 먹었습니다. 하나님, 제가 죄를 지었습니다. 하나님, 용서해 주세요" 하기를 원하신 것입니다. 하나님은 아담이 회개하기를 원하셨던 것입니다. 그것은 고백하는 것입니다. 자신이 선악과를 따 먹고 죄를 지었다고, 하나님의 명령을 어겼다고 고백하는 것입니다.

그러나 아담이 회개했다는 말이 성경에 안 나옵니다. 아담은 "하나님이 나를 위해 주신 그 여자가 먹게 해서 먹었다"고 하며, 하나님까지 걸고 들어갑니다. 이게 참 무섭습니다. 하나님이 하와에게 너는 왜 먹었느냐고 물으셨습니다. 그러자 하와는 뱀이 먹으라고 해서 먹었다고 합니다. "하나님, 제가 잘못했습니다." 이 고백이 그렇게 어려운 것입니다. 이것이 우리의 죄성입니다.

결국 하나님은 아담과 하와를 에덴동산에서 쫓아내시고, 천사를 동원해서 화염검으로 에덴동산을 막아 버리셨습니다. 하나님과 인간의 관계가 끊어진 것입니다. 하나님과의 관계가 왜 끊어집니까? 회개하지 않았기 때문입니다. 하나님이 회개할 기회를 그렇게 주셨는데도 "내가 잘못했습니다"라는 말을 못하기 때문입니다.

부부 싸움을 하고 난 다음에 "내가 잘못했다"는 말이 금방 나옵니까? 분명히 자신이 잘못한 것이 있는데도 잘못했다는 말을 하기가 참 어렵습니다. 자신의 잘못을 시인할 때도 그냥 "내가 잘못했다"고 말하면 될 텐데, "그래, 나도 잘못한 건 있지만" 하고 말합니다. 결국 싸움이 더 커지게 되는 것입니다. 자신의 잘못을 시인하고 고백하는 일이 정말 어려운 일입니다. 교우들 사이에서 다툼이 생겼을 때, "내가 잘못했다"고 고백하는 분이 거의 없습니다. "저는 잘못한 게 없는데요"라고 말합니다. 정말 그렇습니까? "기도했습니까? 용서했습니까? 사랑했습니까? 모든 일에 감사했습니까?" 정말 잘못한 것이 없다고 할 수 있습니까? 만일 싸웠다면 믿음이 더 큰 사람이, 은혜를 더 많이 받은 사람이 무조건 잘못했다고 해야 하는 것입니다.

일본을 보면, 잘못했다는 말 한마디 하기가 그렇게 어려운가 싶습니다. 그런데 우리나라도 마찬가지입니다. 우리는 잘못한 것을 솔직하게 잘못했다고 고백할 줄 아는 민족입니까? 과거 유력 정치인이었던 사람이 대담 시간에 "유신 시대가 지금보다 더 나았다"고 말하는 것을 본 적이 있습니다. 도대체 어떻게 그렇게 판단할 수 있는지 기가 막혔습니다. 자기 자신을 전혀 못 본다는 이야기입니다.

우리가 그렇습니다. 내가 잘못했다는 말을 하기가 그렇게 어려운 것입니다. 빛 가운데 나아가 봐야 압니다. 하나님의 빛 가운데 나아가서 자신이 어떤 사람인지를 보고 나면, 정말 비명을 지를 정도입니다.

어느 대학 교수의 부인이 목사님과 상담을 했는데, "우리는 회개할 자유도 없다"고 하더랍니다. 나중에 알고 보니 남편이 가짜 박사학위를 가지고 있었는데, 이것을 고백하지 못하고 있다는 것이었습니다. 그의 지위가 상당히 높아서 잘못을 솔직히 시인하였을 때 치를 대가와 파장이 엄청나서 분명히 자신의 잘못도 알고 회개도 하고 싶지만 회개할 자유가 없다는 것입니다. 목사님은 그때는 그게 무슨 말인지 몰랐는데, 몇 년 후 그 문제가 붉어졌습니다. 그리고 두 분의 삶은 완전히 무너졌습니다. 처음 성령께서 회개할 문제를 지적해 주셨을 때 스스로 문제를 정리했다면, 아마 그분들에게 다른 기회가 있었을지 모를 일입니다.

> "하나님의 성령을 근심하게 하지 말라 그 안에서 너희가 구원의 날까지 인치심을 받았느니라" 엡 4:30, 개역개정.

우리는 성령님을 모시고 살기 때문에 스스로 어떤지 다 압니다. 누가 뭐라고 하지 않아도 마음에 찔림이 있습니다. 그것을 놓치면 안 됩니다. 기도했는가? 말씀을 보았는가? 정말 사랑했는가? 용서했는가? 온전히 십일조 생활을 했는가? 받은 은혜가 그렇게 많은데 감사하고 있는가? 여러분, 하나님 앞에서 정직해야 합니다. 이때 내가 빛 가운데 사는 자인지, 어둠 속에 사는 자인지가 드러납니다. 하나님께로 나오는 사람은 빛 가운데 사는 것입니다. "나만 그런가요? 형편이 어떻고, 사람들이 이렇고, 나는 이래서 안 되고" 하면 자꾸 어둠 속으로 숨어들어 가는 것입니다.

사울과 다윗의 차이가 바로 이것입니다. 하나님은 사울에게 아말렉을 칠 때 모든 살아 있는 것을 다 죽이라고 명령하셨습니다. 그런데 사울은 승리한 후 왕 아각을 죽이지 않고 그냥 잡아 오고, 소 떼와 양 떼도 그냥 끌고 옵니다. 사무엘이 달려와서 이게 무슨 소리냐고, 도대체 이 소와 양의 울음소리가 웬 까닭이냐고 합니다. 그때 사울이 "제가 불순종했습니다"라고 했으면 살길이 있었을지도 모릅니다. 그러나 사울은 "하나님께 제사 드리려고 했습니다. 백성들이 끌고 왔습니다" 하며 끝까지 변명을 합니다. 사무엘은 사울에게 잘못했다고 고백할 수 있는 두 번의 기회를 줍니다. 그러나 두 번 다 사울은 백성들이 하나님께 제사 드리려고 했다고 말합니다. 결국 하나님은 사울을 버리십니다. 하나님 이 회개할 기회를 주셨는데도 회개를 안 하면 어둠의 종인 것입니다.

다윗은 사울보다 더 큰 죄를 지었습니다. 부하의 아내를 간음하고 그 충성스러운 부하를 죽이기까지 했으니, 정말 죽어 마땅합니다. 그러나 나단 선지자가 다윗에게 와서 손가락질하며 당신이 죄를 지었다고 했 을 때, 다윗은 사울과 달리 그 자리에서 무릎을 꿇고 신하들이 다 보는 앞에서 자기 죄를 고백합니다. 그뿐 아닙니다. 다윗은 그것을 시로 씁 니다. 그냥 말로 하는 것과 기록으로 남기는 것은 그 차이가 엄청납니 다. 다윗은 밧세바와 간음하고 난 후, 피눈물 나는 회개의 기록을 여러 편 기록했습니다. 시편 51편이 그 대표적인 것입니다. 영혼이 있는 성 경 속에 다윗은 자신의 죄의 고백을 실었습니다. 진짜 회개한 것입니 다. 그렇지 않았다면 다윗은 죽었을지도 모릅니다. 그런데 그렇게 회개 하니까 하나님이 다윗을 죽이시지 않았습니다. 그리고 다시 회복시켜 주셨습니다. 따라서 빛 가운데 나아가는 것은 이렇게 중요합니다.

하나님과의 친밀한 사귐은 빛 가운데로 나아가서 살 결단을 하는 것 입니다. 더 이상 숨기고 감추며 살지 않는 것입니다. 나 자신을 하나님 앞에 다 드러낸 것처럼 사람들에게도 다 드러내고 사는 것입니다. 드 러낼 수 없는 것은 빨리 정리해야 합니다. 나의 말 한마디가 다 기록에 남고, 내가 행동하는 것이 다 녹화된다고 의식하며 살아야 합니다.

독일 다름슈타트Darmstadt 에는 전 세계에서 온 200여 명의 자매들이 모여 매일 정오마다 세계를 위한 중보기도와 주님의 고난에 동참하는 고난예배를 드리며 그리스도의 정결한 신부가 되고자 하는 '마리아 자매회The Evangelical Sisterhood of Mary'가 있습니다. 제가 독일에 갔다가 그 공동체를 가 보게 되었는데, 하루 일과 중에 아주 특별한 시간이 있었습니다. 저녁 예배가 끝나면 모두 모여서 '빛 가운데 교제의 시간'을 갖는데, 하루 종일 같이 지내는 동안 곁에서 듣고 보았던 것을 본인에게 다시 알려주는 것이었습니다. 아침에 봤을 때 얼굴이 어두웠다든지, 식사를 할 때 당신이 이런 말을 했다든지, 그렇게 하루 동안 있었던 이야기를 본인에게 다시 알려주는 것입니다. 그럼 그것을 듣고 "아, 내가 그렇게 보였구나. 나도 모르는 사이에 그런 말을 했구나" 하고 깨닫고, 하나님 앞에서 분명히 회개하도록 도와주는 것입니다. 그들은 왜 그렇게 할까요?

1944년, 마리아 자매회가 다름슈타트에 처음 공동체 건물을 지을 때는 세계 2차 대전이 끝나갈 무렵이었습니다. 독일의 패망 직전에 연합군 비행기들이 독일 전역을 폭격하고 있을 때였습니다. 다름슈타트에도 매일 밤 연합군 공군기들이 폭격을 가했습니다. 온전한 건물이 하나도 없을 정도로 폭격을 맞아서 다 불타고 사람들도 죽어 가는 그때에 공동체 건물을 지어야 하니, 그들도 얼마나 두려웠겠습니까? 그런데 그들은 "우리가 하나님을 믿는데 왜 우리 마음이 이렇게 두려운가? 우리가 혹시라도 마음에 회개할 것을 가지고 있기 때문은 아닌가?" 하며 모여서 회개할 것을 다 고백하는 시간을 가졌습니다. 매일같이 모여 하나님 앞에 회개할 것이 조금이라도 있으면 그 자리에서 자신의 죄를 고백했습니다. 누구를 미워했고, 누구 때문에 섭섭했고, 욕심부리고, 게을렀던 것을 하나씩 고백하고 나면 그렇게 마음이 담대해졌다고 합니다. 하나님과 나 사이에 막힌 게 없어서 밤에는 편안하게 잤고, 아침이 되면 감사한 마음으로 다시 또 건물을 지으며 "아, 우리가 이렇게 늘 우리 자신을 하나님 앞에, 빛 가운데 내놓고 사는 것이 정말 놀라운 축복이고 능력이구나" 하고 깨달은 것입니다.

저는 처음에는 그 공동체 분위기가 왜 그렇게 밝고 기쁨이 있는지 몰랐습니다. 알고 보니 그 공동체는 진정한 회개의 공동체였습니다. 저는 회개라고 하면 늘 침울하고 우울한 분위기인 줄 알았는데, 그게 아니라 기쁨이었습니다. 빛 가운데 살아 본 사람은 그것이 얼마나 큰 기쁨인지 압니다. 요한 사도가 말한 것처럼 우리가 자꾸 우울한 기분에 빠지는 것은, 하나님과의 사이에 뭔가 해결되지 않은 문제가 있기 때문입니다. 그래서 심령에 기쁨이 없는 것입니다. 우리가 빛 가운데 교제하면 하나님이 우리를 축복하셔도 교만해지지 않습니다.

한경직 목사님은 기독교에서는 노벨상이라고 할 만한 템플턴상을 받으셨습니다. 그런데 목사님은 수상 축하 예배 때 인사 말씀을 하려고 나오셨다가 이렇게 고백했습니다.

"나는 이 상을 받을 만한 자격이 없습니다. 나는 죄인입니다. 나는 일제 시대 때 신사 참배를 한 사람입니다. 그런 나에게 하나님이 이런 상을 주시는 것은 아마 나 같은 자도 하나님이 들어 쓰신다는 것을 보여 주시려고 하심인 것 같습니다."

사실 이런 고백은 안 해도 됐습니다. 우리나라 기독교인들에게 신사 참배를 했다는 것은 다시는 그 사람을 쳐다보지도 않겠다는 중죄에 해당한 것이었습니다. 그런데 한경직 목사님은 자신이 신사 참배를 했다고 솔직히 고백했습니다. 하나님의 빛 가운데서 자신을 보니, 지금 이 상을 받고는 우쭐해할 일이 아니었던 것입니다. 하나님이 나 같은 자도 쓰신다는 것을 사람들에게 보이시려고 한다고 생각한 것입니다.

빛 가운데 늘 나가 있는 사람은 다릅니다. 하나님이 복을 주셔도, 부유하게 해도 그것이 그 사람에게는 교만이 되지 않습니다. 선한목자교회에서는 목요일 새벽기도회 때 남자 성도들끼리 따로 모여 "믿음으로 사는 남자들"이라는 모임을 갖습니다. 제가 이 모임을 처음 시작했던 것이 안산 광림교회에서 목회할 때입니다. 그때는 교회를 믿음의 실험실로 만들어 보고 싶은 마음에 남자 성도들 중 정말 믿음으로 살기를 결단하신 분들만 모이라고 했습니다. 그리고 그렇게 결단한 사람들이 모여 모임을 가졌습니다. 그때 쓴 결단문을 보면 별의별 내용이 다 있습니다. "술자리를 피하겠습니다. 먹고사는 근심을 안 하겠습니다. 집에서 화내고 짜증 내지 않겠습니다. 자녀들을 위해 매일 축복 기도를 해 주겠습니다. 정직하게 살고, 죄짓지 않겠습니다. 정상적인 상품만 취급하겠습니다. 손해 보더라도 거짓말하지 않겠습니다. 작은 법도 꼭 지키겠습니다. 검소하게 살아서 꼭 빚을 정리하겠습니다. 수입의 십일조를 드리겠습니다. 시간의 십일조를 드리겠습니다. 수요 예배, 금요 철야 예배 전에 영업을 마치겠습니다." 믿음으로 살겠다는 나름의 고백을 구구절절이 했습니다.

그런데 모임을 가지면서 점점 출석 인원이 줄어들었습니다. 이유를 알아보니, 믿음으로 살지 못하겠다는 것이었습니다. 회개할 것만 많지 믿음으로 산 것이 없으니까, 나와서 고백할 것이 없다는 것입니다. 그렇다보니 모임에 나올 의욕이 사라지고 자신감도 없어지더라는 것입니다. 그래서 교회 운영위원회가 다시 모였고, 이것이 그 자리에 모인 우리의 전반적인 문제라는 것을 깨달았습니다. "하나님, 어떻게 해야 합니까? 모임을 그만둬야 합니까?"라고 기도하자 하나님이 우리에게 방향을 정해 주셨습니다. "그러면 회개하면서 살면 되잖아. 회개할 것은 많다면서. 그러면 회개하면서 살아." 그래서 믿음으로 사는 남자들의 모임이 회개하며 사는 남자들의 모임이 되었습니다. 하나님이 결국은 믿음으로 살게 해 주실 것을 믿고 모임의 이름은 바꾸지 않았습니다.

지금은 회개할 것밖에 없다면 회개라도 해야 합니다. 살면서 회개할 시간이 있었습니까? 한 주간 살았는데, 잘못 살아온 것에 대해서 고백할 시간이 있었습니까? 회개하지 않고 그냥 살면 잘못 사는 게 계속해서 쌓여 갑니다. 주님이 우리에게 원하시는 것은 우리가 빛 가운데 다 드러나서 자신이 잘못 살아온 것을 고백하는 것입니다.

저는 매주 모여서 한 주 동안의 삶의 문제와 자신의 잘못을 고백하고 사는 이들을 통하여 주님이 얼마나 놀라운 일을 하실지 기대합니다. 그 변화는 물론 하나님이 일으키시는 것입니다.

제가 어느 교회에 부임해서 첫 제자반을 맡았을 때, 수료 예배를 기도원에 올라가서 드렸습니다. 그 기도원에서 수료식과 기도를 다 끝내고 내려가려고 하는데, 장로님 한 분이 고백할 것이 있다면서 기도를 받고 싶다고 했습니다. 그때 그 장로님의 입에서 깜짝 놀랄 고백이 나왔습니다. 제가 여기에 옮기기 민망할 정도의 죄를 품고 사셨던 것입니다. 다들 무거운 마음으로 그 장로님에게 손을 얹고 기도했습니다. 그러자 또 다른 고백을 하는 분들이 계속 나와서 우리는 한동안 회개 기도를 지속해야 했습니다. 그제야 진짜가 나온 것입니다. 그날 밤 12시가 다 되어서야 제자 훈련을 마칠 수 있었습니다. 이것은 하나님이 하신 일이었습니다. 하나님이 아니면 있을 수 없는 일이었습니다. 하나님이 우리 교회 안에 놀라운 일을 시작하고 계신다는 것을 비로소 믿을 수 있었습니다. 주님이 함께 하시지 않으면 도저히 있을 수 없는 일이 벌어진 것입니다.

회개는 매 주마다가 아니라 매일 하는 것입니다. 아니 매순간 하는 것입니다. 굳이 모여야 할 필요도 없습니다. 그저 하나님 앞에, 빛 가운데 자신을 드러내면 되는 것입니다. 이것은 참 놀라운 일입니다. 그때 주님과의 사귐이 무엇인지 비로소 알게 됩니다.

초대 교회의 능력은 죄의 고백에서부터 시작됐습니다.

"너희 죄를 서로 고하며 병 낫기를 위하여 서로 기도하라 의인의 간구는 역사하는 힘이 많으니라" 약 5:16, 개역한글.

마음의 죄를 고백하는 것이 두려운 분, 빛 가운데 자신을 다 드러내고 산다는 게 너무 답답한 분들은 더 이상 이 상태로 계속 있어서는 안 됩니다. 하나님이 빛이시라는 사실을 믿고 그 빛 가운데로 나아가야 합니다. 그리고 이 문제를 해결받기 위해 기도해야 합니다. 이미 주님은 십자가에서 우리의 죄를 대속하시려고 피 흘리셨습니다. 오늘 정리해야 할 것이 있다면 바로 오늘 정리하길 바랍니다. 더 이상 그것을 품고 살지 말길 바랍니다. 다 열어 보이고 살아도 아무 문제가 없는 삶을 살도록 기도하길 바랍니다. 그때 주님이 우리에게 오시고, 우리도 주님 안에 거하는 은혜가 있기를 간절히 원합니다.

요한일서 2:1-6

1 나의 자녀 여러분, 내가 여러분에게 이렇게 쓰는 것은, 여러분으로 하여금 죄를 짓지 않도록 하려는 것입니다. 누가 죄를 짓더라도, 아버지 앞에서 변호해 주시는 분이 우리에게 계시는데, 곧 의로우신 예수 그리스도이십니다. 2 그는 우리 죄를 위한 화목 제물이시니, 우리 죄만 위한 것이 아니라 온 세상을 위한 것입니다. 3 우리가 하나님의 계명을 지키면, 이것으로 우리가 하나님을 참으로 알고 있음을 알게 됩니다. 4 하나님을 알고 있다고 하면서, 하나님의 계명을 지키지 아니하는 사람은 거짓말쟁이요, 그 사람 속에는 진리가 없습니다. 5 그러나 누구든지 하나님의 말씀을 지키면, 그 사람 속에서는 하나님께 대한 사랑이 참으로 완성됩니다. 이것으로 우리가 하나님 안에 있음을 압니다. 6 하나님 안에 있다고 하는 사람은 자기도 그리스도께서 사신 것과 같이 마땅히 그렇게 살아가야 합니다.

유기성 목사님의 〈요한일서〉 강해 3강을 볼 수 있습니다.

CHAPTER 03

하나님을 사랑하면
기적이 일어납니다

예수님 안에 있는 사람이라면, 예수님이 사신 것처럼 살아야 합니다. 예수님처럼 산다는 것은 무엇입니까? 사랑하며 사는 것입니다. 우리가 사랑하며 사는 것이 우리 안에 주님이 오신 가장 놀라운 증거입니다.

완전한 용서의 은혜

우리가 받은 십자가 속죄의 복음은 굉장히 놀라운 것입니다. 우리의 '모든' 죄가 용서받았습니다. 이것을 정확히 표현하면, 우리가 예수 믿을 때까지 지은 죄도 모두 용서받았지만, 우리가 예수 믿고 난 다음에 앞으로 짓게 될 죄도 다 용서받았다는 뜻입니다. 우리가 예수님을 믿고 나면, 우리가 죄인이라도 하나님은 의인이라고 인정해 주신다는 것입니다. 정말 믿어지지 않는 은혜입니다. 이것을 완전한 용서의 은혜라고 합니다. 교리적인 표현으로 '성도의 견인聖徒-堅忍'이라고 합니다.

이 복음을 근거로 "그럼 이제부터 죄지어도 되겠네. 완전한 용서를 받았으니까" 하며 극단으로 가는 이들이 있습니다. 그런 사람들이 요즘 문제가 되고 있는 구원파입니다. 그들이 강조하는 것은 우리가 앞으로 어떤 삶을 살든지 하나님은 반드시 우리를 구원해 주시고 끝까지 지켜주신다는 것을 믿어야 한다는 것입니다. 속죄의 확신을 가졌다면 어떤 죄를 지어도 예수님이 십자가를 지셨을 때, 이미 다 용서받은 것임을 믿어야 하고, 하나님은 어떤 일이 있어도 우리를 죄인이 아닌 의인이라고 인정해 주심을 믿어야 한다는 것입니다. 그러니 죄를 지어도 회개할 필요가 없는 것이고, 회개하면 아직 믿지 못하는 증거라는 것입니다.

그러나 또 어떤 사람들은 "그건 말도 안 돼. 그래서 교회가 타락하는 거야" 하며 아예 성도의 견인이란 교리 자체를 부정하기도 합니다. 양쪽 모두 완전한 용서의 은혜를 정확히 이해하지 못한 것입니다.

분명한 것은 우리가 예수님을 믿을 때, 하나님은 우리가 그때까지 지은 죄뿐 아니라 앞으로 짓게 될 죄까지도 다 용서하셨다는 것입니다. 예수님의 십자가의 속죄함은 우리가 평생 짓게 되는 모든 구체적인 죄 뿐 아니라, 우리가 가지고 있는 죄성인 원죄까지도 다 용서하는 완전한 속죄의 은혜입니다.

그러나 하나님께서 우리가 안심하고 죄짓고 살도록 완전한 속죄의 은혜를 주셨겠습니까? "이제 편안한 마음으로 죄 짓자. 예수님께서 우리의 모든 죄를 다 지고 십자가에서 죽으셨으니, 어떤 죄를 지어도 가책을 느낄 필요가 없어. 이미 다 용서받았으니까." 이것은 속죄의 믿음이 아니며, 하나님께서 이런 태도를 원하시는 것도 아닙니다.

오히려 하나님은 우리가 죄짓지 않고 살게 하시려고 완전한 용서의 은혜를 주신 것입니다. 요한일서 2장 1절 말씀을 보면, "나의 자녀 여러분, 내가 여러분에게 이렇게 쓰는 것은, 여러분으로 하여금 죄를 짓지 않도록 하려는 것입니다"라고 했습니다. 하나님의 뜻은 우리가 죄를 짓지 않고 사는 것입니다. 그런데 하나님은 왜 우리가 앞으로 지을 죄까지 다 용서하시는 은혜를 주신 것일까요? 여기에 하나님의 놀라운 복음의 비밀이 있습니다.

여러분은 예수님을 믿고 난 다음, 죄짓지 말아야겠다는 간절한 마음이 정말 생겼습니까? 스스로 정직하게 대답해 보시기 바랍니다. 이제부터는 하나님의 말씀대로 살아야겠다는 간절한 마음이 생겼습니까? 그렇다면 하나님은 여러분이 더 이상 죄짓지 않고 하나님의 계명대로 살 수 있도록 해 주실 것입니다. 여러분 안에 "더 이상 죄짓지 말아야겠다. 하나님의 계명대로 살아야겠다"는 간절한 마음이 있는 것은 전적으로 여러분 안에 성령 하나님이 계신 증거입니다. 성령 하나님은 거룩하신 분이기 때문에 여러분 안에 그런 욕구가 생기는 것입니다.

그런데 우리의 육신이 우리로 하여금 계속 죄를 짓게 만든다는 것입니다. 죄를 짓지 않고 싶어도 우리가 육신을 가지고 살기 때문에 자꾸 죄를 짓게 됩니다. 그런 우리를 위하여 하나님께서 죄를 지었을 때마다 깨끗함을 받고 다시 하나님의 말씀대로 살도록 우리에게 '완전한 용서의 은혜'라는 안전망을 허락해 주신 것입니다.

서커스에서 그네타기 묘기를 할 때 밑에 안전그물을 칩니다. 묘기를 부리는 사람이 혹시 실수해서 떨어지더라도 치명상을 입지 않도록 하기 위한 장치입니다. 안전그물을 치고 난 다음에 그네를 타면 안정감이 생겨서 완벽한 기술을 구현할 수 있다고 합니다. 혹시 실수를 하여 떨어진다고 해도 안전하다고 믿으니 기술을 충분히 발휘할 수 있는 것입니다.

서커스할 때, 왜 안전그물을 두는 것일까요? 떨어지라고 있는 것인가요? 엄밀히 말하면 그것은 떨어지지 말라고 있는 것입니다. 하나님도 똑같으십니다. 하나님께서 원하시는 것은 우리가 죄를 짓지 않고 하나님의 계명대로 사는 것입니다. 그러나 우리는 육신을 가지고 있기 때문에 하나님의 말씀대로 살고 싶은 간절한 소원이 있어도 자꾸 죄를 짓게 되는 것입니다. 그래서 하나님께서 우리를 끊임없이 용서하시고 다시 시작하게 해 주신다는 약속을 하신 것입니다.

2장 1절에서 "누가 죄를 짓더라도, 아버지 앞에서 변호해 주시는 분이 우리에게 계시는데, 곧 의로우신 예수 그리스도이십니다"라고 했습니다. 여기서 '누가'는 죄를 안 짓고 살고 싶은 사람, 하나님의 계명대로 살고 싶은 사람을 말합니다. 그런데 그가 만일 죄를 짓더라도 용서받을 수 있는 놀라운 은혜를 하나님이 주셨습니다. 예수 그리스도가 하나님 보좌 앞에서 우리의 변호사가 되시는 것입니다. 예수님은 우리를 위해 십자가에서 죽으심으로 우리의 모든 죄의 값을 치르셨습니다. 그래서 죄를 짓더라도 우리는 더 이상 죄인이 아니고 의인이라고 변호해 주시는 것입니다.

우리가 할 일은 오직 하나님 앞에 죄를 고백하는 것입니다. 그러면 하나님은 우리의 모든 죄를 사하시고, 모든 불의에서 우리를 깨끗하게 해 주시며, 우리가 다시 시작할 수 있도록 해 주십니다. 이처럼 완전한 용서의 은혜는 우리가 죄짓지 않고 살게 하시려는 하나님의 은혜입니다.

존 비비어 John Bevere 는 그의 책 《끈질김》두란노, 2012 에서 자신의 신앙 과정에 대해 간단하게 썼습니다. 그는 고등학생 때 〈십계〉라는 영화를 봤는데 그 영화에서 고라 자손들이 모세를 대적하는 장면이 나왔습니다. 하나님께서 땅을 가르시고 고라 자손을 다 땅에 묻어 버리시는 장면에서 그는 엄청난 충격을 받았습니다. "아, 죄를 지으면 저렇게 무서운 벌을 받는구나." 그래서 집에 돌아와서 "하나님, 제가 이제는 절대로 정욕을 취하거나 죄를 짓지 않겠습니다"라고 기도했지만, 그 후에도 계속해서 죄를 지었다고 합니다. 죄는 심판이 무섭고 두렵다고 벗어날 수 있는 것이 아니었던 것입니다. 그러다가 대학에 들어가서 캠퍼스 사역을 하는 분을 만나 예수를 영접하게 되었습니다. 그러나 그의 생활에는 여전히 근본적인 변화가 없었습니다. 그저 예수님을 믿겠다는 것만 가지고도 삶의 변화가 순식간에 일어나는 것은 아니었던 것입니다.

그러던 어느 날 그는 히브리서 12장 말씀을 보게 되었습니다.

"거룩함을 따르라 이것이 없이는 아무도 주를 보지 못하리라"

히 12:14, 개역개정.

그는 마치 무거운 벽돌로 얻어맞은 것처럼 충격을 받았습니다. 자신은 정말 주님을 만나고 싶은데, 거룩하지 않으면 아무도 주님을 만날 수가 없다는 것입니다. 그래서 그때부터 거룩하게 살아야겠다고 결심했지만, 실제로 거룩하게 살기보다는 율법주의자가 되고 말았습니다.

자신은 거룩하게 살지 못하면서 남을 자꾸 비판하게 된 것입니다. "목사가 왜 저러냐. 장로가 왜 저러냐. 교인인데 왜 저러냐." 그렇게 율법주의자가 되고만 것입니다.

그러던 어느 날 그는 기도 중에 주님의 음성을 듣습니다.

"내 아들아, 거룩함은 네 육신의 행위로 이뤄지는 것이 아니다. 그것은 내 은혜로 이뤄지는 것이다."

죄짓지 않고 살고 싶고, 하나님의 계명대로 살고 싶은 것은 예수 믿는 자에게 일어나는 놀라운 변화입니다. 그 열매가 있어야 예수를 믿는 사람입니다. 그러나 죄짓지 않고 거룩하게 사는 것, 하나님의 계명대로 사는 것은 우리의 힘으로는 할 수 없습니다. 그것 역시 하나님이 해 주시는 것입니다. 하나님은 죄짓지 말라고 하시기보다는, 우리가 죄짓지 않게 만들어 주십니다. 그것이 은혜입니다. 우리가 그 과정에서 혹시 실수하고 실패하더라도 하나님은 우리를 용서하시고 다시 깨끗하게 하십니다. 우리가 어떤 죄를 지어도 하나님은 십자가의 은혜로 "너는 의인이다"라고 우리에게 말씀해 주십니다.

이 완전한 용서의 은혜는 죄짓지 않고 살기를 갈망하는 사람, 하나님의 계명대로 살기를 소원하는 사람에게 해당되는 것입니다. 죄를 짓지 않고자 하는 열망이 없는 사람에게는 전혀 해당되지 않는 은혜입니다. 하나님은 마음대로 죄를 지으라고 우리에게 완전한 용서의 은혜를 주신 것이 아닙니다.

그러므로 완전한 용서의 은혜를 교리로만 알면 큰일 납니다. 교리적인 지식만으로 완전한 용서의 은혜를 알면 이단에 빠지기도 하고, 이 교리 때문에 오히려 영혼이 멸망할 수도 있습니다. 완전한 용서의 은혜는 예수님과의 실제적인 사귐 속에서 누려야 합니다. 요한일서 2장 3-4절에 "우리가 하나님의 계명을 지키면, 이것으로 우리가 하나님을 참으로 알고 있음을 알게 됩니다. 하나님을 알고 있다고 하면서, 하나님의 계명을 지키지 아니하는 사람은 거짓말쟁이요, 그 사람 속에는 진리가 없습니다"라고 했습니다. 이 말씀에서 "하나님을 안다"라는 표현이 나오는데, 여기서 '안다'는 것은 지식이 아니고 '사귐'을 뜻합니다. 내가 하나님을 안다면, 곧 하나님과의 사귐이 있다면 반드시 하나님의 계명을 지키는 자가 됩니다. "내가 하나님을 믿는다. 하나님을 안다. 하나님과의 사귐이 있다"고 하면서 하나님의 계명을 지키지 않으면 그는 거짓말쟁이입니다. 실제로는 하나님과의 사귐이 없는 사람입니다.

하나님과의 사귐이란, 하나님이 우리 마음에 오시는 것입니다. 필립 켈러 Philip Keller 는 《목자가 본 시편 23편》보이스, 2003 이라는 책에서 파키스탄에서 있었던 때의 이야기를 썼습니다. 한번은 파키스탄의 어느 사막 지역을 여행하는데, 갑자기 폭우가 쏟아지고 천둥, 번개가 쳐서 도무지 밖에서는 있을 수가 없는 상황이 되었습니다. 그래서 집주인의 양해를 얻어 흙으로 지은 조그만 오두막집으로 피신했는데, 그 흙집이 얼마나 작던지 입구도 바닥에 조그맣게 나 있었습니다. 거의 기다시피 하며 그 집에 들어갔는데, 집 안 가득 악취와 메케한 연기로 가득했습니다. 온기를 유지하기 위해 집안에 불을 피웠는데, 그 연료가 짐승의 분뇨를 말린 것이었습니다. 거기서 나는 냄새와 연기가 얼마나 지독한 지, 폭우가 쏟아지는 상황만 아니었으면 잠시도 머물기 힘든 상황이었습니다. 게다가 천장의 갈라진 틈으로 빗물이 새어 들어와서 바닥까지 축축해진 터라 상황이 매우 열악했습니다. 나갈 수도 없고, 그렇다고 그냥 있기도 어려운 그때, 목사님은 강력한 성령의 음성을 들었습니다.

"네가 지금 처한 그 형편이 바로 내가 네 속에 있는 형편이다."

우리는 "주님이 내 마음에 계신다"고 쉽게 말하곤 하지만, 마음속에 계신 주님의 형편은 어떨까요? 필립 켈러가 말한 것처럼 '주님이 내 마음에 계시기에 너무나 고통스럽지는 않을까?' 생각해 봐야 합니다.

그렇다면 주님은 왜 우리 안에 오시는 것일까요? 이유는 하나입니다. 우리가 예수님을 막연하게 믿지 않고, 실제로 사귐을 갖게 하기 위해 우리 안에 들어오시는 것입니다. 예수님께서 정말 마음에 오셨다는 것을 알게 될 때, 죄짓고 살 수 있겠습니까? 당연히 하나님의 말씀대로 살고 싶지 않겠습니까? 우리가 그와 같은 마음을 가질 때, 하나님은 우리가 그렇게 살 수 있도록 해 주십니다. 우리가 이렇게 하나님의 말씀을 지키면, 우리 속에서 하나님에 대한 사랑이 참으로 완성됩니다. 이것으로 우리가 하나님 안에 있음을 아는 것입니다.

사랑하기 때문에

요한 사도는 우리가 하나님의 말씀을 지키는 것은 하나님에 대한 사랑 때문이라고 했습니다.

> "그러나 누구든지 하나님의 말씀을 지키면, 그 사람 속에서는 하나님께 대한 사랑이 참으로 완성됩니다" 요일 2:5.

하나님을 사랑하니까 하나님의 말씀대로 살고 싶은 것입니다. 그래서 하나님의 말씀대로 사는 것을 보면, 그 사람이 하나님을 얼마나 사랑하는지를 알게 됩니다.

여러분은 하나님을 사랑하십니까? 예수님을 저주하고 세 번이나 부인했던 베드로를 예수님이 다시 세우실 때, 다른 질문은 하지 않으시고 "네가 나를 사랑하느냐?"는 질문만 하셨습니다. 그 질문에서 모든 것을 이루셨습니다. 혹시 하나님의 말씀대로 살지 못한 것 때문에 괴롭다면, 하나님의 말씀대로 살아야 하는 게 너무 힘들어서 방황하고 있다면, 주님은 딱 한 가지만 질문하십니다. "네가 나를 사랑하느냐?" 주님은 "네가 나를 믿느냐?"라고도 말씀 안 하시고, "네가 나를 사랑하느냐?"고 하십니다. 우리가 하나님의 뜻대로 살기 위해서는 반드시 하나님을 사랑해야 합니다. 세상에서 죄 안 짓고 살기가 어렵습니다. 하나님의 말씀대로 사는 것은 너무 힘듭니다. 그런데도 하나님의 말씀대로 살고 싶다면, 그 이유는 하나님을 사랑하게 되었기 때문입니다.

언젠가 선한목자교회에서 '일터 사역 콘퍼런스'가 열렸습니다. 이

콘퍼런스의 주제는 "일터에서 하나님의 나라가 임하게 하자"였습니다. 이 주제는 대단히 도전적이고, 심지어 두려운 주제입니다.

직장 생활을 하는 그리스도인들에게 소원이 있다면 무엇이겠습니까? 직장에서 쫓겨나지 않는 것입니다. "조금 더 오래 직장에서 일할 수 있으면 좋겠다. 이왕이면 승진해서 월급을 더 받을 수 있으면 좋겠다"는 것이 솔직한 마음일 것입니다. 그런데 일터에서 하나님의 나라가 임하게 하자니, 그랬다가 쫓겨나면 어떡합니까? 승진 못하면 어떡합니까? "괜히 그런 일에 나서지마. 쫓겨나지 않고 제때 월급 받으며 직장 생활 하는 게 제일이야. 윗사람들에게 잘 보여서 승진하면, 그때 교회에 십일조 많이 내면 되잖아." 이런 두려움이 많은 직장 생활을 하는 그리스도인들의 마음속에 있는 것입니다.

그런데 일터 사역 콘퍼런스에서 정말로 일터에서 하나님의 나라가 이뤄지기를 원하는 분들이 많이 있는 것을 봤습니다. 그것은 감동이었습니다. 어떻게 그럴 수가 있을까요? 무섭지도 않은가요? 어려운 여건에서도 하나님의 나라에 대한 갈망을 가지는 것은 바로 사랑 때문이었습니다. 그들은 그냥 주님을 믿는 것이 아니라 진정으로 주님을 사랑했습니다. 주님을 사랑하게 되니까 두려움이 없어진 것입니다. 직장이나 비즈니스 현장에서 하나님의 나라가 이뤄지기를 원한다면 대가 지불이 필요합니다.

우리 교회의 한 청년이 직장에 대한 이야기를 했습니다. 그 청년이 다니는 직장에는 예수 믿는 사람들을 무너뜨리는 일을 사명으로 생각하는 사람이 있다고 합니다. 예수 믿는 사람만 골라서 회식 자리에서 강제로 술을 먹이고, 죄짓는 곳에 끌고 가서 같이 죄를 짓게 하는 등 예수 믿는 사람 킬러라고 합니다. 예수 믿는 사람을 좌절시키고, 예수 믿는다는 말을 못하게 만드는 일을 사명으로 생각하는 사람이었습니다. 그런 사람이 직장마다 꼭 있다고 하니 이런 세상에서 어떻게 죄짓지 않고 하나님의 말씀대로 살 수 있겠습니까?

그런데 이 청년은 오히려 그 사람을 전도하는 것을 목적으로 삼았다고 했습니다. 그 사람을 어떻게 해서든지 하나님께로 돌아오게 하는 것이 목적이라고 했습니다. 그 청년은 하나님을 사랑하는 사람이었습니다. 하나님을 정말 사랑하니까 직장에서 그런 사람을 만나도 두렵기보다는 그 사람이 구원받기를 바라는 마음이 드는 것입니다.

하나님을 사랑하게 되면, 우리가 사는 이 세상이 꼭 힘든 세상만은 아닙니다. '죄짓지 않고 하나님의 말씀대로 사는 것이 힘들다'라고 말하지 않습니다. 오히려 말씀대로 사는 것이 기쁨입니다. 다른 사람은 다 아니라고 해도, 자기 혼자라도 하나님 앞에서 그 일을 기쁨으로 하는 것입니다. 그것이 바로 사랑에 빠진 사람들의 모습입니다. 하나님과 완전히 사랑에 빠진 것입니다.

우리 교회 부지 안에 탈북 청소년들을 위한 하늘꿈학교 건물을 신축했습니다. 이 건축 때문에 우리가 치러야 할 대가가 컸습니다. 그런데도 왜 이 학교를 지으려고 할까요? 탈북 청소년들이 십자가 복음 안에서 너무나 놀랍게 변하는 것을 봤기 때문입니다. 통일부에서도 이 아이들이 이렇게 놀랍게 바뀌는 것을 보고, 학교 짓는 일을 적극적으로 도와주었습니다.

한번은 예수전도단 DTS 훈련을 마친 한 자매가 간증을 했습니다. "서울에 와서 너무 힘들 때 집사님이 인도해 주셔서 교회를 다녔지만, 하나님을 아버지라고 부르지는 못했어요. 그런데 이제는 하나님이 제 아버지처럼 믿어져요. 이제는 하나님을 그냥 아버지라고 부를 거예요." 그러면서 "아버지!" 하고 부르며 울음을 터트렸습니다. 그 자매의 간증을 들으면서 저도 울었습니다. 진짜 복음을 알고 하나님의 사랑을 경험하면 사람이 바뀝니다. 그냥 교회만 다니고, 그냥 예수만 믿어 주는 게 아니라 사랑하게 됩니다. 하나님의 사랑을 알고, 하나님을 사랑하게 됩니다. 그렇게 되면 너무나 놀라운 삶의 변화가 일어납니다.

한번은 하늘꿈학교 이사회에 갔는데, 남학생 한 명이 기도를 받겠다며 기다리고 있었습니다. 보통 탈북 청소년들이 가지고 있는 기도 제목은 진로나 북한에 있는 가족에 대한 것입니다. 그런데 그 학생은 자기 마음속에 무서운 죄의 권세가 있다는 것이었습니다. 그것이 아버지로부터 이어진 것 같다고 했습니다. 그래서 일주일째 금식을 하고 있다고 했습니다. 그러면서 자기 속에 있는 이 죄의 권세가 꺾이도록 기도해 달라고 했습니다. 탈북 청소년들이 자기 속에 있는 죄를 이렇게 고백하는 일은 거의 없다고 합니다. 그들에게 그것은 죽음과도 같은 일입니다. 그런데 이 학생은 자기 속에 있는 죄를 고백하고, 그 죄의 묶임에서 풀어지게 해 달라고 기도를 요청한 것입니다. 하나님을 사랑하게 되면 이렇게 되는 것입니다.

우리가 하나님을 사랑하는 것은, 하나님이 우리 안에 계시고 우리가 하나님 안에 있는 사귐입니다. 5절 말씀에서 보듯이, 이것으로 우리가 하나님 안에 있음을 알 수 있습니다. 죄짓기 싫고, 하나님의 계명대로 살고 싶은 것이 우리가 하나님 안에 있다는 증거입니다. 하나님 안에 있다고 하는 사람은 주 예수님이 사신 것처럼 살아야 합니다. 그렇지 않으면 우리는 거짓말하는 사람입니다요일 2:6.

예수님처럼 산다는 게 무엇입니까? 그 핵심은 사랑입니다. 예수님은 하나님의 계명을 두 마디로 설명하셨습니다. 하나는 목숨을 다해 하나님을 사랑하는 것이고, 또 하나는 이웃을 자신처럼 사랑하는 것입니다. 죄짓지 않고 사랑하며 사는 것이 우리 안에 주님이 오신 가장 놀라운 증거입니다.

죄짓지 않고 하나님의 계명대로 살려고 할 때 조심해야 할 것이 있는데, 율법주의에 빠지는 것입니다. 이따금 "죄짓지 말아야 한다. 하나님의 계명대로 살아야 한다"고 말하는 사람들을 봅니다. 그런데 그런 사람들을 보면 무서운 느낌이 들 때가 있습니다. 교회에 오면 죄짓지 말아야 하고, 하나님의 계명대로 살아야 한다고 말합니다. 그런데 분위기가 무섭습니다. 항상 감시하고, 비판하고, 지적하고, 야단칩니다. 이것은 요한 사도가 말하려는 것이 아닙니다. 왜 그렇게 되어 버렸을까요? 하나님을 향한 뜨거운 사랑이 빠졌기 때문입니다. 하나님을 뜨겁게 사랑하지 않아도 "죄짓지 말아야지. 하나님의 계명을 지켜야지"라고 말할 수 있습니다. 머리에서부터 나올 수 있습니다. 이런 경우를 종교 생활, 혹은 율법주의라고 말하는 것입니다.

저는 어릴 때부터 교회 안에서 자랐습니다. 그런데 저의 어릴 때 기억에 교회는 무서운 곳이었습니다. 지금 생각하니 다들 율법주의적인 신앙생활을 하였던 것입니다. YWAM의 유명한 강사인 플로이드 맥클랑Floyd McClung은 어린 시절 미국 남부지역에서 살았습니다. 미국 남부지역의 교회들은 아주 보수적입니다. 그 지역을 바이블 벨트라고 부릅니다. 보수적이고 경건한 그리스도인들이 사는 지역입니다. 그런데 그곳에서 살 때 교회가 무서웠다고 했습니다. 그렇게 예수 잘 믿고 경건한 그리스도인들이 흑인 노예 제도를 계속 유지하기 위해 남북 전쟁을 했습니다. 인종 차별이 가장 심한 지역이 그 지역입니다. 그렇게 경건하고 보수적인 그리스도인들이 어떻게 그럴 수 있을까요? 율법주의에 빠지면 그렇게 되는 것입니다.

플로이드 맥클랑은 어린 시절, 하나님께 대한 열심은 대단하지만 무서운 그리스도인들을 여러 명 만났다고 합니다. 한 결 같이 예수님의 마음으로 사람들을 사랑하는 모습은 별로 없고, 다른 사람에 대해 매우 비판적이었다고 합니다. 누군가의 결점을 찾으려고 눈을 부라리면서 살폈습니다. 그리고 말 한마디 한마디가 얼마나 무서운지……. 그 어른들이 무서워서 그냥 열심히 교회를 다닌 것이지, 교회 생활에 기쁨이 있었던 것은 아니었다고 합니다. 예배 시간에 찬송을 불러도 분위기는 늘 가라앉았습니다. 얼마나 사랑을 실천하느냐가 아니라, 얼마나 엄숙한지가 중요한 기준이었습니다. 예배가 끝나는 시간이 교인들의 얼굴이 가장 은혜로운 시간이었다고 했습니다. 그는 그런 그리스도인들의 위선적인 모습 때문에 어릴 때 충격을 크게 받았습니다. 그런데 심각한 것은, 그들은 자신의 잘못을 모른다는 것이었습니다. 오히려 자신들이 잘 믿고 있다고 생각하는 것이었습니다.

그런 분위기에서 살다 보니까 그도 어느덧 그런 그리스도인이 되어 버렸다고 합니다. 끊임없이 죄책감에 괴로워하고, 인정받고 칭찬받으려고 노력하고, 자신의 약점과 잘못을 사람들이 알아챌까 봐 늘 좌불안석해야 했습니다.

한국 교회는 지금 이 문제로 심각한 상태에 있습니다. 겉으로는 죄짓지 말아야 하고 하나님의 계명을 잘 지켜야 한다고 말하지만, 마음에 기쁨과 감사와 사랑이 없는 것입니다. 왜 그렇죠? 예수님과의 사귐이 없기 때문입니다. 하나님을 사랑하지 않기 때문입니다. 하나님과 사랑에 푹 빠지지 않았기 때문입니다. 그러니 교리적인 신앙생활에만 머무르는 것입니다. 우리가 하나님을 사랑하면, 하나님이 내 안에 계시고 나도 하나님 안에 있어서 다른 사람을 사랑하게 됩니다.

우리 교회 자매 중에 유치원 선생님이 있습니다. 그 자매는 부모님이 다 예수 믿는 분이어서 어려서부터 교회를 다녔습니다. 그러나 주님을 뜨겁게 사랑하는 마음은 없었다고 합니다. 유치원에서 아이들을 가르칠 때 동료 교사들과 갈등을 겪는 일도 많았고, 아이들 때문에 마음에 상처를 받는 일도 많았습니다. 우리가 직장 생활을 하면서 늘 겪는 일이죠. 어떨 때는 너무 상처 받고, 너무 밉기도 하고, 너무 힘들어서 괴로웠습니다. 그런데 영성 일기를 쓰기 시작하면서 24시간 예수님을 바라보았고, 주님과 사귐을 갖게 됐습니다. 이제 그 자매에게 예수님은 살아 계신 주님이 되었습니다. 주님과 사랑에 빠진 것입니다. 그런데 주님만 사랑하게 된 것이 아니고, 유치원 동료 교사들과 아이들의 한 영혼 한 영혼을 마음에 품게 되더라는 것입니다. 주님과 사랑에 빠지고 나니까 이제는 사람들이 다 마음에 품어지고, 간절히 기도하게 되고, 말 한마디를 해도 주님이 하시려는 말을 하게 되고, 행동을 하나 해도 주님이 하시려는 행동을 하게 된다고 고백했습니다.

우리가 예수님을 잘 믿고, 마음에 서원한 대로 죄를 짓지 않고, 하나님의 계명대로 사는 것은 하나님을 사랑함에서 오는 것입니다. 성경에 나오는 위대한 사람들은 다 하나님을 사랑했던 사람들입니다. 우리 역시 똑같은 은혜를 받았습니다.

김병년 목사님이 제게 선물로 주신 책이 있습니다. 《아빠, 우린 왜 이렇게 행복하지?》포이에마, 2013 라는 아주 매력적인 제목의 책입니다. 목사님의 사모님은 뇌졸중으로 쓰러지셔서 9년째 식물인간 상태로 계십니다. 목사님은 사모님을 간병하고, 자녀들을 양육하고, 교회 목회도 하십니다. 그리고 그 일을 솔직하게 다 나누십니다. 그러면서도 기쁨이 넘치게 살아가는 목사님은 주변에서 많은 존경을 받고 있습니다. 목사님이 최근 페이스북에 이런 글을 올리셨습니다.

"나는 밤에 이동하는 것을 싫어한다. 특히 호텔이나 모텔 같은 곳을 지나가는 것이 싫었다. 아름다운 길도 혼자일 때는 서러움이 되어 돌아오니까. 그리고 언제나 유혹이 마음에 찾아온다. 그리움이 마음 한 켠에서 베어 올라온다. 그래서 싫다. 그러나 어제는 그런 요란한 호텔, 모텔의 간판들이 전혀 마음에 들어오지 않았다. 그냥 '저기 저런 시설들이 있구나' 하는 정도였다. 내가 갈 곳은 아니지. 24시간 예수님과 동행하는 실제를 그 순간에 경험한 하루였다. 어두움이 스며

들도록 허락하는 것이 아니라 어둠 속에서 함께하시는 주님의 손을 붙잡았다. 밤이 무서운 것이 아니라 어두운 내 마음이 무섭다."

목사님과 한 번은 주님과 동행하는 삶에 대한 경험과 비전을 나눈 적이 있었는데, 목사님 안에 벌써 놀라운 변화가 있는 것이었습니다. 그저 예수님을 믿는 수준에 머무르지 말고, 예수님을 사랑하는 자가 되어야 합니다. 주님을 사랑할 때 주님의 은혜로 죄짓지 않고, 하나님의 말씀대로 정말 사랑하는 기적이 우리 안에 일어나게 될 것입니다.

요한일서 2:7-17

7 사랑하는 여러분, 내가 여러분에게 써 보내는 것은, 새 계명이 아니라, 여러분이 처음부터 가진 옛 계명입니다. 그 옛 계명은 여러분이 들은 그 말씀입니다. **8** 나는 다시 여러분에게 새 계명을 써 보냅니다. 이 새 계명은 하나님께도 참되고 여러분에게도 참됩니다. 어둠이 지나가고, 참빛이 벌써 비치고 있기 때문입니다. **9** 빛 가운데 있다고 말하면서 자기 형제자매를 미워하는 사람은 아직도 어둠 속에 있습니다. **10** 자기 형제자매를 사랑하는 사람은 빛 가운데 머물러 있으니, 그 사람 앞에는 올무가 없습니다. **11** 자기 형제자매를 미워하는 사람은 어둠 속에 있고, 어둠 속을 걷고 있으니, 자기가 어디로 가는지를 알지 못합니다. 어둠이 그의 눈을 가렸기 때문입니다. **12** 자녀 된 이 여러분, 내가 여러분에게 이 글을 쓰는 까닭은, 그의 이름으로 여러분의 죄가 용서함을 받았기 때문입니다. **13** 아버지 된 이 여러분, 내가 여러분에게 이 글을 쓰는 까닭은, 여러분이 태초부터 계신 분을 알고 있기 때문입니다. 젊은이 여러분, 내가 여러분에게 이 글을 쓰는 까닭은, 여러분이 이미 악한 자를 이겼기 때문입니다. **14** 어린이 여러분, 내가 여러분에게 이 글을 쓰는 까닭은, 여러분이 이미 하늘 아버지를 알고 있기 때문입니다. 아버지 된 이 여러분, 내가 여러분에게 이 글을 쓰는 까닭은, 여러분이 태초부터 계신 분을 알고 있기 때문입니다. 젊은이 여러분, 내가 여러분에게 이 글을 쓰는 까닭은, 여러분이 강하고 하나님의 말씀이 여러분 속에 있어서, 여러분이 그 악한 자를 이겼기 때문입니다. **15** 여러분은 세상이나 세상에 있는 것들을 사랑하지 마십시오. 누가 세상을 사랑하면, 그 사람 속에는 하늘 아버지에 대한 사랑이 없습니다. **16** 세상에 있는 모든 것, 곧 육체의 욕망과 눈의 욕망과 세상 살림에 대한 자랑은 모두 하늘 아버지에게서 온 것이 아니라, 세상에서 온 것이기 때문입니다. **17** 이 세상도 사라지고, 이 세상의 욕망도 사라지지만, 하나님의 뜻을 행하는 사람은 영원히 남습니다.

유기성 목사님의 〈요한일서〉 강해 4강을 볼 수 있습니다.

CHAPTER 04

하나님을 사랑할 때
비로소 눈이 뜨입니다

어떻게 하면 주님을 사랑할 수 있을까요? 항상 주님을 바라보아야 합니다. 주님이 함께 하심을 믿고 계속 주님을 바라보는 중에 어느 순간에 주님을 사랑하게 되는 것입니다.

사랑하게 되는 기적

한 자매가 어느 신학생과 결혼을 약속하고, 부모님의 허락을 받으려고 집으로 데려 왔습니다. 자매의 부모님은 이 신학생이 딸을 먹여 살릴 수는 있을까 심히 걱정이 되었습니다. 저녁을 먹고 난 후에 어머니가 아버지 옆구리를 찔러, 물어볼 것은 물어보고, 따져 볼 것은 따져 보라고 했습니다. 그래서 아버지는 신학생을 서재로 데리고 갔습니다. 아버지는 그에게 "자네 신학생이라는데, 내 딸과 함께 살 집이라도 마련할 수 있는가?" 하고 물었습니다. 그러자 그 신학생은 "주의 사명을 열심히 감당하면 하나님께서 다 책임져 주실 것입니다" 라고 대답했습니다. 아버지의 의도와는 전혀 다른 대답을 해서 좀 난감했지만, 아버지는 또 물었습니다. "결혼은 비용이 꽤 드는 일인데, 결혼할 돈은 준비되어 있는가?" 그러자 신학생은 "하나님이 주실 줄 믿습니다"라고 대답했습니다. 아버지는 "아이를 낳고 기르는 일이 만만치 않을 텐데, 가족을 먹여 살릴 수는 있겠는가?" 하고 물었습니다. 그러자 신학생은 "주의 일을 열심히 하면 하나님이 다 주실 줄 믿습니다" 하고 대답했습니다. 어떤 질문을 해도 하나님이 주실 줄 믿는다고 하니, 아버지도 더 이상은 물을 수 없어 밖으로 나왔습니다. 어머니가 아버지한테 가서 그 신학생이 뭐라고 했는지, 딸을 맡겨도 되겠는지 물었습니다. 그러자 아버지는 "도무지 직업도, 돈도 없는 것 같고, 정말 딸을 맡기기에는 너무 난감한 사람이야. 그런데 한 가지 긍정적인 것은, 그 친구가 나를 하나님으로 생각하는 것 같아"라고 했습니다.

하나님을 안 믿는 사람과 하나님을 믿는 사람은 생각하는 것과 가치관, 판단의 근거 등이 너무나 다릅니다. 어떤 때는 정말 대화가 안 되기도 합니다. 그런데 하나님을 믿는 사람과 하나님을 사랑하는 사람 사이에도 그런 차이가 있습니다. 그저 하나님을 믿는다고 말하는 사람과 정말 하나님을 사랑하게 된 사람, 하나님과 사랑에 푹 빠진 사람은 생각과 판단의 차이가 엄청나게 다릅니다.

여러분은 하나님을 정말 사랑하십니까? 하나님과 사랑에 빠졌습니까? 하나님을 믿는다면 그렇게 믿어야 합니다. 하나님과 사랑에 빠졌다고 할 정도로 믿어야 하나님을 바로 믿는 것입니다.

어느 해인가 교회 임원 훈련 때 오신 강사님이 강의 중에 하신 이야기입니다. 요즘 젊은이들은 교제하기 시작하면 날짜를 센다고 합니다.

교제한 날부터 100일째 되는 날에는 남자가 거창한 이벤트를 해 줘야 하는데, 100일 기념으로 장미 100송이를 사 주든지, 종이학을 1,000개를 접든지 한답니다. 이처럼 단순히 날짜를 따져서 기념일을 지키는 것도 나름 의미 있고 중요할 수 있습니다.

그러나 시간에는 단순한 시간 만 있는 것이 아니라 의미를 부여하는 사건의 시간도 있습니다. 강사님은 결혼을 예로 들어 설명하셨습니다. 결혼을 전제로 사귀게 된 두 남녀가 처음으로 손을 잡았던 날이 있었다면 그 날은 단순히 '만난 지 며칠 째냐?' 가 중요한 것이 아닙니다. 두 사람의 관계가 전혀 다른 차원으로 들어가게 된 아주 의미 있는 날이기 때문입니다.

이것은 하나님과 우리 사이에도 그대로 적용됩니다. 우리가 하나님을 믿는다고 할 때, 어떤 사람은 1년을 믿었고, 어떤 사람은 10년을 믿었고, 어떤 사람은 30년을 믿었을 수 있습니다. 그러나 중요한 것은 믿은 햇수가 아니라 '하나님의 손을 잡아 본 날이 언제였느냐?' 하는 것입니다. '하나님과 거룩한 입맞춤을 해 봤느냐?' 하는 것입니다. 하나님을 믿을 때도 사건 시간이 중요합니다. 하나님을 막연하게 믿는 것과 "나는 하나님과 손잡아 봤어. 지금도 하나님과 손잡고 살아. 나는 하나님과의 거룩한 입맞춤을 경험한 것 같아" 하는 것은 결코 같은 것이 아닙니다. 하나님을 믿어도 하나님을 사랑하게 되기를 사모해야 합니다. 하나님을 사랑하면 보는 눈이 달라집니다. 정말 놀랍습니다. 미운 사람이 없어집니다. 하나님과 사랑에 빠지고 나면 사람들이 다 사랑스럽습니다. 이것은 정말 놀라운 기적입니다.

9절에 "빛 가운데 있다고 말하면서 자기 형제자매를 미워하는 사람은 아직도 어둠 속에 있습니다"라고 했습니다. "빛 가운데 있다"는 것은 '내가 예수님과 사귀고 있다. 내가 예수님과 사랑에 빠졌다'는 뜻입니다. 예수님은 빛이시고 나는 그 빛 가운데로 나왔습니다. 그저 교회만 다니는 사람은 이렇게 표현할 수가 없습니다. 빛 가운데 나온 사람은 이제 다 공개하고 사는 사람입니다. 예수님은 태양보다 빛나는 빛이십니다. 이런 예수님과 사귀고 사랑하는 사람에게는 반드시 증거가 있는데, 그것은 형제자매를 사랑하는 것입니다. 그런데 예수님과 빛 가운데 있다고 말하면서 자기의 형제자매를 미워하는 사람은 거짓말하는 사람입니다. 아직도 어둠 속에 있는 것입니다. 완전히 어둠 속에 사로잡혀 있는 것입니다.

여러분은 예수 믿고 나서 미운 사람이 다 없어졌습니까? 선뜻 대답하기 어렵다면 여러분은 아직도 어둠 속에 있는 것입니다.

11절에 "자기 형제자매를 미워하는 사람은 어둠 속에 있고, 어둠 속을 걷고 있으니, 자기가 어디로 가는지를 알지 못합니다. 어둠이 그의 눈을 가렸기 때문입니다"라고 했습니다. 갑자기 아무것도 안 보이는 일이 벌어지면 얼마나 당황스럽고 두렵겠습니까? 마음에 미운 사람이 있다면 영적으로도 이와 같다는 것입니다. 이것은 심각한 문제입니다. 예수를 믿는데도 여전히 미운 사람이 있다면, 주님과의 관계에 심각한 문제가 있는 것입니다. 완전히 어둠 속에 사로잡혀 있는 것입니다. 누군가 우리의 눈을 가리고 있기 때문입니다. 누가 그렇게 하겠습니까? 바로 마귀입니다.

"그중에 이 세상의 신이 믿지 아니하는 자들의 마음을 혼미하게 하여 그리스도의 영광의 복음의 광채가 비치지 못하게 함이니 그리스도는 하나님의 형상이니라"고후 4:4, 개역개정.

이 말씀이 불편한 분이 있을 것입니다. 미운 사람이 있는데, 그 미움을 풀고 싶지 않고, 그 사람을 미워하는 것을 거두고 싶지 않은 분이 있을 것입니다. 아마 그런 분들은 할 말이 있을 거예요. "미운 짓을 하는데 어떡합니까? 우리가 괜히 미워하겠습니까? 미운 짓을 하니까 미워하는 거잖아요."

여러분, 성경 말씀을 있는 그대로 봐야 합니다. 분명히 그저 미워하는 사람이라고 했습니다. 그 사람이 어떤 일을 했든지 간에 미워하는 사람이 있다면 말씀 앞에서 자신을 돌아봐야 합니다. 물론 미운 짓을 하는 것도 문제입니다. 오죽하면 사람들이 미워하겠어요. 그러나 미움이라는 것 자체에 심각한 문제가 있습니다. '미움의 영의 역사'입니다. 절대로 주님의 역사가 아닙니다. 누구를 미워한다면 이것은 '상대방이 어떤 잘못을 했느냐?'와 전혀 별개의 문제가 생긴 것입니다. 미움의 영이 우리를 사로잡으려고 하는 것입니다. 무슨 일이 있어도 미움의 영에 사로잡히면 안 됩니다. 그것은 어둠 속에 들어가서 앞을 못 보게 되는 것과 같습니다.

성경에 선으로 악을 이기라고 했습니다. 악은 반드시 바로잡아야 합니다. 이것이 하나님의 뜻입니다. 그러나 명심해야 할 것이 있습니다. 선으로 악을 이겨야 한다는 것입니다. 악을 이기려고, 자신도 악해졌다면 완전히 마귀에게 당한 것입니다. 어떤 사람을 그냥 내버려 두면 큰일 날 것 같습니까? 진짜 걱정해야할 것은 누군가를 미워하고 있는 자신입니다. 미워해서 문제를 해결해 본 적이 있습니까? 화내서 문제가 해결된 적이 있습니까?

감자탕교회로 잘 알려진 서울광염교회의 조현삼 목사님이 해 주신 이야기입니다. 교회 초창기 때였는데, 한번은 교인들이 그렇게 싸우더랍니다. 왜 싸우나 싶어서 물어봤더니 잘해 보려고 싸운다고 하더랍니다. "목사님, 너무 신경 쓰지 마세요. 이게 다 잘해 보려다 그런 것 아니겠습니까?"

그래서 가만히 살펴보니까 정말 잘못되자고 싸우는 사람은 한 사람도 없었습니다. 그래서 목사님이 말했다고 합니다. "우리 잘하지 맙시다. 잘하려고 싸울 거면 싸우지 말고 그냥 보통만 하는 게 더 나을 거 같습니다."

그러자 지금은 그 교회가 부흥되어 하나님께 쓰임받고 있습니다.

잘하자고 싸우는 것은 정말 미련한 일입니다. 싸움 자체가 벌써 잘못된 것입니다. 속으면 안 됩니다. 아직도 마음에 미움이 막 일어나서 힘들어하는 분, "정말 미운데 어떡하나" 하는 분들을 위해 요한 사도가 이렇게 말했습니다.

"자녀 된 이 여러분, 내가 여러분에게 이 글을 쓰는 까닭은, 그의 이름으로 여러분의 죄가 용서함을 받았기 때문입니다" 요일 2:12.

예수를 믿는 사람은 미운 사람이 생길 때 십자가를 바라볼 수 있어야 합니다. 우리가 어떤 사람입니까? 지옥에 갈 수밖에 없는 존재였습니다. 그러니 하나님의 눈에는 우리가 얼마나 밉게 보이겠습니까? 죄란 죄는 골라서 다 짓고 돌아다니며, 마음은 어쩌면 그렇게 더러운지 모릅니다. 정말 미워할 자격이 있는 분이 있다면, 화를 낼 자격이 있는 분이 있다면, 그것은 하나님 밖에 없습니다. 그런데 하나님은 어떻게 하셨습니까? 그런 우리를 위해 당신의 독생자를 주셨습니다. 그 예수님이 우리를 위해 십자가에 달려 죽으셨습니다. 그리고 우리 마음에 성령 하나님이 오셨습니다. 이런 은혜를 받았으면서 어떻게 다른 사람을 미워할 수 있겠습니까? 하나님의 사랑을 실제로 안 믿으니까, 하나님과 사랑에 빠지지 않았으니까 미운 사람이 생기는 것입니다.

요한 사도는 2장 13-14절에서 "내가 여러분에게 이 글을 쓰는 까닭은"이라고 반복합니다. 이는 요한 사도의 마음이 얼마나 답답한지를 말해 주는 것입니다. "내가 여러분에게 이 글을 쓰는 까닭은 여러분이 죄 사함을 받았기 때문이고, 여러분이 창세전부터 살아 계신 하나님을 알게 된 사람이기 때문이고, 여러분이 이제 마귀를 이긴 사람이기 때문이라"고 했습니다. 이것이 우리 인생의 문제에 대한 열쇠입니다.

왜 인생의 문제가 이렇게 복잡할까요? 왜 살기가 이렇게 어려울까요? 우리가 죄를 지었기 때문이고, 그로 인해 하나님과의 관계가 끊어졌기 때문이고, 마귀의 종노릇하고 살기 때문입니다. 인생의 문제가 수없이 많지만 원인은 이 한가지입니다. 그래서 예수를 믿으라는 것입니다. 예수님을 믿으면 구원을 받습니다. 모든 죄가 용서받고 하나님과의 관계가 회복되어서 하나님과 인격적이고 친밀한 동행을 하게 되며, 마귀의 종노릇하지 않게 되기 때문입니다. 이런 엄청난 은혜와 사랑을 받은 사람은 예수님과 사랑에 빠지게 됩니다. 예수님과 사랑에 빠지면 모든 게 달라져 보입니다. 미움이 없어지는 기적이 일어나는 것입니다.

어느 목사님께서 시편 37편을 묵상하다가 놀라운 발견을 하고 참 은혜로운 간증을 쓰셨습니다.

"악을 행하는 자들 때문에 불평하지 말며 불의를 행하는 자들을 시기하지 말지어다"시 37:1, 개역개정.

"잠시 후에는 악인이 없어지리니 네가 그곳을 자세히 살필지라도 없으리로다"시 37:10, 개역개정.

악을 행하는 자가 눈앞에서 다 사라진다는 것입니다. 믿기지 않는 이 약속이 이루어진 것을 깨닫고 목사님께서 이런 간증을 하셨습니다.

"어느 순간 주변을 둘러보니 악인이 눈에 띄지 않았습니다. 이상했습니다. 어느새 미운 교인이 다 사라져 버린 것입니다. 그 이유가 무엇일까 생각해 보았습니다. 실제 교인들이 다 착해져서일까요? 그렇지 않습니다. 제 마음이 은혜로 충만해졌기 때문입니다."

그 간증을 들으며 나도 모르게 무릎을 쳤습니다. 참 놀라운 역사인 것입니다. 사람은 바뀌지 않을 수 있습니다. 그 사람이 그 사람입니다. 그런데 내가 예수님과 사랑에 빠지면 미운 사람, 악한 사람이 다 없어진 것과 같은 기적이 일어납니다. 만일 우리 마음에 여전히 미움이 있다면, 우리 안에 예수 그리스도가 계신 것이 아닙니다. 그것은 심각한 문제입니다. 그러므로 빨리 십자가로 돌아가야 합니다. 십자가의 은혜로 주님과의 관계를 회복해야합니다. 주님과의 관계가 뜨거워지고, 깊이 사랑에 빠지면 아무리 자세히 살펴도 악인이 보이지 않습니다. 사람과의 관계가 다 바뀌어 버립니다.

세상은 우리의 사명지

하나님과 사랑에 빠지면 또 하나 놀라운 일이 일어나는데, 그것은 세상을 사랑하지 않게 되는 것입니다. 15절에 "여러분은 세상이나 세상에 있는 것들을 사랑하지 마십시오"라고 했습니다.

이 말씀이 어떻게 들리십니까? 어떤 분들에게는 불편하게 들릴 수 있습니다. 성공 한번 해 보려고 애쓰는 분들에게는 힘 빠지게 하는 말씀입니다. 지금 뭔가 이루려고, 시험에 합격하려고, 이번에는 정말 돈 좀 벌어 보려고 기도도 하고 열심히 애쓰는 사람에게 세상과 세상에 있는 것들을 사랑하지 말라고 하니, "그러면 도대체 어떻게 살라는 말인가요?" 볼멘소리를 할 만합니다. "염세주의자로, 소극적으로, 현실도 피자로 살라는 말입니까?", "예수 믿으면 다 세상에 대해서는 그렇게 살아야 하나요?" 자매들에게 남자는 다 늑대라고 하고, 형제들에게 여자는 다 여우라고 말하면 좀 곤란하지 않겠습니까? 그러면 결혼은 어떻게 합니까? 늑대랑 여우랑 하나요? 조심하라는 뜻이긴 하지만, 이런 식으로 말하는 것은 문제가 있지 않을까요?

이렇게 생각하는 분들에게는 그 이유가 있습니다. 아직 진짜 사랑을 발견하지 못한 것입니다. 예수님과 사랑에 빠지는 은혜를 아직 누려보지 못했기 때문에 세상이라도 사랑해야 하는 것입니다. 사람이 살려면 뭔가 마음속을 움직이는 불같은 것이 있어야 합니다. 하고 싶은 게 있고, 무언가 이루고자 하는 열정이 일어나야 사는 것 아니겠습니까? 사람은 사랑해야 하는 존재입니다. 그런데 주님과 사랑에 빠지지 않은 사람에게 세상을 사랑하지 않는 것은 불가능한 일입니다. 세상을 사랑하지 않으면서 어떻게 이 세상을 살겠습니까? 하다못해 돈 버는 재미라도 있어야 하잖아요. 뭔가 즐길 오락거리라도 있어야 하잖아요. 그러니까 게임에도 빠지는 것 아닙니까?

그런데 사랑하는 사람에게는 문제가 다르게 보입니다. 지금 결혼하는 신부에게 "절대 다른 사람을 사랑하지 마세요. 다른 남자에게 눈길을 주지 마세요"라고 하면, 그것은 너무나 당연한 이야기입니다. 지금 결혼하는 신랑에게 "이제 당신에게 다른 여자란 없습니다. 당신은 오직 한 여자, 당신의 아내에게만 모든 사랑을 주어야 합니다"라고 하면, 너무나 당연한 말일 것입니다. 이 말에 대해 지나치다고 말할 사람이 어디 있겠습니까? 노아가 자녀들에게 "세상을 사랑하지 말라"고 한 것은 당연한 것입니다. 롯이 아내와 딸들에게 "우리가 소돔과 고모라에서 살지만 이 세상을 사랑하면 안 된다"고 말한 것은 당연한 일입니다. 그런데 그의 아내가 그 말을 귀담아 듣지 않는 바람에 뒤돌아보고 소금기둥이 된 것 아닙니까? 일제 강점기 때 독립운동을 하는 분이 자녀들에게 세상을 사랑하면 안 된다고 한 것은, 정말 새겨들어야 할 이야기입니다. 우상 숭배와 이단이 횡행하고 영적으로 혼미한 시기에 아무 성경공부 모임에나 가면 안 된다고 말하는 것은 정말 중요한 이야기입니다.

우리가 주님을 정말 사랑하게 되면 세상이 다르게 보입니다. 우리 안에는 사랑하는 주님이 계십니다. 그러면 세상이 전혀 다르게 보입니다. 세상을 사는 동안에 우리가 항상 명심할 것이 있습니다. 우리는 세상을 사랑하든지, 주님을 사랑하든지, 둘 중 하나만 선택해야 한다는 것입니다. 둘 다 사랑할 수는 없습니다.

15절에 "누가 세상을 사랑하면, 그 사람 속에는 하늘 아버지에 대한 사랑이 없다"라고 했습니다. 교회를 다니고 예수를 믿는다고 하면서도 세상에 푹 빠져 있다면, 그 사람은 실제로는 주님의 사랑을 모르는 것입니다. 그러므로 우리는 항상 이것이 하나님께로부터 온 것인지, 아니면 세상으로부터 온 것인지를 분별할 줄 알아야 합니다.

16절에 "세상에 있는 모든 것, 곧 육체의 욕망과 눈의 욕망과 세상 살림에 대한 자랑은 모두 하늘 아버지에게 온 것이 아니라"고 했습니다. 이는 세상에서 온 것입니다. 세상에서 온 것은 결국 다 사라져 버리고, 하나님께로부터 온 것만 영원히 남습니다. 그러므로 세상을 사랑하고 산 사람은 반드시 후회할 날이 옵니다. 그것도 정말 피를 토하면서 후회할 날이 올 것입니다. 다 사라져 버릴 것에 인생을 걸었기 때문입니다.

17절에 보면 "이 세상도 사라지고 이 세상의 욕망도 사라지지만, 하나님의 뜻을 행하는 사람은 영원히 남습니다"라고 했습니다. 이것은 우리가 모르는 이야기가 아닙니다. 세상을 사랑하지 말라는 말을 한두 번 들었습니까? 그런데도 우리는 여전히 세상을 사랑하는 마음을 해결하지 못합니다. 그러니 성도들의 가슴에 이 메시지를 어떻게 전해야 할지 고민하게 됐습니다. 형제를 미워하지 말고 사랑하라고, 세상을 사랑하지 말라고, 다 아는 이야기를 또 하는 것입니다.

하나님이 그 마음을 아셨는지, 설교를 위해 기도하는데, 제가 참 존경하고 사랑하는 한 선교사님의 글을 보게 하셨습니다. 인도에서 16년째 사역하고 계시는 조동욱 선교사님의 글입니다. 선교사님은 중국, 티베트, 네팔의 국경이 있는 인도에서도 가장 오지라고 할 수 있는 실리구리 Siliguri 에서 사역을 하고 계십니다. 벌써 환갑이 넘은 나이신데, 얼마 전 한 달간 한국에 다녀가셨습니다.

다음은 인도로 떠나기 전날 새벽에 선교사님이 쓰신 글입니다. 중국에서 열렸던 장로수련회에서 이 글을 읽으면서 저도 울고 장로님들도 다 우셨습니다. 글의 제목은 "내가 인도로 되돌아가야 할 이유를 찾지 못했다"입니다. 제목 자체가 제 마음에 충격으로 와 닿았습니다. 선교사님은 도대체 무슨 말씀을 하시려는 것일까요?

한 달 동안에 모국 방문을 마치고 인도 선교지로 들어가기 하루 전날이다. '이젠 인도로 돌아가야지' 하고 마음을 가다듬고 기도를 시작하는 순간, 갑자기 전혀 생각하지도 않았던 두려움이 나를 짓눌렀다. 인도라고 생각하니 모든 것이 아찔해진다. 인도의 여름, 뜨거운 태양 아래 먼지 쌓인 시골길을 걷기엔 나의 건강이 너무 약한 듯하다. 에어컨이 고장 난 선교 지프차를 타고 산골을 치닫기가 이제 버거울 것 같다. 무면허 운전사가 몰던 차에 부딪혀 피투성이가 된 채 몸을 가누지 못하고 길바닥에 내동댕이쳐 누워 있던 그때, 그날따라 궂은 장맛비는 왜 그토록 나의 마음을 서글프게 적셨는지, 생각할수록 인도가 무서워진다. 내가 왜 다시 그곳으로 돌아가야 하나. 나는 한때 낯선 인도 땅을 마치 정든 고향 길 걷듯이 아무 두려움 없이 다녔다. 그런데 지금은 엉뚱한 생각이 내 마음에 자리 잡는다. '그래, 인도로 돌아가지 않아도 돼.' 엉뚱한 물음들이 쉬지 않고 솟아난다.

'내가 반드시 인도로 되돌아가야 할 이유가 없지 않느냐. 깊이도 알 수 없는 구렁텅이 같은 힌두교와 씨름하며 숲 속에 빽빽이 들어선, 나무처럼 앞길을 가로막는 인도 정부와 힌두교 열심당원들을 헤치고 힘들여 그 땅에 들어가야 할 이유가 뭐지?' 인도 땅을 벗어나는 데 걸림돌이 될 만한 것들을 하나씩 떠올려 본다. 가장 먼저 가족들이 떠오른다. 선교사 가족이라는 명분.

'난 이미 그런 명분이나 명성이라는 것과 담을 쌓은 지 오래였다. 인도에 남아 있는 아내? 염려할 것 없어. 전화 한 통이면 언제든지 쉽게 빠져나올 수 있지. 아이들? 그들은 선교지에서 겪을 모든 고생을 다 겪고 고등학교를 마친 뒤 이미 한국에 들어와 있잖아. 인도에 이미 뿌려 놓은 사역들은 어떡할 거냐고? 걱정할 거 없어. 그 모든 것들은 언제든지 내려놓을 준비가 되어 있으니. 신학대학을 설립한 것이며, 그리고 학장이라는 자리, 그것도 언제든지 버릴 수 있어. 오히려 무거운 짐을 벗는 홀가분함이 더할 걸. 개척해 놓은 교회들은 어떡하느냐고? 이미 세워 둔 목회자들이 잘 이끌어 나갈 거야.'

복잡했던 생각이 정리가 되는 것 같았다. 그리고 마음도 편안해지는 것 같았다. 주님께 기도했다. 아무래도 그분의 확답을 받아야 할 것 같았다. "주님, 이제 인도로 들어가지 않아도 되지요? 주님, 한마디만 그렇다고 말씀해 주세요. 내가 인도에 들어갈 이유가 없다고, 그만하면 잘했다고 말해 주세요."

그러나 주님은 엉뚱한 질문을 내게 던져 오셨다. "너, 정말 인도로 되돌아갈 이유가 없다고 생각하느냐? 정녕 그 땅을 떠나고 싶으냐? 그래, 네 마음대로 생각하고 쉽게 떠날 수도 있겠지. 그렇다면 좋아. 네가 인도를 떠난다면 나도 인도를 떠나랴?" 나는 깜짝 놀랐다. 전혀 생각지도 않은 질문이었다. 그리고 계속 속사포처럼 물으셨다. "네가 인도를 떠난다 하여 나도 인도를 떠날 것 같으냐?" 순간 아찔했다. 정신이 번쩍 들었다. 나는 아무 대답을 할 수가 없었다. 예수님이 인도를 포기하지 아니하심을 알았다. 그런데 내가 인도를 포기한다고?' 생각이 여기에 다다르자, 나는 큰 목소리로 부르짖었다. "하나님, 아닙니다. 그럴 순 없습니다. 예수님이 떠나지 아니하신 인도, 하나님이 버리지 않으신 인도를 떠나지 않겠습니다."

순간 또 다른 강한 성령의 음성이 들려왔다. "네가 자신감이나 용감함 때문에 인도를 다시 밟아서는 안 된다. 네가 인도로 되돌아갈 단한 가지 이유는 하나님의 사랑을 받아야 할 수많은 인도의 영혼들 때문이다. 오직 그들을 사랑하고 또 사랑하기 위해서뿐이다." 갑자기 내 속 깊이 통곡이 터져 나왔다. "주님, 제가 잘못했습니다. 주님, 아무 조건 없이 제가 인도로 들어가겠습니다. 하나님이 버리지 아니하시는 땅과 그 땅의 영혼들, 그들을 사랑하기 위해 들어가겠습니다. 하나님께 속한 그 땅을 다시 밟겠습니다."

나는 예수님을 처음 나의 주님으로 모시고 감격하여 황소 같은 목소리로 기도하며 뜨거운 눈물로 교회 마룻바닥을 적시던 그 기도를 다시 올릴 수 있었다.

조동욱 선교사님의 글을 읽으면서 분명히 깨달아지는 것이 있었습니다. 저도 장로님들도 수련회를 마치고 한국으로 돌아가는 마음이 인도로 돌아가는 선교사님의 마음 같아야 한다는 것이었습니다. 그러나 어디 목사와 장로만 그렇습니까? 우리는 주일에 예배를 드리고 다시 세상으로 갑니다. 그곳에는 집도 있고 가족도 있고 직장 동료도 있습니다. 그곳은 우리가 사랑할 곳을 넘어 사명지입니다. 세상은 우리의 사명지입니다. 예배당을 떠날 때 인도로 다시 돌아가는 그 선교사님의 심정으로 가야합니다. 우리는 세상에 대하여 그리스도의 편지입니다.

한번은 일터사역 콘퍼런스 때 박정관 목사님께서 이런 이야기를 하셨습니다. "한국 기독교인들은 열심이 참 대단해서 식당에 가서도 기도는 목숨처럼 합니다. 특히 몇몇 사람과 같이 모이면 반드시 누구 한 사람이 대표 식사 기도를 합니다. 식당 종업원, 식당 주인, 밥 먹는 사람들이 다 우리를 봅니다. '저 사람들 교인들이구나' 합니다. 그런데 참 안타까운 것은, 그랬으면 그 다음이 중요하잖아요. 그렇게 대표 식사 기도까지 하고 다 아멘까지 했다면, 그 다음부터 정말 예수님처럼 식사를 해야 하잖아요. 그런데 식사 기도는 그렇게 거창하고 요란하게 광고까지 하면서 해 놓고, 그 다음부터는 왜 그렇게 떠드느냐는 것입니다. 그리고 반찬 투정은 왜 그렇게 하느냐는 거예요. 종업원들에게 왜 그렇게 야단을 치느냐는 거예요. 너무 마음이 아프더라고요."

식사 기도는 참 잘한 일이죠. 어디 가서든지 우리가 예수 믿는 사람이라고 분명하게 밝히고 사는 것은 중요합니다. 왜 그렇죠? 나는 죽고 예수로 살기 위해서 그런 것입니다. 우리가 세상 사람들에게 복음을 전할 때 말로만 전하는 것이 아니지 않습니까? 예수님처럼 말하고 행동하는 것을 통해서 그들이 예수님을 알게 되는 것입니다. 바로 이것이 우리가 세상에서 살아가는 이유입니다.

세상을 사랑하지 않는다고 세상을 떠나서는 안 됩니다. 세상은 우리의 사명지입니다. 세상을 보는 눈을 새롭게 해야 합니다. 예수님의 눈으로 세상을 봐야 합니다. 지금 이 세상은 문제가 많습니다. 우리가 이세상에서 그저 잘먹고 잘살기만을 바라면 정말 보아야 할 것이 안 보입니다. 그런데 예수님의 눈으로 보기 시작하면 '어디에 가야 할지, 무엇을 해야 할지'가 보입니다.

여러분에게 다시 묻습니다. 예수님을 사랑하니까 미운 사람이 없어졌습니까? 예수님을 사랑하니까 이제는 세상이 사명지로 보입니까? 만일 그렇지 않다면 예수님을 사랑하는 마음이 없는 것입니다. 예수님을 믿는다고 하지만 아직 사랑하지는 않는 것입니다. 주님을 사랑하는 눈이 열리게 해 달라고, 사람 보는 눈과 세상 보는 눈이 열리게 해 달라고 기도해야 합니다.

예배 끝나고 한 남자 성도가 나와서 저에게 귓속말로 질문을 하나 하더군요. "어떻게 주님을 사랑하게 되나요?" 24시간 주님을 바라봐야 합니다. 주님을 믿고 바라보다 보면 어느 순간에 주님을 사랑하게 되는 것입니다.

요한일서 2:18 - 29

18 어린이 여러분, 지금은 마지막 때입니다. 여러분이 그리스도의 적대자가 올 것이라는 말을 들은 것과 같이, 지금 그리스도의 적대자가 많이 생겼습니다. 그래서 우리는 지금이 마지막 때임을 압니다. 19 그들이 우리에게서 갔지만, 그들은 우리에게 속한 자들이 아니었습니다. 그들이 우리에게 속한 자들이었더라면, 그들은 우리와 함께 그대로 남아 있었을 것입니다. 그러나 결국에는 그들은 모두 우리에게 속한 자들이 아니라는 사실이 드러나게 되었습니다. 20 여러분은 거룩하신 분에게서 기름 부으심을 받아, 모든 것을 알고 있습니다. 21 여러분이 진리를 알지 못한다고 해서 여러분에게 내가 이렇게 써 보내는 것이 아닙니다. 오히려 여러분이 진리를 알고 있기 때문에, 그리고 또한 여러분이 거짓은 모두 진리에서 나오지 않는다는 것을 알고 있기 때문에 이렇게 써 보내는 것입니다. 22 누가 거짓말쟁이입니까? 예수가 그리스도이심을 부인하는 사람이 아니고 누구겠습니까? 아버지와 아들을 부인하는 사람이 곧 그리스도의 적대자입니다. 23 누구든지 아들을 부인하는 사람은, 아버지를 모시고 있지 않은 사람이요, 아들을 시인하는 사람은, 아버지를 또한 모시고 있는 사람입니다. 24 여러분이 처음부터 들은 것을 여러분 속에 간직하십시오. 여러분이 처음부터 들은 그것이 여러분 속에 있으면, 여러분도 아들과 아버지 안에 있게 될 것입니다. 25 이것은 그가 친히 우리에게 주신 약속인데, 곧 영원한 생명입니다. 26 나는 여러분을 미혹하는 자들에 관하여 이렇게 썼습니다. 27 여러분으로 말하자면, 그가 기름 부어 주신 것이 여러분 속에 머물러 있으니, 여러분은 아무에게서도 가르침을 받을 필요가 없습니다. 그가 기름 부어 주신 것이 여러분에게 모든 것을 가르쳐 줍니다. 그리고 그 가르침은 참이요, 거짓이 아닙니다. 여러분은 그 가르침대로 언제나 그리스도 안에 머물러 있으십시오. 28 그러므로 자녀 된 이 여러분, 그리스도 안에 머물러 있으십시오. 그렇게 해야 그가 나타나실 때에 우리가 담대함을 가지게 될 것이며, 그가 오실 때에 그 앞에서 부끄러움을 당하지 않을 것입니다. 29 여러분이 하나님께서 의로우신 분임을 알면, 의를 행하는 사람은 누구나 다 하나님에게서 났음을 알 것입니다.

유기성 목사님의 〈요한일서〉 강해 5강을 볼 수 있습니다.

CHAPTER 05

그리스도 안에 머물러 있어야 합니다

악한 자가 우리의 마음을 사로잡기 전에 우리는 생명의 복음의 말씀으로 무장해야 합니다. 성령으로 충만해야 합니다. 삶으로 예수가 그리스도이 신 것을 고백할 수 있어야 정말로 믿는 사람입니다.

겉만 봐서는 모릅니다

요한 사도는 본문에서 "어린이 여러분" 하며 말을 시작합니다. 이것은 꼭 어린이들에게 들려주는 말씀이라는 의미가 아닙니다. 어린이 같은 신앙을 가지고 있는 이들에게 하는 권면이라는 의미입니다. 이 본문은 실제로는 대단히 심각한 내용입니다. 이단과 미혹에 대해서 경고하고, 그에 대해 권면하는 내용입니다. 요한 사도는 요한일서 2장에서 말씀 을 받는 대상을 아버지, 젊은이, 어린이 세 부류로 언급합니다. 영적 성 숙도에 따라 교인들을 이렇게 세 부류로 나눌 수 있다는 것입니다. 아 버지 같은 성도는 자신의 믿음뿐 아니라, 다른 사람의 믿음도 지켜 주 고, 세워 주고, 또 양육도 해 줄 수 있는, 영적으로 아버지가 된 사람입니다. 젊은이는 자신의 믿음 정도는 지킬 수 있는 사람입니다. 어린이는 자신의 믿음도 지킬 수 없는, 늘 이렇게 흔들리고 저렇게 흔들리는 사람입니다.

이단의 미혹을 받을 때, 어린이와 같은 신앙을 가진 사람은 더욱 심각한 위험에 빠지게 됩니다. 따라서 요한 사도가 "어린이 여러분"이라고 한 것은, 이 같은 어린 믿음을 가진 성도들에게 아버지의 심정으로 말하고 있다는 것입니다.

우리도 자신이 아버지 같은 믿음인지, 젊은이 같은 믿음인지, 어린이 같은 믿음인지 한번 스스로 점검해 보아야 할 것입니다. 여러분은 자신의 믿음에 대해서 얼마나 정확히 파악하고 있습니까? 쉬운 분별이 아닙니다. 나이에 따라서 자신의 믿음을 착각할 수도 있습니다. 세상 나이가 많이 들었다고 아버지의 믿음을 가진 것이 아닙니다. 자녀의 믿음보다 못한 부모가 많습니다. 영적 지도자나 주위 사람들의 평가에 귀를 기울여 자신의 믿음이 아버지 정도인지, 젊은이 정도인지, 아니면 아직도 어린이 같은지 파악할 필요가 있습니다. 이것은 그냥 재미 삼아 할 일이 아닙니다. 대단히 심각한 문제입니다.

저는 목회를 하면서 마음 아픈 기억이 있습니다. 제가 대학부를 지도할 때 두 명의 회장이 있었습니다. 한 회장은 나중에 신학교에 가서 목사가 됐습니다. 저에게는 기쁜 일이죠. 그런데 또 다른 회장이 제 마음을 굉장히 아프게 했습니다. 제가 담임 목회를 나왔을 때 그 청년이 사이비 종교에 빠졌다는 말을 들었습니다. 그는 장로님의 아들이었고, 명문대학 재학생이었습니다. 굉장히 성실하고 신실하게 보였습니다.

그는 대학부 회장 일을 참 잘 했습니다. 그 청년이 사이비 종교에 휩쓸렸다는 것이 믿어지지가 않았습니다. 저는 그가 복음에 대하여 분명할 것이라고 생각했습니다. 다른 청년들도 다 그를 좋게 여겨서 그를 대학부 회장까지 세웠습니다. 그런데 알고 보니 그는 복음이 분명하지 않았고, 예수 그리스도 안에 있는 사람도 아니었습니다. 저는 그 청년에게 너무 미안했습니다. 함께 대학부를 섬겨 왔으면서도 그 청년에 대해서 영적으로 분별해 주지 못했고, 그에게 복음의 기초도 전해 주지 못한 것에 대해서 깊이 회개했습니다.

믿음은 겉으로 봐서는 모르는 것입니다. 겉으로는 분명 아버지 같은데, 사실은 어린이 같은 믿음을 가지고 있을 수도 있습니다.

본문 말씀을 보면, 초대 교회가 겪은 어려움 중에 핍박보다 더 무서운 것이 그리스도의 적대자들의 미혹이라는 사실을 알 수 있습니다.

> "어린이 여러분, 지금은 마지막 때입니다. 여러분이 그리스도의 적대자가 올 것이라는 말을 들은 것과 같이, 지금 그리스도의 적대자가 많이 생겼습니다. 그래서 우리는 지금이 마지막 때임을 압니다" 요일 2:18.

한국복음화협의회 총회에 참석했을 때, 교수님 한 분이 안타까운 이야기를 하셨습니다. 교인들이 자녀들을 유명한 대학에 들여보내는 일에만 온갖 신경을 다 쓴다는 것입니다. 그리고 원하는 대학에 합격하면 하나님의 은혜요, 축복이라고 생각한다는 것입니다.

"대학이 영적으로 얼마나 어려운 곳인지를 아는 부모들이 거의 없습니다. 대학 캠퍼스 안에 악한 이단과 무서운 사상이 얼마나 많은지 모릅니다. 몸만 커서 대학생이지, 나이만 들어서 대학생이지 영적으로는 어린이 같은 자녀들을 대학에 들여보내고 하나님께 감사한다니, 얼마나 어처구니없는 일입니까?"

대학에 들어간 후 온갖 미혹에 사로잡혀 영적으로 어려움을 겪는 자녀들이 많습니다.

그런데 더 기가 막힌 것은, 이런 그리스도의 적대자들이 교회 바깥에 있는 것이 아니고 교회 안에도 있다는 것입니다.

> "그들이 우리에게서 갔지만, 그들은 우리에게 속한 자들이 아니었습니다. 그들이 우리에게 속한 자들이었더라면, 그들은 우리와 함께 그대로 남아 있었을 것입니다. 그러나 결국에는 그들은 모두 우리에게 속한 자들이 아니라는 사실이 드러나게 되었습니다"요일 2:19.

예수님을 그리스도라고 고백하기는 커녕 그리스도의 적대자였는데, 한동안 같은 교인이었다는 것입니다. 예수 잘 믿는 사람인 줄 알았는데, 점점 그들의 영적 실체가 드러난 것입니다. 그들이 예수 그리스도를 부인하는 사람들이라는 사실이 드러나고, 그들이 교회를 심각하게 만들고, 나중에는 교회를 분열시키고, 교회를 떠나가게 되더라는 것입니다.

본문 말씀은 초대 교회가 이런 일로 인하여 얼마나 큰 어려움과 시험을 겪었는지에 대하여 말하고 있는 것입니다.

"누가 거짓말쟁이입니까? 예수가 그리스도이심을 부인하는 사람이
아니고 누구겠습니까? 아버지와 아들을 부인하는 사람이 곧 그리스
도의 적대자입니다"요일 2:22.

교인이라고 다 예수님을 그리스도라고 고백하는 것은 아닙니다. 지
금도 예수님을 그리스도라고 고백하지 못하면서 교회에 다니는 이들
이 있습니다. 그들은 왜 고백하지 못할까요? 가장 큰 이유는 예수님이
그리스도라는 말이 무슨 뜻인지 모르기 때문입니다. 왜 예수님을 그리
스도라고 하는지, 그 자체를 모르는데 어떻게 고백을 하겠습니까? 그
냥 몸만 교회에 나오는 것입니다. 교회를 다니니까 예수를 믿는다고
말은 하지만, 누군가 "왜 예수가 그리스도입니까?"라고 물으면 대답을
못합니다. 그러니 전도도 하지 못합니다. 예수 믿으라는 말 한마디 못
꺼냅니다. 본인조차 예수가 그리스도란 사실을 믿지 못하는데, 어떻게
남에게 예수를 믿으라고 전할 수 있겠습니까?
혹시 자신의 이야기라고 생각된다면 언제까지나 이런 상태에 있어
서는 안 됩니다. 우리가 교회에 나오는 것은 대단한 행운입니다. 정말
하나님의 은혜입니다. 그러나 이것만으로는 진짜 그리스도인이 아닙
니다. 예수가 그리스도란 사실이 무엇인지를 알아야 합니다. 다른 사
람에게 그것을 정확하게 설명할 수 있어야 합니다. 만일 자신이 없다
면, 아직 어린이와 같은 신앙을 가진 것입니다. 우리는 복음이 무엇인

지를 정확히 배워야 합니다.

처음 우리 교회에 오시는 분들에게는 그분이 어떤 믿음의 성숙함을 가졌는지를 떠나서 무조건 '일대일 양육'을 받게 합니다. 분명한 복음의 기초를 갖지 못한 분들도 있을 수 있기 때문이고, 그분도 나중에 다른 분에게 그렇게 일대일 양육을 해야 하기 때문입니다.

마지막 때에 사탄은 교회에 다니는 사람조차 삼켜 버리고 무너뜨려 버리려고 마지막 발악을 할 것입니다. 우리 모두는 자신의 믿음이 구원받을 믿음인지 아닌지를 보게 되는 불 시험을 반드시 당하게 됩니다. 그때 복음의 기초가 없는 사람, 왜 예수가 그리스도인지 분명한 확신이 없는 사람은 다 넘어지게 됩니다.

한 대학생 자매와 신앙 상담을 했습니다. 그 자매는 스스로 교회에 등록해서 나왔습니다. 설교 시간에 말씀을 듣고자 하는 열망이 대단히 간절해 보여서 상담을 했습니다. 그런데 깜짝 놀란 것은, 그 자매가 한 때 한국 대학교 안에 무섭게 세력을 펼치던 JMS라는 이단 집단에 빠져 있었다는 것입니다. JMS는 정명석이라고 하는 사람이 구세주라는, 정말 상상도 할 수 없는 것을 믿는 집단입니다. 어떻게 대학생들이 그것을 믿을 수 있나 싶은데도 엄청난 세력을 가지고 있습니다. 그 자매는 거기에 빠졌다가 아무리 생각해도 이건 아니다 싶은 마음의 갈등이 있었습니다. 그리고 스스로 교회에 나와 복음을 듣고자 했습니다. 저는 그 자매에게 복음을 전해 주었는데, 참 어려웠습니다. 선뜻 복음을 받아들이지 못하는 것입니다. 대화를 나눠 보니까 그동안 이단 집단에서 배운 교리가 먼저 마음에 자리 잡고 있어서 그 기준으로 성경 말씀을 판단하고 있었던 것입니다. 그러니 어떻게 복음과 하나님의 말씀을 그 자매 마음에 심어 줄 수 있겠습니까. 엄청 힘든 일이지요.

"무엇이 구원의 진리인가? 도대체 이 세계는 어떻게 움직여지는 것인가? 역사는 어떻게 움직여지는 것인가?" 이런 문제에 대한 답이 우리의 마음에 나름대로 형성되어 있습니다. 말씀과 복음이 분명하지 않은 사람은 세상에 의해서 이런 생각들이 형성됩니다. 특히 아주 악한 이단이 우리의 마음에 왜곡된 진리를 한번 심어 주면 그 다음에는 성경 말씀을 들어도 이해가 안 된다고 하고, 받아들여지지도 않는다고 합니다. 그러다가 결국 파멸로 가 버리고 맙니다. 무섭고 악한 자가 우리의 마음을 사로잡기 전에 우리는 성령에 의하여 생명의 복음의 말씀으로 무장해야 합니다. 우리는 언제가 마지막일지 모릅니다. 지금 하나님이 우리에게 은혜를 주실 때 그것을 붙잡아야 합니다. "예수가 그리스도시다." 이 고백은 누구나 쉽게 할 수 있는 고백이 아닙니다.

삶으로 하는 고백

또 하나 중요한 것은, 말로만 "예수님이 그리스도시다"라고 하는 것으로 다 끝난 게 아니라는 것입니다. 삶으로 이 같은 고백을 할 수 있어야 예수가 그리스도임을 정말로 믿는 사람입니다. 한국 교회는 이단 때문에 심하게 홍역을 앓았습니다. 그래서 예수가 그리스도라는 것을 성도들에게 가르치는 일에 힘썼습니다. 한국 교인들 중 많은 분들이 "예수가 그리스도시다. 나의 생명이시고, 나의 주님이시고, 나의 왕이시다"

라고 고백합니다. 이제 많은 성도들이 복음의 기본을 알고 있습니다. 그러나 이것이 지식으로, 입의 고백으로만 끝나 버립니다. 예수가 그리스도라는 믿음이 삶을 변화시키지는 못하고 있습니다. 이것은 심각한 문제입니다. 여전히 이단이 역사하고 있는 이유입니다. 예수 믿는 성도들의 믿음이 그냥 교리적인 지식으로만 그쳐 버리고 삶을 변화시키는 복음이 되지 못하니까 여전히 이단들의 먹이가 되고 있는 것입니다.

> "그들이 하나님을 시인하나 행위로는 부인하니 가증한 자요 복종하
> 지 아니하는 자요 모든 선한 일을 버리는 자니라" 딛 1:16, 개역개정.

분명히 머리로도 알고 있고, 입으로도 하나님을 시인하지만, 문제는 삶으로 부인하고 있다는 것입니다. 예수님을 그리스도라고 시인하면서 불법을 행하는 사람들이 있습니다. 입으로는 교인이라 하고, 예수님을 그리스도라고 시인하면서 실제적인 삶에서는 불법을 행하는 것입니다.

여러분은 아무도 보는 사람이 없을 때에 참그리스도인이 맞습니까?

> "그때에 내가 그들에게 밝히 말하되 내가 너희를 도무지 알지 못하
> 니 불법을 행하는 자들아 내게서 떠나가라 하리라" 마 7:23, 개역개정.

불법을 행하는 자들이란, 입으로 예수님을 시인하고, 예수님의 이름으로 선지자 노릇을 하고, 예수님의 이름으로 귀신을 쫓아내고, 예수님

의 이름으로 능력을 행하던 자들이었습니다. 겉으로 보았을 때는 아무런 문제도 없는 이들이었습니다. 오히려 칭찬받는 이들이었을지도 모릅니다. 그런데도 예수님은 "내가 너희를 도무지 알지 못하니 내게서 떠나가라"고 하십니다. 그들은 참그리스도인이 아니었기 때문입니다.

예수님이 그리스도라는 말은 예수님이 내 생명이 되시고, 예수님이 내 주인이 되시고, 예수님이 내 왕이 되신다는 것입니다. 그런데 예수님을 그리스도라고 고백하면서 어떻게 불법을 행할 수 있습니까? 어떻게 욕심을 부리고 거짓말을 할 수 있습니까?

> "너희는 너희 아비 마귀에게서 났으니 너희 아비의 욕심대로 너희도
> 행하고자 하느니라 그는 처음부터 살인한 자요 진리가 그 속에 없
> 으므로 진리에 서지 못하고 거짓을 말할 때마다 제 것으로 말하나니
> 이는 그가 거짓말쟁이요 거짓의 아비가 되었음이라" 요 8:44, 개역개정.

아직도 거짓말이 큰 죄라고 여겨지지 않습니까? 거짓말이 어디서부터 나오는 것인지를 안다면 그러지 못할 것입니다. 거짓말은 마귀로부터 나옵니다. 마귀가 거짓의 아비입니다. 하나님이 내 아버지라고 고백하면서 실제로는 거짓말을 한다면, 그의 아비는 마귀가 되는 것입니다. 예수님이 그리스도라고 고백하는 것은 그저 입으로 말하고 끝나는 것이 아닙니다. 이제는 거짓말도 못하는 것입니다.

예수님을 그리스도라고 고백하면서 형제를 미워하는 자들도 마찬가지입니다.

"자기 형제자매를 미워하는 사람은 어둠 속에 있고, 어둠 속을 걷고 있으니, 자기가 어디로 가는지를 알지 못합니다. 어둠이 그의 눈을 가렸기 때문입니다" 요일 2:11.

"누가 하나님을 사랑한다고 하면서, 자기 형제자매를 미워하면, 그는 거짓말쟁이입니다. 보이는 자기 형제자매를 사랑하지 않는 사람이 보이지 않는 하나님을 사랑할 수 없습니다" 요일 4:20.

예수님을 그리스도라고 고백하면서 형제를 미워해선 안 됩니다. 예수님이 정말 내 생명이시고, 주인이시고, 왕이시라면 더 이상 형제를 미워해서는 안 됩니다. 하나님은 우리 입술의 고백만 받으시는 것이 아닙니다. 우리의 삶을 통해 예수님을 그리스도라고 고백하기를 바라십니다.

예수님을 그리스도라고 고백하면서 예수님의 몸된 교회를 분열시키는 자들이 있습니다. 본문에서 요한 사도는 누구를 이야기하고 있습니까? 그들은 교인이었습니다. 그런데 그들의 영은 그렇지가 않았습니다. 결국 그들은 교회에 크게 시험을 일으키고, 상처를 주고, 교회를 분열시키고, 나가 버렸습니다. 그래서 그들이 본래부터 예수님의 사람이 아니었다는 것을 알게 됐습니다.

우리도 정말 조심해야 합니다. 우리는 때로 교회가 잘되도록 옳고 그른 것을 따지기도 합니다. 그것은 물론 좋은 일입니다. 그러나 반드시 지켜야 할 한계가 있습니다. 교회가 하나 되도록 지키면서, 교회를 바르게 만들고, 교회가 바른 방향으로 가도록 해야 합니다.

때로 의도적으로 교회를 깨뜨리기 위해서 교회에 들어오는 이들도 있습니다. 그래서 지금이 더욱 무서운 때라고 하는 것입니다. 예수가 그리스도라는 고백이 없으면서도 교회에 들어온 사람들이 있습니다. 요즘에는 이단들이 그렇게까지 역사합니다. 그들은 교회 안에 들어와서 어느 정도 신임을 얻고 난 다음에 본격적으로 교회를 분열시키는 일을 합니다.

> "이제 지체는 많으나 몸은 하나라 눈이 손더러 내가 너를 쓸데가 없다 하거나 또한 머리가 발더러 내가 너를 쓸데가 없다 하지 못하리라 … 몸 가운데서 분쟁이 없고 오직 여러 지체가 서로 같이 돌보게 하셨느니라"고전 12:20-21, 25, 개역개정.

교회가 예수 그리스도입니다. 그렇다면 우리에게 가장 중요한 것은 하나 됨입니다. 그런데 그것을 알지 못하는 사람들이 있습니다. 이런 미혹이 지금 우리 가운데도 있고, 앞으로 점점 심해질 것입니다. 이 점에 대해서 분명하게 인식하고, 예수 그리스도 안에서 믿음을 견고하게 세워 가야 합니다. 그러나 두려워하지는 마시기 바랍니다. 악한 자들이 어떻게든지 성도들을 넘어뜨리려고, 교회를 깨뜨리려고 역사하겠지만, 하나님은 우리를 두려움 가운데 내버려 두지 않으십니다. 하나님은 우리가 어떤 시험을 당하든지, 어떤 미혹이 오든지 그 시험을 이길 수 있도록 다 준비해 놓으셨습니다.

"사람이 감당할 시험밖에는 너희가 당한 것이 없나니 오직 하나님은 미쁘사 너희가 감당하지 못할 시험 당함을 허락하지 아니하시고 시험 당할 즈음에 또한 피할 길을 내사 너희로 능히 감당하게 하시느니라"고전 10:13, 개역개정.

마귀가 역사하고 우리를 미혹하는데, 하나님이 우리를 그냥 무방비 상태로 내보내시겠습니까? 하나님은 우리를 능히 지키시고 우리가 감당할 수 있는 힘을 공급해 주십니다. 이것이 바로 나는 죽고 예수는 사는 십자가 복음입니다. 예수님으로 사는 복음입니다. 우리 안에 예수님이 오셨습니다. 우리를 지키시는 분이 우리 안에 계십니다. 그러므로 악한 자가 우리를 만지지도 못하게 해 주십니다. 예수님을 믿는다면 우리를 지켜 주시는 그 예수님을 분명하게 붙잡아야 합니다.

20절에 "여러분은 거룩하신 분에게서 기름 부으심을 받아, 모든 것을 알고 있습니다"라고 했습니다. 여기서 기름 부으심을 받았다는 말은, 성령 하나님이 여러분의 마음에 임하셨다는 뜻입니다. 이는 예수를 믿는 모든 이들에게 일어난 일입니다.

우리는 성령 하나님을 마음에 모시고 사는 사람입니다. 그러니 마귀가 우리를 어떻게 하겠습니까? 우리 안에 오신 성령님은 우리로 하여금 무엇이 복음인지, 무엇이 살길인지, 무엇이 진리인지를 알게 하시는 분입니다. 그래서 성령 받은 성도들은 다 분명한 복음을 알게 돼 있습니다.

"그러므로 내가 너희에게 알리노니 하나님의 영으로 말하는 자는 누구든지 예수를 저주할 자라 하지 아니하고 또 성령으로 아니하고는 누구든지 예수를 주시라 할 수 없느니라" 고전 12:3, 개역개정.

예수님을 주님이라고 고백하고, 예수님이 그리스도라고 믿는 일은 오직 성령의 역사로만 가능한 일입니다. 혹시 아직도 예수가 그리스도 임을 믿을 수 없다면 성령의 역사를 구하기 바랍니다. 그러면 스스로 가 놀랄 정도로 믿음이 자라게 될 것입니다.

27절에 "여러분으로 말하자면, 그가 기름 부어 주신 것이 여러분 속 에 머물러 있으니, 여러분은 아무에게서도 가르침을 받을 필요가 없습 니다"라고 했습니다. 성령님을 모시고 사는 사람에게는 구원의 지식이 분명하니까 아무에게도 가르침을 받을 필요가 없다는 것입니다. 이 말 은 "독불장군이 되어라. 누구로부터도 배우지 말고, 나는 모든 것을 알 고 있다는 영적 교만에 빠지라"는 것이 아닙니다. 그러면 성령님을 받 은 사람이 아닙니다. 주변이 이단의 가르침으로 꽉 차 있을 때, 주변에 예수 믿는 사람이 한 명도 없을 때, 나 혼자 예수를 믿고 있을 때, 나 혼 자 구원받은 자일 때, 다른 사람에게 무언가를 배우려고 할 필요가 없 다는 것입니다. 내 안에 계시는 주님이 다 가르쳐 주시니까 두려워하 지 말라는 것입니다.

우리는 교회에서 말씀을 듣습니다. 우리에게는 목회자도 있습니다. 잘 모르면 신앙 상담을 해 줄 사람도 있습니다. 소그룹에서 교우 관계 도 맺고 있습니다. 그래서 좀 힘든 상황이 와도 크게 어려움이 없습니다. 그러나 우리에게도 혼자되는 때가 옵니다. 가족이 다 예수를 안 믿고, 직장에도 예수를 믿는 이가 없고, 오직 나 혼자 예수를 믿는 경우가 올 수 있습니다. 그때 우리 안에 계신 예수님을 의지해야 합니다. 주님이 우리를 가르치실 수 있도록 주님과의 관계가 친밀해져야 합니다.

1992년 10월 28일, 시한부 종말론이 한국 교회를 엄청 어지럽게 한 적이 있습니다. 저는 그때가 지금도 생생합니다. 저도 얼마나 힘들었는지 모릅니다. 주변에 있는 사람들 중에 거짓말할 리가 없다고 생각되는 사람들이 주님의 음성을 들었다는 것입니다. 10월 28일에 주님이 분명히 재림해 오신다고 하셨다는 것입니다.

이런 사람이 한두 사람이 아니었습니다. 이런 경우에 믿어야 합니까, 안 믿어야 합니까? 목사님들 중에도 얼마나 많은 분들이 미혹을 받았는지 모릅니다. '10월 28일에 정말 주님이 오신다고 하니 준비하라고 해야 하나?' 이런 생각이 들 정도였습니다.

그런데 가만히 생각해 보니 이는 주님이 저에게 직접 말씀하신 것이 아니었습니다. 분명히 들었다고 하는 사람들이 많았지만, 저에게 하신 말씀은 아니었습니다. 그래서 저는 이렇게 말했습니다.

"주님이 10월 28일에 오실지 어떨지, 그것은 모르는 일이지만, 언제 주님이 오시든지 주님 맞을 준비를 하는 것은 당연한 일입니다. 굳이 10월 28일이라는 날짜에 매일 필요가 없습니다. 주님이 언제 오시더라도 그분을 즐거이 맞을 준비를 항상 해야 할 것입니다."

그때는 정말 주님이 당장 오실 것 같은 분위기였습니다.

우리 안에 계신 주님이 우리를 분명하게 지키고 인도하시지 않으면 앞으로 그보다 더한 미혹과 시험이 올 수 있습니다. 종말론에 대해서도 잘 배워야 합니다. 인터넷에서 떠도는 출처가 불분명한 자료나 영상으로 배우면 안 됩니다. 인터넷을 통해서 많은 정보를 얻을 수도 있지만, 한편 인터넷은 미혹의 장이기도 합니다. 앞으로 더 그럴 것입니다. 말씀을 통해서 우리 안에 계신 성령님의 인도하심을 정확히 분별하는 훈련을 해야 할 것입니다. 다른 사람이 무슨 말을 했다고 거기에 좌지우지되는 사람은 반드시 넘어지게 되어 있습니다. 마귀는 미혹시키는 데 선수입니다.

마태복음 16장 15-17절을 보면 예수님이 제자들에게 물으셨습니다. "너희는 나를 누구라 하느냐." 그때 베드로는 처음으로 "주는 그리스도시요 살아 계신 하나님의 아들이시니이다"라는 놀라운 신앙 고백을 했습니다. 예수님은 이 말씀에 기뻐하시며 "바요나 시몬아, 네가 복이 있도다"라고 하시고, "이를 네게 알게 한 이는 혈육이 아니요 하늘에 계신 내 아버지시니라"고 하셨습니다. 베드로는 예수님이 그리스도시고 하나님의 아들이신 것을 어떻게 알았을까요? 그 안에 계시는 성령님이 베드로에게 알게 해 주신 것입니다. 성령님이 우리에게도 똑같이 하십니다. 주님은 우리에게 진짜 복음이 무엇인지, 진짜 진리가 무엇인지를 알게 하십니다. 말씀을 통하여 분별할 수 있도록 해 주십니다.

성령 충만해야 합니다

그러나 진짜 복음이 무엇인지 아는 데서 그치면 안 됩니다. 성령의 충만함까지 나아가야 합니다. 삶이 변화되는 상황까지 가야 합니다.

예수님은 십자가를 지시고 죽으실 것에 대해 말씀하셨습니다. 그러자 베드로는 예수님이 그리스도시고 하나님의 아들이신 것은 알지만, 절대로 그런 일은 일어나선 안 된다며 예수님을 가로막았습니다. 그때 예수님은 베드로를 무섭게 책망하셨습니다.

> "사탄아 내 뒤로 물러가라 너는 나를 넘어지게 하는 자로다 네가 하나님의 일을 생각하지 아니하고 도리어 사람의 일을 생각하는도다"
> 마 16:23, 개역개정.

조금 전까지 그렇게 베드로를 칭찬하신 예수님이 어떻게 이런 무서운 책망을 하실 수 있습니까? 예수님을 그리스도라고 고백하는 사람도 이런 미혹을 받을 수가 있습니다. 십자가 앞에서 그만 사람의 생각에 빠져 마귀의 미혹을 받을 수 있는 것입니다.

예수를 믿을 때 정말 성령 충만한 성도가 되어야 합니다. 그렇지 않으면 반드시 이단이 틈타고 들어옵니다. 예수님이 그리스도라는 것을 믿기는 하는데 삶이 안 바뀐 경우에는 마음에 늘 신앙에 대한 회의가 있습니다. '내가 진짜 잘 믿는 거야? 내가 정말 제대로 믿는 거야?' 이단이 그것을 놓칠 리 없습니다. "진짜 구원의 길은 따로 있어. 너는 제대로 몰라서 그런 거야. 우리 교회에 한번 와 봐" 하고 다가옵니다. 아무 성경공부 모임에나 가면 안 됩니다. 은혜 받을 기회를 여기저기에서 얻는 것은 찬성이지만, 반드시 분별해야 합니다.

정말 중요한 것은 예수님으로 충만한 삶을 살아야 한다는 것입니다. 그래서 요한 사도가 예수님이 우리 안에 거하시지만 우리도 그리스도 안에 머물러 있어야 한다고 반복해서 권면하는 것입니다.

"여러분은 그 가르침대로 언제나 그리스도 안에 머물러 있으십시오. 그러므로 자녀 된 이 여러분, 그리스도 안에 머물러 있으십시오"
요일 2:27-28 .

우리 안에 예수님이 계신 것으로만 만족해선 안 됩니다. 우리도 예수님 안에 머물러 있어야 합니다. 예수님 안에 머물러 있다는 것은 어떤 것입니까? 우리의 마음과 생각이 항상 예수님으로 충만한 것입니다. 여러분 삶 속에 예수님이 아닌 다른 것이 들어왔던 적이 얼마나 됩니까? 누구나 순간순간 그럴 수는 있습니다. 그러나 예수님도 생각하지 못할 정도로 무언가를 생각하고 품고 살았던 적은 없습니까? 예수님이 정말 여러분의 주님이셨고 왕이셨습니까? 예수님 안에 머무른다는 것은 예수님께 자신을 완전히 맡겨 드리는 것입니다.

두바이 한인교회 집회에 갔을 때, 담임목사님이신 신철범 목사님이 하신 말씀이 제 마음에 오래도록 기억에 남습니다. "우리가 누군가를 계속 바라보면 내가 바라보는 사람의 모습이 내 눈동자에 비치게 된다"는 것입니다. 우리가 누군가를 바라보면, 우리의 눈동자에는 우리가 바라보는 사람의 모습이 비칩니다. 그래서 누구를 바라보는지 압니다. 예수님은 늘 우리를 바라보실 테니 예수님의 눈동자에는 항상 우리의 모습이 비칠 것입니다. 만일 우리가 24시간 예수님을 바라본다면, 우리 눈에 예수님의 모습이 비칠 것입니다. 그래서 누군가 나를 볼 때 내 눈에 예수님의 모습이 비치는 것을 보게 될 것입니다.

두바이 한인교회 집회에 성도들이 모여서 말씀을 듣는데, 너무나 간절한 열망으로 말씀을 들었습니다. 그래서 왜 그런지 생각해 봤습니다. 두바이는 무슬림 나라입니다. 그곳에는 자유롭게 예배당을 세울 수 없습니다. 다행히 장애인 학교 강당을 빌려 사용할 수 있었는데, 성도들이 금요일 아침 일찍 모여서 강당에 의자를 깔아 놓고 예배당으로 꾸밉니다. 예배드리고 나면 모여서 의자를 치우고 창고에 정리하고 갑니다. 그들의 주님을 향한 사모함은 우리가 예수님을 사모하는 것과는 비교가 안 될 정도로 간절합니다. 그래서 그분들 안에 일어나는 역사가 그만큼 강한 것 같습니다.

여기서 얼마 떨어지지 않은 북한에 있는 성도들은 더하지 않겠습니까? 예수님을 향한 갈망이 얼마나 간절하겠습니까? 예배 한번 마음껏 드리고, 찬송 한번 크게 불러 보고, 기도 한번 제대로 해 보고 싶은 것이 그들의 소원 아니겠습니까? 우리는 늘 하는 일이고, 하라고 해도 안 해서 문제인데, 그들은 그렇게 사모하는 것입니다. 우리도 똑같이 북한 지하교회 성도들과 같은 갈급함으로 주님을 바라봐야 합니다. 북한에 있는 동포나 우리나 거리가 얼마나 떨어져 있습니까? 그러므로 스스로 자신이 북한에 있는 성도라는 마음으로 주님을 한번 바라보십시오. 지금 감옥에 있고, 병원에 있고, 외국에 나가 있어서 예배드리고 싶어도 예배할 수 없고, 기도하고 싶어도 기도할 수 없는 사람의 심정으로, 주를 향한 간절한 갈망과 소원으로 주님을 바라보십시오.

성경의 외경 중 하나인 마카비 2서에 보면, 안티오쿠스 에피파네스 Antiochus Ephipanes 황제 때 무서운 박해가 일어났습니다. 그때 일곱 형제가 한 자리에서 순교하는 장면이 나옵니다. 그런데 여섯 형제가 먼저 죽고 막내가 남았습니다. 그때 학살자는 이 막내를 죽이고 싶지 않았기에 어떻게 해서든지 배교시켜서 살려 주려고 했습니다. 그래서 그의 어머니를 데려옵니다. 어머니가 와 보니 기가 막힌 상황입니다. 여섯 아들이 죽었고, 이제 막내만 남았습니다. 학살자는 "네가 이 아들을 설득해라. 하나님을 부인하면 살려 주겠다"고 했습니다. 그때 어머니는 막내에게 달려갑니다. "이 학살자를 두려워하지 마라. 그리고 네 형들의 기개를 너도 보여 주거라. 내가 하나님의 자비로 너를 네 형들과 함께 되찾을 수 있도록 죽음을 받아들이거라." 결국 막내도 어머니와 함께 죽습니다. 어떻게 이런 일이 가능할까요? 신념으로 가능할까요? 아닙니다. 살아 계신 주님이 순교의 고통과 두려움 가운데서도 여전히 함께 계시고, 그것을 넘어설 수 있게 해 주시니까 가능한 일입니다.

"그렇게 해야 그가 나타나실 때에 우리가 담대함을 가지게 될 것이며,
그가 오실 때에 그 앞에서 부끄러움을 당하지 않을 것입니다" 요일 2:28.

우리가 예수님 안에 늘 거하면서 어떤 미혹과 유혹이 와도 믿음을 지키고 승리하기를 축복합니다.

PART 02

사 랑 으 로

뒤 집 어 지 는   인 생

예수님이 우리의 모든 죄를 짊어지고 십자가에서 죽으심으로 우리는 완전한 용서를 받았습니다. 십자가의 복음, 완전한 속죄의 복음은 우리를 죄 안 짓게 하시려는 하나님의 뜻입니다. 하나님이 우리를 구원해 주신 것은 이제 더 이상 죄의 종노릇을 하지 말고, 미워하며 싸우지 말고, 사랑만 하며 살라는 것입니다. 이것이 완전한 구원입니다.

요한일서 3:1-9

1 아버지께서 우리에게 얼마나 큰 사랑을 베푸셨는지를 생각해 보십시오. 하나님께서 우리를 자기의 자녀라 일컬어 주셨으니 우리는 하나님의 자녀입니다. 세상이 우리를 알지 못하는 까닭은 하나님을 알지 못하기 때문입니다. 2 사랑하는 여러분, 이제 우리는 하나님의 자녀입니다. 앞으로 우리가 어떻게 될지는 아직 밝혀지지 않았습니다만, 그리스도께서 나타나시면, 우리도 그와 같이 될 것임을 압니다. 그때에 우리가 그를 참모습대로 뵙게 될 것이기 때문입니다. 3 그에게 이런 소망을 두는 사람은 누구나, 그가 깨끗하신 것과 같이 자기를 깨끗하게 합니다. 4 죄를 짓는 사람마다 불법을 행하는 사람입니다. 죄는 곧 불법입니다. 5 여러분이 아는 대로, 그리스도께서는 죄를 없애려고 나타나셨습니다. 그리스도는 죄가 없는 분이십니다. 6 그러므로 그리스도 안에 머물러 있는 사람마다 죄를 짓지 않습니다. 죄를 짓는 사람마다 그를 보지도 못한 사람이고, 알지도 못한 사람입니다. 7 자녀 된 이 여러분, 아무에게도 미혹을 당하지 마십시오. 의를 행하는 사람은 하나님이 의로우신 것과 같이 의롭습니다. 8 죄를 짓는 사람은 악마에게 속해 있습니다. 악마는 처음부터 죄를 짓는 자이기 때문입니다. 하나님의 아들이 나타나신 목적은 악마의 일을 멸하시려는 것입니다. 9 하나님에게서 난 사람은 누구나 죄를 짓지 않습니다. 하나님의 씨가 그 사람 속에 있기 때문입니다. 그는 죄를 지을 수 없습니다. 그가 하나님에게서 났기 때문입니다.

유기성 목사님의 〈요한일서〉 강해 6강을 볼 수 있습니다.

CHAPTER 06

우리는 죄를 지을 수 없게 된 사람입니다

하나님이 우리에게 십자가의 복음을 주신 것은 마음 놓고 죄지으라고 주신 것이 아닙니다. 십자가의 복음, 완전한 속죄의 복음은 우리를 죄 안 짓게 하시려는 하나님의 뜻이지, 죄지어도 좋다는 뜻이 아닙니다.

죄를 지을 수 없게 되는 은혜

우리가 믿음에 대해 잘못 생각하는 것이 있습니다. 믿는 것과 죄짓는 것은 별개라고 생각하는 것입니다. '예수님을 믿어도 죄는 짓고 사는 거지. 어쩔 수 없는 거 아니겠어? 어떻게 죄를 안 짓고 살아.' 혹시 이렇게 생각하지 않습니까? 아니면 '예수님을 믿는다면 당연히 죄를 안 짓는 거 아니야?'라고 생각합니까? 여러분은 어느 편입니까?

많은 그리스도인들이 예수님을 믿어도 죄를 지을 수밖에 없다고 생각합니다. 그것은 자신의 경험이 그렇기 때문입니다. 예수를 분명히 믿지만 혈기나 정력, 음란함, 욕심, 분쟁, 시기, 질투가 계속 마음 안에 일어나니까 예수를 믿어도 어쩔 수 없이 죄를 짓고 사는 것이라고 생각하는 것입니다. 그래서 주일 예배를 드릴 때마다 "또 죄짓고 왔습니다" 하고 자연스럽게 기도를 하는 것입니다.

그런데 우리의 관점이 아니라, 주님의 관점에서 생각해 볼 필요가 있습니다. 우리 입장에서 보는 것과 주님의 입장에서 보는 것은 많은 차이가 있습니다. 우리가 쉽게 죄에 무너지는 이유는 믿음에 문제가 있기 때문입니다. '예수를 믿어도 죄는 계속 지을 수밖에 없어'라고 생각하는 사람은 쉽게 죄에 무너집니다. 이미 무너질 준비를 하고 있기 때문입니다.

어느 대학교에서 중간고사를 앞두고 학생들이 밤새 시험 준비를 하고 왔는데, 교수님이 시험을 며칠 뒤로 미루겠다고 했습니다. 학생들은 웅성거리기 시작했습니다. 그리고 한 학생이 일어나서 대표로 교수님께 항의했습니다. "교수님, 진작 말씀하셨어야죠. 오늘 시험 보셔야 합니다. 우리가 어제 얼마나 열심히 시험 준비를 했는데, 이러면 다른 시험에도 차질이 생깁니다." 그랬더니 교수님은 그 학생을 똑바로 쳐다보면서 "자네 이름이 뭔가?" 하면서 출석표를 들었습니다. 그러자 그 학생은 갑자기 목소리가 확 작아지면서 "김철수입니다"라고 했습니다. 교수님은 출석표를 펼쳐 보면서 말했습니다. "김철수? 자네는 용감하군. 자신의 의견을 당당하게 말할 수 있는 것을 높게 평가하네. 자네는 시험 안 봐도 A 학점이야." 그러자 그 학생이 너무 당황해 하면서 이렇게 말했습니다. "교수님, 아까는 제가 당황해서 제 이름을 잘못 말했습니다. 제 이름은 이영길입니다."

예수님을 믿는 사람들의 수준도 이 정도 밖에 안 됩니다. 예수를 믿고도 죄짓지 않고 살아야 한다는 의식이 별로 없습니다. 형편이 조금만 어려워지면 쉽게 거짓말하고, 상황이 조금만 심각해지면 도망갈 생각부터 합니다.

우리 안에는 죄에 대해서 어쩔 수 없다며 자포자기하는 마음이 있습니다. 여러분은 어떻습니까? "하나님, 저 지난 한 주간 정말 승리하고 왔어요" 하는 마음입니까, 아니면 "하나님, 또 죄짓고 왔어요" 하는 무거운 마음입니까? 왜 우리는 하나님 앞에 나올 때마다, 예배드릴 때마다 마음이 무거울까요? 왜 하나님 앞에서 떳떳하지 못하고 부끄러울까요? 자기 스스로 또 죄를 지을 것이라고 생각하기 때문입니다. 죄를 안 지어야겠다는 생각이 분명하지가 않은 것입니다. '털어서 먼지 안 나는 사람이 어디 있겠어요. 마음으로 짓는 죄는 어쩔 수 없는 게 아닌가요? 큰 죄라면 몰라도 드러나지 않는 작은 죄는 어쩔 수 없지 않나요?' 이렇게 생각하니까 죄의 문제를 극복할 수 없는 것입니다.

성경에서는 예수 믿는 사람들은 죄를 안 짓게 돼 있다고 말씀합니다. 그것이 하나님의 약속입니다.

> "하나님에게서 난 사람은 누구나 죄를 짓지 않습니다. 하나님의 씨
> 가 그 사람 속에 있기 때문입니다. 그는 죄를 지을 수 없습니다. 그가
> 하나님에게서 났기 때문입니다"요일 3:9.

성경을 보면 하나님에게서 난 사람은 죄를 짓지 않는다고 분명히 말씀하고 있습니다. 하나님의 씨가 우리 속에 있기 때문입니다. 우리는

그 말씀을 믿어야 합니다. 자신의 경험에 비추어서 믿는 것이 아니고, 하나님이 그렇게 말씀하셨기에 믿는 것입니다. 우리는 바른 믿음을 가져야 합니다. 예수님을 바로 믿으면 죄를 짓지 않습니다.

우리는 십자가의 복음을 오해할 때가 있습니다. 예수님이 우리의 모든 죄를 짊어지고 십자가에서 죽으심으로 우리가 용서를 받았습니다. 우리는 예수님으로 다 깨끗해졌습니다. 의로워졌습니다. 하나님의 자녀가 됐습니다. 그런데 하나님이 이 놀라운 십자가의 복음을 우리에게 주신 이유가 무엇일까요? 마음 놓고 죄지으라고 주신 것입니까? 결코 그럴 수 없습니다.

하나님은 우리에게 말씀하십니다. "나는 십자가를 통과한 너를 내 자녀로 삼겠다. 지옥에 갈 수밖에 없었던, 마귀의 종노릇을 하던 너를 나의 자녀로 삼겠다. 나는 너를 다시는 버리지 않을 것이다. 너는 천국 백성이다. 이 사실을 믿기만 하거라."

우리는 이 엄청난 축복을 받았습니다. 이것은 하나님께서 우리에게 이제부터는 부담 없이 죄지어도 된다고 허락하신 것이 아닙니다. "죄지어도 마음에 너무 부담 갖지 마. 너는 이제 나의 자녀가 됐잖아. 그저 나를 믿기만 해." 하나님의 의도는 이것이 아닙니다. 그럴 수 없습니다. 부모가 자녀들에게 "나는 너를 무슨 일이 있어도 사랑한다. 너는 언제나 내 자녀야"라고 말할 때의 심정이 무엇입니까? "너 마음대로 살아. 그래도 나는 너를 늘 내 자녀라고 인정하니까." 이런 뜻입니까? 이제라도 바로 살아 주기를 원하는 부모의 마음이 아니겠습니까?

십자가의 복음, 완전한 속죄의 복음은 우리를 죄 안 짓게 하려고 하시려는 하나님의 뜻이지, 죄지어도 좋다는 뜻이 아닙니다.

하나님이 우리에게 베푸신 은혜는 엄청납니다.

> "아버지께서 우리에게 얼마나 큰 사랑을 베푸셨는지를 생각해 보십
> 시오. 하나님께서 우리를 자기의 자녀라 일컬어 주셨으니 우리는 하
> 나님의 자녀입니다"요일 3:1.

하나님은 우리를 하나님의 아들이요, 딸이라고 일컬어 주셨습니다. 우리는 하나님의 자녀입니다. 이것이 얼마나 놀라운 축복입니까? 그런데 잘 믿어지지가 않습니다. 우리가 그렇게 살지를 못하니까요. 그러나 받을 자격이 없는 자가 엄청난 사랑을 받았습니다. 이것이 은혜인 것입니다. 하나님께서 우리에게 원하시는 것은 단지 믿고 받아들이는 것입니다. 그런데 믿지도 않으니 문제인 것입니다.

여러분은 회사에 갈 때, 또는 시장에 갈 때 '나는 하나님의 아들이야. 하나님의 딸이야'라고 생각하십니까? 물건을 사고 팔 때, 직장에서 일할 때, 상사를 만날 때, 부하 직원을 대할 때, 거래처 사람을 만날 때, '난 하나님의 아들이야. 하나님의 딸이야'라고 생각하시나요? 우리는 이 엄청난 축복을 받고도 믿지를 않고 여전히 '나는 세상 사람이야'라고 생각합니다. 그러니 아무렇지도 않게 세상 사람처럼 사는 것입니다. 무엇 하나 바로잡지도 못하는 것입니다.

하나님께서 우리를 하나님의 자녀로 불러 주신 것이, 어떻게 살아도 하나님의 자녀라는 뜻인가요? 아닙니다. 하나님의 자녀답게 살라는 뜻

으로 우리를 불러 주신 것입니다. "너는 하나님의 자녀이니, 이제부터는 말 한마디를 해도 하나님의 자녀라는 생각을 갖고 하라"는 것입니다.

우리가 실제 삶의 현장에서 죄와 관련된 문제를 만나게 될 때 명심해야 합니다. 하나님은 죄를 미워하신다는 것입니다. 그래서 우리의 죄가 없어지게 하기 위해 독생자를 보내시고, 예수님을 십자가에서 죽게 하셨습니다. 그리고 성령 하나님을 우리 안에 보내 주셨습니다. 우리를 죄짓지 않게 하려고 하나님이 치르신 대가는 엄청납니다. 그런데도 또 죄를 짓는다면 그것은 하나님께 말할 수 없는 고통이 되는 것입니다.

> "내가 너희에게 이르노니 너희 의가 서기관과 바리새인보다 더 낫지 못하면 결코 천국에 들어가지 못하리라" 마 5:20, 개역개정.

서기관과 바리새인은 당대에 하나님의 말씀을 가장 많이 알고, 하나님의 말씀대로 살려고 애썼던 대표적인 사람들입니다. 서기관은 늘 성경을 기록하고, 옮겨 쓰고, 성경을 가르치던 사람들입니다. 바리새인은 일점일획도 어김없이 하나님의 말씀대로 살아 보려고 애썼던 사람들입니다. 물론 그들이 외식주의자들이었기 때문에 문제였지만, 여하튼 그들은 겉으로는 철저하게 하나님의 말씀대로 살려고 했던 사람들입니다. 그런데 그 사람들보다 더 의로워야 천국에 들어간다는 것이 예수님이 말씀하신 기준입니다. 지금까지 살아오면서 책을 통해서든, 직접 만났든 간에 정말 도덕적이고 깨끗한 사람, 철저하게 법을 지키는 의로운 사람, 마음으로부터 존경이 되는 사람이 생각난다면 그 사람보다 더 도덕적이어야 천국에 간다는 것입니다. 이것이 예수님이 말씀하신 천국에 들어가는 기준입니다.

하나님은 우리가 죄를 지어도 어쩔 수 없다며 그냥 넘기시는 분이 아닙니다. 우리가 하나님의 자녀가 되었다고 확신하게 되면 깨끗하게 살고자 하는 소원이 생길 수밖에 없습니다. 깨끗한 사람이 되고자 하는 마음이 일어나는 것입니다.

"그에게 이런 소망을 두는 사람은 누구나, 그가 깨끗하신 것과 같이 자기를 깨끗하게 합니다"요일 3:3.

하나님의 자녀가 되는 순간부터 하나님이 깨끗하신 것처럼 자신도 깨끗하고자 갈망하는 것이 하나님의 자녀 된 특징입니다. 이것이 그가 하나님의 자녀인지 아닌지를 구분하는 기준입니다. 예수님은 우리가 죄짓지 않게 하려고 우리에게 오셨습니다.

"여러분이 아는 대로, 그리스도께서는 죄를 없애려고 나타나셨습니다. 그리스도는 죄가 없는 분이십니다. 그러므로 그리스도 안에 머물러 있는 사람마다 죄를 짓지 않습니다. 죄를 짓는 사람마다 그를 보지도 못한 사람이고, 알지도 못한 사람입니다"요일 3:5-6.

여러분은 지난 한 주 동안 죄를 짓고 살았습니까? 만일 그랬다면 여러분은 예수님을 알지도, 보지도 못한 사람입니다. 예수님 안에 사는 사람은 죄를 짓지 않습니다. 이것이 지금 성경이 말씀하고 있는 것입니다.

우리는 미혹에 빠지면 안 됩니다. 지금 이 문제에 대해서 미혹이 있습니다. 잘못 가르치는 것이 있습니다. 7절에 "자녀 된 이 여러분, 아무에게도 미혹을 당하지 마십시오. 의를 행하는 사람은 하나님이 의로우신 것과 같이 의롭습니다"라고 했습니다. 하나님의 자녀들은 의를 행하는 사람이고, 하나님이 의로우신 것처럼 의롭습니다. 그런데 "예수 믿으면 어떤 죄를 지어도 다 구원받아. 예수 믿는다고 어떻게 죄를 안 짓고 살아. 죄짓고 살지만 회개하면 다 용서받아. 또 예수 믿으면 이미 다 용서받은 거니까 회개하고 말고 할 것도 없이 용서받은 줄로 믿으면 돼" 하며, 이런 걸 복음이라고 가르치는 이들이 있습니다. 이런 것을 미혹이라고 합니다.

굳이 성경학자가 아니어도 성경을 보면 누구나 판단할 수 있습니다. 죄짓는 일은 마귀의 역사입니다. 8절에 "죄를 짓는 사람은 악마에게 속해 있습니다. 악마는 처음부터 죄를 짓는 자이기 때문입니다"라고 했습니다. 죄짓는 일을 작게 여기면 큰일 납니다. 은밀한 죄, 아직 해결이 안 된 죄, 습관적인 죄, 자꾸 반복되는 죄, 가족들만 알고 있는 죄, 혈기, 욕심, 교만, 음란, 정욕, 미움과 다툼……. 이런 죄에 대해서 '아, 그건 사람이면 어쩔 수 없는 거야. 예수 믿어도 할 수 없지'라고 생각하면 안 됩니다. 그것은 마귀의 역사입니다.

나쁜 생각을 하는 것도 무서운 일입니다. 마귀가 가룟 유다에게 예수님을 팔려는 생각을 집어넣을 때 유다는 그것을 몰랐습니다. 결국 그 생각을 계속 품고 있다가 예수님을 팔아 버리게 된 것입니다. 마귀가 들어가 버린 것입니다. 우리도 다르지 않다는 것을 알아야 합니다. 남에게 말하기 부끄러운 생각이 있다면 큰일입니다. 그 생각을 집어넣어 준 자가 마귀이기 때문입니다. 남에게 말할 수 없는 마음과 생각을 품지 않도록 항상 깨어 있어야 합니다.

그러나 우리 힘으로는 죄를 이길 수 없습니다. 그래서 예수 그리스도를 믿는 복음이 있는 것입니다. 예수님이 우리를 죄짓지 않게 만들어 주시는 것입니다. 8절에 "하나님의 아들이 나타나신 목적은 악마의 일을 멸하시려는 것입니다"라고 했습니다. 악마의 일이란, 죄를 짓게 하는 것입니다. 지금도 마귀는 계속해서 죄를 짓게 만듭니다. 그런데 예수님은 이 악마의 일을 멸하려고 오셨습니다. 우리가 죄짓지 않게 하려고 오신 것입니다.

"죄를 짓지 마라." 여기서 끝나면 '율법'입니다. 이것은 우리에게 말할 수 없는 멍에입니다. 하나님 앞에 당당히 나설 수 있는 사람은 아무도 없기 때문입니다. 그런데 '복음'은 죄짓지 않게 해 주시겠다는 것입니다. 이것은 엄청난 차이입니다. 죄를 짓지 말라는 것과 죄를 짓지 않게 해 주시겠다는 것은 전혀 다른 이야기입니다. 하나님이 죄짓지 않게 해 주시겠다는데, 그것도 못합니까?

9절에 "하나님에게서 난 사람은 누구나 죄를 짓지 않습니다"라고 했습니다. 죄를 짓지 말라는 말과는 뉘앙스가 다릅니다. 죄를 짓지 않게 된다는 것입니다. 우리의 노력과 열심으로 죄짓지 않으려고 하는 것은 복음과 반대되는 것입니다. 그렇게 되지도 않습니다. 만일 그렇게 해서 죄짓지 않게 된다면 예수님의 십자가가 있을 필요도 없을 것입니다. 우리가 할 수 있는 일은 예수님을 믿는 것뿐입니다. 예수님을 믿으면 죄짓지 않게 되어 있습니다. 이것이 복음의 능력입니다. 예수 믿는 것은 엄청난 축복이고 능력입니다. 이 경험을 해야 그때부터 우리는 증인이 되고, 전도자가 됩니다.

크리스티 김 선교사님은 어렸을 때 마음의 상처가 심했는데, 대학생이 되고 나서 완전히 춤바람이 났다고 합니다. 당시 유행하던 춤이 디스코였는데, 날마다 디스코를 추러 갔다고 합니다. 삶의 모든 스트레스를 춤으로 풀었던 것입니다. 그러던 어느 날 예수님이 찾아오셨습니다. 그리고 선교사님의 마음에 있는 어린 시절의 상처와 쓴 뿌리를 보혈로 씻어 치유해 주셨습니다. 선교사님은 예수님 안에서 완전히 거듭났습니다. 그리고 더 이상 춤을 추는 것이 즐겁지 않았습니다. 춤이 싫어진 것입니다. 더 이상 춤을 추고 싶지가 않은 것입니다. 춤보다 더 기쁘고 벅찬 감격이 생겼으니, 더 이상 춤을 출 이유가 없어진 것입니다.

예수 그리스도 안에서 이런 엄청난 변화가 일어나는 것입니다. "정말 그런 일이 내게도 일어날까? 나는 늘 이런 문제로 넘어지고, 저런 문제 때문에 부끄러웠는데 정말 내게도 그런 변화가 일어날까?" 우리의 마음이 이렇게 바뀔 수 있을까요? 이런 생각의 변화가 일어날 수 있을까요? 성령께서 역사하시면 가능합니다. 성령이 우리 안에서 예수 믿으면 죄 안 짓는 사람, 죄짓기 싫은 사람이 된다고 말씀하시기 때문입니다.

본문에서 보는 대로, 바로 우리 속에 하나님의 씨가 심겨진 것입니다.

"하나님의 씨가 그 사람 속에 있기 때문입니다" 요일 3:9.

변화의 열쇠

우리가 예수를 믿는다는 것은 엄청난 일입니다. 사람들 눈에는 그 엄청난 것이 보이지 않으니까 예수 믿는 사람과 안 믿는 사람이 별 차이 없어 보이지만, 하나님의 눈으로 볼 때는 완전히 다릅니다. 무슨 차이일까요? 하나님을 믿는 사람 안에는 하나님의 씨가 심겨져 있기 때문입니다. 하나님의 씨는 성령 하나님입니다. 우리가 예수를 믿으면, 교회 다니고 교인으로 등록되는 것으로 끝나는 게 아닙니다. 하나님의 씨, 곧 성령 하나님이 우리 안에 오십니다. 우리 눈에는 보이지 않지만 하나님의 눈에는 보입니다. 성령 하나님이 마음의 중심에 계신 사람과 안 계신 사람의 차이는 엄청납니다. 하나님의 씨가 우리 속에 들어왔기 때문에 우리는 육신대로 살지 못합니다. 하나님의 씨가 우리 속에 있다는 사실을 명심해야 합니다.

혹시 이렇게 말하고 싶은 분도 있을지 모르겠습니다. "목사님, 저는 하나님의 씨가 제 안에 있다는 게 믿어지지가 않습니다. 특별한 은혜가 있는 것도 아니고, 특별한 체험도 없고, 별다른 간증도 없습니다." 그렇다면 다시 한 번 물어보고 싶습니다. 예수 믿고 우리의 죄가 다 사함 받고 하나님의 자녀가 되었다는 믿음이, 비록 겨자 씨만 할지라도 그 믿음이 있습니까? 만일 있다면, 지옥에 갈 수밖에 없었던 마귀의 종노릇을 하던 자가 모든 죄를 사함 받고 하나님의 자녀가 되는 권세를 받은 것입니다. 이 엄청난 축복보다 더 큰 간증과 체험이 어디 있겠습니까? 우리가 이 세상을 사는 동안에 여러 가지 하나님의 은혜와 축복을 받겠지만, 지옥에 갈 수 밖에 없던 자신이 하나님의 자녀가 되는 엄청난 축복과 비교할 수 있는 축복이 어디 있겠습니까? 이것으로 충분합니다. 이미 다 받았습니다. 예수 믿고 모든 죄가 사함 받고 하나님의 자녀가 되었다는 믿음이 우리 마음속에 있다면, 하나님의 씨가 우리 속에 있는 것입니다. 이처럼 성령 하나님이 우리 안에 임하셨다면 그것으로 충분합니다.

교회에 나와서 예배를 드리지만, 지난 한 주 동안 가정과 직장과 세상에서 별의별 더러운 죄와 부끄러운 일을 다 하고 산 분도 있을 것입니다. 그것이 우리의 믿음을 무너뜨리는 것입니다. 그것을 육신이라고 합니다. 우리가 육신을 가지고 있으니까 육신을 통해서 별의별 죄 된 일을 다 하게 됩니다. 우리 속에서 끊임없이 죄의 역사가 일어납니다.

그런 우리 모습을 잘 아는 사람이 우리가 교회에 나와서 예배드리는 모습을 보면 기절초풍할 수도 있을 것입니다. "어떻게 저 사람이 일요일에 교회에 가서 예배드리지? 아니, 내가 아는 그 사람이 맞아?"

그러나 뒤집어서 생각하면, "어떻게 그렇게 살았던 사람이 교회에 나와서 예배드릴 생각을 했을까?" 놀랄 일이기도 한 것입니다. 도대체 무엇이 우리를 여기까지 오게 했나요? 우리 속에, 육신 속에 하나님의 씨가 들어와서 우리로 하여금 하나님께 예배드리러 가야겠다는 마음을 주신 것입니다.

우리의 문제가 무엇입니까? 육신을 너무 크게 보고 있다는 것입니다. 우리 육신도 강하지만 우리 안에 오신 주님은 육신보다 더 강하신 분입니다. 예수님이 분명히 자기 안에 계시고, 자기 육신보다 강하시다는 사실을 믿는 사람은, 자신이 죄를 안 지을 수 있겠다고 믿어지게 됩니다. 그러므로 자기는 어쩔 수 없이 죄를 지을 수밖에 없다고 믿는 사람은 "예수님은 내 육신보다 못하셔. 내 육신이 얼마나 강한데"라고 믿고 있는 것입니다.

우리 안에 오신 성령 하나님은 주 예수님을 계속 바라보게 해 주십니다. 우리가 예수님을 바라보면 문제는 정말 달라집니다. 우리가 죄를 지을 때마다 마음이 괴로운 것조차 하나님의 씨가 내 속에 있다는 뜻입니다.

> "하나님의 성령을 근심하게 하지 말라 그 안에서 너희가 구원의 날
> 까지 인치심을 받았느니라" 엡 4:30, 개역개정.

마음에 근심을 느끼는 것조차 우리 마음에 성령님이 계시다는 증거입니다. 이것을 우리가 깨닫지 못하는 것입니다.

하나님께서 우리 안에 계시다는 것을 아는 순간부터 죄짓는 문제는 달라질 수밖에 없습니다.

> "그는 죄를 지을 수 없습니다. 그가 하나님에게서 났기 때문입니
> 다" 요일 3:9.

이 약속의 말씀이 그대로 이루어지길 소원하는 우리가 되었으면 좋겠습니다. 우리가 예수를 믿으려면 제대로, 진짜 믿어야 하지 않겠습니까? "예수 믿으면 죄를 안 짓게 된다고 하셨는데, 하나님, 이 말씀을

제가 믿습니다. 이 말씀이 제게 이루어지게 해 주옵소서."

열쇠는 우리 안에 계신 하나님의 씨를 우리가 아는 것입니다. 여기에 우리의 삶이 바뀌는 열쇠가 있습니다.

우리는 육신을 가지고 있기에 예수를 믿어도 여전히 죄의 역사를 경험합니다. 그러나 죄의 역사가 있는 가운데 동일하게 하나님의 역사도 있습니다. 여러분, 어떤 것을 붙잡겠습니까?

하나님의 씨가 우리 안에 있다는 것은, 우리에게 뭔가 할 일이 있다는 뜻입니다. 제가 여러분에게 포도 씨를 나눠 드렸다고 합시다. 그러면 유리병에 "유기성 목사가 준 포도 씨"라고 써서 넣어 놓고, 찬장에 올려놓을 분도 있을 것입니다. 그러나 포도 씨를 땅에 심을 사람도 있을 것입니다. 처음에는 큰 차이가 없을 것입니다. 포도 씨 몇 알 심었다고 당장 어떻게 되는 것은 아니니까요. 그러나 땅에 씨를 심으면 어느새 싹이 납니다. 씨와 싹은 얼마나 다릅니까? 그러다가 조그만 포도나무가 됩니다. 또 그 포도나무가 자라서 조그만 열매를 맺고 점점 자라서 주렁주렁 열매를 맺습니다. 똑같은 씨를 나눠 드려도 이렇게 다른 것입니다.

우리가 예수님을 믿었다는 말은 우리 안에 하나님의 씨가 심겨졌다는 것인데, 삶은 어떻게 그렇게 다른지 이해하시겠습니까? 그 씨를 어떻게 했느냐는 것입니다. 자기 안에 하나님의 씨가 있는지, 없는지 관심도 없는 사람은 그 씨를 찬장에다가 올려놓은 것입니다. 그래서 하나님의 씨가 마음속에 들어와도 삶이 늘 똑같습니다. 그러나 하나님의 씨를 심고 키우면 그 씨가 그대로 있지 않습니다. 자신의 삶에 엄청나게 놀라운 역사가 벌어집니다.

그러면 하나님의 씨는 어떻게 싹이 나고, 나무가 되고, 열매를 맺을까요? 말씀을 보고, 기도 생활을 하고, 하나님이 깨닫게 하신 대로 순종하면 됩니다. 그래서 성령 충만해야 하는 것입니다. 성령님이 우리 안에 오신 것과 성령 충만은 다릅니다. 성령 충만함에서 성령의 열매를 맺습니다. 이는 하나님이 계획하신 것입니다.

> "내 안에 거하라 나도 너희 안에 거하리라 가지가 포도나무에 붙어 있지 아니하면 스스로 열매를 맺을 수 없음같이 너희도 내 안에 있지 아니하면 그러하리라 나는 포도나무요 너희는 가지라 그가 내 안에, 내가 그 안에 거하면 사람이 열매를 많이 맺나니 나를 떠나서는 너희가 아무것도 할 수 없음이라 사람이 내 안에 거하지 아니하면 가지처럼 밖에 버려져 마르나니 사람들이 그것을 모아다가 불에 던져 사르느니라" 요 15:4-6, 개역개정.

우리가 예수님 안에 거하고, 예수님이 우리 안에 거하시게 믿으라고 하십니다. 그렇지 않으면 아무 열매도 맺을 수 없다는 것입니다. 이미 우리 안에는 엄청난 축복이 임했습니다. 하나님의 씨, 곧 성령 하나님이 우리 안에 오셨습니다. 성령님은 우리가 계속 예수님을 바라보게 해 주십니다. 그래서 24시간 주님을 바라봐야 합니다. 24시간 주님을 바라보면서 무슨 변화가 일어나는지를 보십시오. 죄를 지을 수가 없게 됩니다.

그러므로 자기 안에 하나님의 씨가 심겨진 사실을 정말 알고, 믿고, 감사하고, 기대하십시오. "나는 죽고 예수가 삽니다." 이렇게 선언하고 계속 나가 보십시오.

> "내가 그리스도와 함께 십자가에 못 박혔나니 그런즉 이제는 내가 사는 것이 아니요 오직 내 안에 그리스도께서 사시는 것이라 이제 내가 육체 가운데 사는 것은 나를 사랑하사 나를 위하여 자기 자신을 버리신 하나님의 아들을 믿는 믿음 안에서 사는 것이라" 갈 2:20,
> 개역개정.

바울은 어떻게 하나님의 씨가 열매가 됐다고 합니까? 내가 그리스도와 함께 십자가에 못 박혔다고 고백합니다. 자기의 죄 된 본성은 죽고 그 안에 하나님의 생명이 온 것입니다. 한 몸에 두 개의 생명이 존재할 수 없습니다. 그러니 바울은 나는 그리스도와 함께 십자가에 못 박혔다고, 이제는 내가 사는 것이 아니라고, 예수님을 믿는 믿음으로 사는 것이라고 고백하는 것입니다. 그렇게 해서 바울의 삶 속에 역사가 일어난 것입니다. 우리는 왜 그렇게 못합니까? 그것이 그렇게 어렵습니까? 예수님이 나의 왕이시라고, 예수님 한 분이면 충분하다고 고백하고 나아가는 우리가 되길 바랍니다.

용서받은 축복만 귀하게 여기면 안 됩니다. 반드시 거기서 더 나아가야 합니다. 주님이 자신의 삶을 완전히 바꾸시고, 이제는 죄를 지을 수 없는 사람으로 만들어 가시도록 믿고 순종해야 합니다. 주님이 다시 오실 것입니다. 그날이 언제일지는 모르지만, 준비가 안 되어 있으면 이 모습 그대로 주님을 만나야 합니다. 앞으로 변할 날이 올 것이라는 헛된 기대는 하지 말아야 합니다. 지금 안 변하면 변할 날이 없습니다. 이미 예수님을 영접했는데 아직도 삶이 안 변했다면, 그럴 가능성이 없다고 봐야 합니다.

> "사랑하는 여러분, 이제 우리는 하나님의 자녀입니다. 앞으로 우리가 어떻게 될지는 아직 밝혀지지 않았습니다만, 그리스도께서 나타나시면, 우리도 그와 같이 될 것임을 압니다. 그때에 우리가 그를 참모습대로 뵙게 될 것이기 때문입니다" 요일 3:2.

예수님 앞에 서면 자신의 모습이 그대로 드러납니다. 그날이 여러분에게 기쁨의 날일 수도 있고 두려운 날일 수도 있습니다.

얼마 전에 참 마음 아픈 사연을 신문에서 봤습니다. 고등학교 2학년 학생이 자살했다는 사연입니다. 그 사연이 기가 막힙니다. 그 학생의 아버지는 성범죄자였습니다. 40대 중반인 그의 아버지는 지방에 있는 철도역에서 근무하는 공무원이었는데, 자원봉사를 나온 여중생을 성추행한 죄를 지었습니다. 그 사건이 일어나기 전까지 이 아들은 학급 반장도 했던 밝고 리더십 있는 아이였습니다. 그런데 중학교 2학년 때 아버지가 성범죄자라는 사실을 알고 엄청난 충격을 받았습니다. 그래서 수면제를 먹고 자살까지 시도했습니다.

그런데 아버지가 스스로 무죄라고 계속 주장했고, 이 아들은 그런 아버지의 말을 믿었습니다. 그래서 어떻게 해서든지 아버지의 무죄를 밝혀내려고 변론 자료를 모으며 재판을 준비했습니다. 그런데 대법원은 아버지에게 최종 유죄 확정 판결을 내리고 말았습니다. 이 아들은 절망했습니다.

아버지처럼 철도 공무원이 되겠다던 큰형은 꿈을 접었고, 초등학생인 막내도 "나는 불행해"라는 말을 입버릇처럼 하기 시작했습니다. 그는 삶 자체가 무너져 아무런 소망이 없었습니다. 새롭게 출발하고자 이사를 갔지만, 새 출발하기가 쉽지 않았습니다. "아동·청소년의 성 보호에 관한 법률"에 따라 매년 이웃들에게 아버지의 신상과 사진 정보가 담긴 우편물이 배달되기 때문입니다. 그래서 이 동네 저 동네를 한 해에도 몇 차례씩 이사 다녀야만 했습니다.

그가 마지막으로 쓴 일기장에는 "눈만 뜨면 우울해지고 짜증이 난다. 나도 모르게 허튼 생각을 하게 되고, 약이 생각나지만 선뜻 행하지는 못하겠어서 그냥 잠들고 만다. 어젠 거의 자살 직전까지 갔던 것 같다. 너무 괴롭다"라고 쓰여 있었습니다.

그도 한때는 마음을 잡아 보고자 했습니다. 의사가 돼서 가족들을 호강시키겠다고 다짐도 하고, 학생회장 선거에도 나갈 만큼 학교 생활에 전념해 보려고도 했습니다. 그러나 마음속에 남은 상처를 극복하지 못하고 결국 자살이라는 비극적인 선택을 해야 했습니다. 아들의 죽음을 보면서 어머니는 "엄마도 죽고 싶은 순간이 많았지만 너희 때문에 꾹 참고 살았는데……." 하며 통곡했습니다.

죄는 정말 무섭습니다. 내가 지은 죄로 인해 나만 대가를 지불하는 것이 아닙니다. 우리의 실상이 그대로 드러난다는 것은 끔찍한 일입니다. 그러나 지금 드러나는 것은 오히려 다행일지 모릅니다. 아직도 돌이킬 수 있는 가능성이 남아있기 때문입니다. 그러나 주님이 오시는 순간에는 자신의 모습 그대로 다 드러납니다. 더 이상 돌이킬 기회가 없습니다. 지금 예수님 안에서 변화되지 않으면 앞으로 변화될 가능성이 없습니다. 왜 변화된 삶을 하루라도 더 살려고 하지 않고, 변화되지 않는 삶을 살며 마지막 요행을 구하려고 합니까? 지금 이 순간 결단하길 바랍니다. 예수를 믿음으로 더 이상 죄를 짓지 않겠다고 말입니다.

세상 사람들은 말합니다. "예수 믿어도 소용없다. 예수 믿는 사람이나 안 믿는 사람이나 결국 다 똑같다. 오히려 예수 믿는 사람이 더한다." 이런 말도 안 되는 이야기가 이제는 사실처럼 떠돕니다. 사실 뭐라고 변명할 여지가 없습니다. 예수 믿고 변화된 사람을 찾아보기가 힘드니까요. 그래도 우리는 하나님 앞에서 결단해야 합니다.

"주님, 오직 주님만 바라보며 살기를 소망합니다. 주께서 나를 죄로부터 멀게 하여 주시고, 나의 삶을 변화시켜 주실 것을 믿습니다. 24시간 동안 주님만 바라보며 살겠습니다. 당신을 믿음으로, 더 이상 죄의 씨가 아닌 하나님의 씨를 받은 증인으로 살게 해 주옵소서. 내 안에 오신 예수님으로 말미암아 진짜 변화된 사람, 세상에서 그리스도의 얼굴을 바라보게 하는 증인이 되게 하옵소서."

예수 믿으면 반드시 변합니다. 예수 믿는 사람은 죄를 지을 수 없습니다. 우리를 증인 삼기 원하시는 하나님의 소망을 붙들고, 변화되는 삶을 사는 우리 모두가 되길 바랍니다.

¹⁰ 하나님의 자녀와 악마의 자녀가 여기에서 환히 드러납니다. 곧 의를 행하지 않는 사람과 자기 형제자매를 사랑하지 않는 사람은 누구나 하나님에게서 난 사람이 아닙니다. ¹¹ 여러분이 처음부터 들은 소식은 이것이니, 곧 우리가 서로 사랑해야 한다는 것입니다. ¹² 우리는 가인과 같은 사람이 되지 말아야 합니다. 그는 악한 자에게 속한 사람이어서 자기 동생을 쳐 죽였습니다. 무엇 때문에 그는 동생을 쳐 죽였습니까? 그가 한 일은 악했는데, 동생이 한 일은 의로웠기 때문입니다. ¹³ 형제자매 여러분, 세상이 여러분을 미워해도 이상히 여기지 마십시오. ¹⁴ 우리가 이미 죽음에서 생명으로 옮겨 갔다는 것을 우리는 압니다. 이것을 아는 것은 우리가 형제자매를 사랑하기 때문입니다. 사랑하지 않는 사람은 죽음에 머물러 있습니다. ¹⁵ 자기 형제자매를 미워하는 사람은 누구나 살인하는 사람입니다. 살인하는 사람은 누구나 그 속에 영원한 생명이 머물러 있지 않다는 것을 여러분은 압니다. ¹⁶ 그리스도께서 우리를 위하여 자기 목숨을 버리셨습니다. 이것으로 우리가 사랑을 알게 되었습니다. 그러므로 우리도 형제자매를 위하여 목숨을 버리는 것이 마땅합니다.

유기성 목사님의 〈요한일서〉 강해 7강을 볼 수 있습니다.

CHAPTER 07

하나님의 자녀와 악마의 자녀가 드러납니다

하나님의 자녀와 악마의 자녀는 너무나 분명하게 구분되어 드러납니다. 세상은 우리를 이유 없이 미워합니다. 의인을 미워하는 것은 악마의 자녀 라는 뜻입니다. 세상은 의롭게 살려는 우리를 미워하지만, 우리는 죄인도 사랑해야 합니다. 우리는 구원받은 하나님의 자녀이기 때문입니다.

하나님의 자녀는 서로 사랑합니다

'하나님의 자녀와 악마의 자녀.' 이 말이 혹시 조금 거칠게 느껴질 수도 있을 것입니다. '이렇게 사람을 나눌 수 있을까? 또 이렇게 표현하는 것이 옳은가?'라는 생각을 할 수 있습니다. 이 말씀을 마음에 새기기가 쉽지 않을 수도 있습니다. 그러나 이제는 하나님의 말씀 앞에 정직하 게 서야 할 때가 됐다고 생각합니다.

10절을 보면 "하나님의 자녀와 악마의 자녀가 여기에서 환히 드러 납니다"라고 했습니다. 하나님의 자녀와 악마의 자녀가 있다고 생각해 도, 이것이 환히 드러나는 것에 대해서는 아마 믿어지지 않는 분이 있 을 것입니다. 주변 사람들을 볼 때 저 사람은 하나님의 자녀고, 이 사람은 악마의 자녀라고 환희 구분되나요? 사실 혼란스럽습니다. 교회 안에 있는 성도들도, 세상에서 만나는 사람들도 하나님의 자녀인지, 악마의 자녀인지 단정하기가 어렵습니다.

사람을 구분하는 것이 애매할 때가 많습니다. 그런데 본문 말씀을 보면 환희 드러난다고 말씀합니다. 정말 그럴까요? 이렇게 사람을 나눠도 되는 걸까요? 하나님의 자녀와 악마의 자녀라고 극단적으로 표현되지 않는, 중간에 있는 단계도 있지 않을까요? 아마 나는 그 중간에 있다고 말하면서 피해 가고 싶은 사람도 있을 것입니다. 나는 하나님의 자녀라고 단정 짓기 어렵지만, 그렇다고 악마의 자녀도 아니라고 말하고 싶을 것입니다. 그런데 본문 말씀은 그런 점에서 우리를 심히 불편하게 합니다. 하나님의 자녀와 악마의 자녀, 둘밖에 없다는 것입니다. 하나님의 자녀와 악마의 자녀의 중간 정도에 있는 사람은 없다는 것입니다.

그렇다면 여러분은 어떤 점에서 하나님의 자녀이고, 또 악마의 자녀입니까? 그렇게 환희 드러나는 기준이 무엇입니까? 요한 사도가 그 기준에 대해 말하고 있습니다.

> "곧 의를 행하지 않는 사람과 자기 형제자매를 사랑하지 않는 사람은 누구나 하나님에게서 난 사람이 아닙니다"요일 3:10.

의를 행하지 않는 사람과 은밀하게 죄를 짓고 부정한 일을 행하는 사람과 형제자매를 사랑하지 않는 사람은 하나님의 자녀가 아니라 악마의 자녀라는 것입니다. 한마디로 충격입니다. 이 말씀을 받아들이기가 쉽지 않을 사람이 많을 것입니다. "그러면 나는 악마의 자녀라는 말이야?" 의를 행하며 살지 않았다고 생각하는 사람, 형제자매를 용서하고 사랑하지 못했다고 생각하는 사람은 이 말씀에 걸리게 됩니다. 그래서 이 말씀에 대해 반발하고 싶을지도 모릅니다. 그렇지만 이것은 하나님의 말씀입니다. 우리는 이 말씀 앞에 우리 자신을 정직하게 내세워야 합니다. 요한 사도는 단호하게 "하나님의 자녀는 서로 사랑한다"고 말합니다.

"여러분이 처음부터 들은 소식은 이것이니, 곧 우리가 서로 사랑해야 한다는 것입니다"요일 3:11.

의를 행하지 않는 것과 형제를 사랑하지 않는 것은 사실 같은 뿌리에서 나온 것입니다. 그 뿌리는 악마입니다. 악마가 계속해서 우리로 하여금 죄를 짓게 만들고, 부정한 일을 하게 하고, 의롭지 못하게 하고, 미워하고 다투고 용서하지 않게 합니다. 요한 사도는 가인을 예로 들어서 설명합니다.

"우리는 가인과 같은 사람이 되지 말아야 합니다. 그는 악한 자에게 속한 사람이어서 자기 동생을 쳐 죽였습니다"요일 3:12.

가인은 동생을 죽인 최초의 살인자입니다. 동생을 죽였다면 무슨 이

유가 있을 것 아닙니까? 아무 이유 없이 죽였겠습니까? 무엇 때문에
그는 동생을 쳐 죽였습니까?

"그가 한 일은 악했는데, 동생이 한 일은 의로웠기 때문입니다"
요일 3:12.

가인은 하나님이 시키신 대로 제사를 드리지 않아서 하나님이 제사
를 받지 않으셨고, 아벨은 하나님이 시키신 대로 제사를 드려서 하나
님이 그 제사를 받으셨습니다. 아벨은 형 가인에게 아무런 잘못도 하
지 않았습니다. 그저 하나님께 제사를 바로 드린 것밖에 없습니다. 그
런데 가인은 그런 아벨이 미운 것입니다. 하나님이 자신의 제사는 받
지 않으시고 동생의 제사만 받으신 것 때문에 마음으로부터 무서운 질
투심이 일어난 것입니다. 우리도 꼭 무엇을 잘못해서 미움 받는 것이
아님을 세상 살면서 경험하게 됩니다. 가인은 마귀에게 속한 사람이었
던 것입니다. 그래서 의를 보면 미운 것입니다. 남이 올바르게 잘하는
것을 보면 질투심이 생기는 것입니다. 그리고 결국 동생을 돌로 쳐서
죽여 버립니다.

우리도 세상에서 이런 대우를 받을 때가 있습니다. 단지 의롭게 산
것 밖에 없는데, 미움을 받는 경우가 있습니다. 요한 사도는 그것을 이
상하게 여기지 말고, 가인의 경우를 보라고 합니다. 가인이 지은 죄를
가만히 우리 자신에게 적용해 봐야 합니다. '혹시 내가 가인 같지는 않
은가?'

가인은 동생을 시기하고 질투했습니다. 우리 또한 쉽게 시기하고 질투합니다. 그런데 그것을 죄라고 여기지 않습니다. 시기, 질투 없는 사람이 어디 있느냐고 합니다. 그러나 본문 말씀을 보면, 시기하고 질투하는 죄는 악마적인 불의에서 나오는 것이라고 합니다. 그러므로 혹시 누군가에게 질투가 생기면 심각하게 생각해야 합니다.

저는 설교에 대해서 열등감이 굉장히 컸습니다. 언변도 좋지 않고, 부산에서 자랐기 때문에 사투리도 쓰고, 특히 내성적인 성격이라 사람들 앞에 나서지도 못해서 열등감이 심했습니다. 그때는 설교 잘하는 목사님들을 보면 은혜가 되는 것이 아니라 화가 났습니다. "왜 저분은 저렇게 말을 잘하지?" 꼭 그가 잘못해서 미워지는 것이 아니었습니다. 어느 연합 집회 때 저도 설교를 맡아서 갔는데, 여러 목사님이 설교를 이어서 하셨습니다. 그때 제 마음속에서는 '내 앞에서 설교하는 분과 내 뒤에서 설교하는 분이 설교에 죽을 쑤면 좋겠다'는 생각이 일어났습니다. 순간 저 자신이 무섭다는 생각이 들었습니다. 많은 청년들이 은혜 받고자 갈급한 마음으로 모인 집회에서 말씀을 전한다고 하면서도 속으로는 그런 생각을 하고 있었으니 말입니다. 그래서 그날 하루 금식했던 적이 있었습니다.

우리 속에서 정말 무서운 일들이 일어나고 있습니다. 우리는 큰 죄와 작은 죄를 구분합니다. 그래서 작은 죄는 어쩔 수 없이 지어도 되는 줄로 생각합니다. 질투하고 미워하고 용서하지 못하는 일들은 어쩔 수 없는 것이라고 생각합니다. 그런데 말씀을 정확히 봐야 합니다. 그것이 악마의 자녀라는 증거입니다. 우리가 주님 앞에서 보면 질투하는 것과 시기하는 것과 용서하지 못하는 것과 미워하는 것이 얼마나 큰 죄인지를 알게 됩니다. 그래서 어떤 분은 기독교에서 사랑이 빠지면 이슬람교보다 더 무서운 율법 종교가 된다고 했습니다. 또 어떤 분은 사랑이 없는 교회와 성도가 가장 큰 이단이라고 했습니다.

우리는 자신을 돌아봐야 합니다. '나는 은밀한 죄를 청산했는가?', '나는 정말 형제를 사랑하는 사람인가?' 죄는 어쩔 수 없이 짓는 것이 아닙니다. 악마의 자녀니까 짓는 것입니다. 형제를 사랑하지 못하는 것은 구원받지 못했다는 증거입니다. 세상은 우리를 이유 없이 미워합니다. 의인을 미워하는 것은 악마의 자녀라는 뜻입니다. 세상은 의롭게 살려는 우리를 미워하지만, 우리는 원수도 사랑해야 합니다. 우리는 구원받은 하나님의 자녀이기 때문입니다.

"우리가 이미 죽음에서 생명으로 옮겨 갔다는 것을 우리는 압니다. 이것을 아는 것은 우리가 형제자매를 사랑하기 때문입니다. 사랑하지 않는 사람은 죽음에 머물러 있습니다"요일 3:14.

여러분은 정말 형제자매를 사랑하는 사람입니까? 그러면 여러분은 구원받은 사람입니다. 사망에서 생명으로 옮겨진 사람입니다. 그런데 아직도 미운 사람이 있습니까? 그러면 여러분은 여전히 죽음 가운데 머물러 있는 것입니다. 세상은 죄를 지으면 감옥에 가둡니다. 그러나 미워하거나 용서하지 않았거나 질투하는 죄 때문에 감옥에 가두는 경우는 없습니다. 세상 기준으로 보면 그런 것은 죄도 아닙니다. 그러나 하나님은 그렇지 않으십니다. 하나님은 우리가 살인을 했거나 도둑질한 것만 죄로 여기지 않으시고, 질투하고 미워하고 용서하지 않고 사랑하지 않는 것을 다 심각한 죄로 여기십니다. 그래서 우리를 심판하시고 우리를 지옥으로 보내십니다.

> "자기 형제자매를 미워하는 사람은 누구나 살인하는 사람입니다. 살인하는 사람은 누구나 그 속에 영원한 생명이 머물러 있지 않다는 것을 여러분은 압니다"요일 3:15.

주님이 주시는 말씀이 여러분을 심히 불편하게 하더라도, 말씀 그대로에 주목하기를 바랍니다. 그러나 우리가 지옥에 가지 않으려고 형제를 사랑하고 은밀한 죄를 청산해야 하는 것은 아닙니다. 그럴 수도 없습니다. 그것은 불가능한 일입니다. 그것이 가능하다면 예수님이 십자가에서 죽으실 필요가 없으셨습니다. 예수님을 믿는다고 하면서 은밀한 죄가 해결이 안 되고, 여전히 미운 사람이 용서가 안 된다면 예수님을 바로 믿는 게 아니기 때문입니다. 교회는 나올지 몰라도 예수님을 바로 믿고 있는 것은 아닙니다. 그럴 때는 다시 예수 믿는 복음 앞에 서야 합니다.

예수를 믿는다고 하면서 죄짓고, 미워하고, 싸우고, 다툴 수는 없습니다. 예수를 바로 믿으면 죄지으라고 해도 안 짓습니다. 누구를 미워하고 용서하지 못하는 일이 없습니다. 사랑하게 됩니다. 변하게 됩니다.

"그리스도께서 우리를 위하여 자기 목숨을 버리셨습니다. 이것으로 우리가 사랑을 알게 되었습니다. 그러므로 우리도 형제자매를 위하여 목숨을 버리는 것이 마땅합니다"요일 3:16.

예수 그리스도께서는 우리를 위하여, 더 정확하게 말하면 나를 위하여 목숨을 버리셨습니다. 우리가 그렇게 해서 구원받았고, 하나님의 사랑을 받았습니다.

잘 생각해 봐야 합니다. 얼마나 심각한 문제가 있기에 그러셨을까요? 하나님이 꼭 이런 방법을 쓰셔야만 우리를 구원하실 수 있었을까요? 우리가 못 알아듣고 있다면, 하나님이 좀 더 극단적인 방법을 쓰실 수도 있지 않았을까요? 예를 들면 다 볼 수 있게 하늘에다가 아예 하시고 싶은 말씀을 다 쓰시는 것입니다. 모두가 볼 수 있도록 몇 주 동안 지우지 않고 그대로 두는 것입니다. 그러면 하나님의 살아 계심을 의심하는 이가 없을 것입니다. 하늘에다가 글 쓰실 분이 하나님밖에 더 있겠어요? 그 정도면 그냥 알아들을 수 있지 않을까요? 하나님이 우리에게 무슨 하실 말씀이 있다면 그런 특별한 방법으로 하실 수도 있잖아요. 하나님이 우리가 죄짓는 것이 그렇게 보기 싫으시다면, 죄지을 때마다 우리에게 벌주시면 되잖아요. 그러면 우리가 깨달을 수도 있지 않을까요?

그런데 하나님은 당신의 독생자를 우리에게 보내시고 십자가에서 죽게 하셨습니다. 그런 정도의 문제가 아니었던 것입니다. 악마가 역사하는 것입니다. 악마가 우리로 하여금 은밀히 죄짓게 만들고, 미워하고 용서하지 않고 싸우게 만드는 것입니다. 악마가 역사하고 있기 때문에, 그리고 무서운 지옥이 있기 때문에 우리를 창조하신 하나님께서 우리를 지옥에 보내셔야만 하는 것입니다.

그러나 하나님은 우리가 지옥에 가기를 결코 원하지 않으십니다. 그래서 하나님께서 우리를 죄에서 건져내시고, 하나님의 자녀답게 서로 사랑하며 살게 하시려고 하실 수 있는 유일한 일을 하신 것입니다. 독생자를 이 땅에 보내시고 십자가에서 죽게 하신 것입니다.

우리는 십자가를 보면서 하나님이 이처럼 엄청난 일을 행하신 이유를 깨달아야 합니다. 십자가는 우리가 지옥에 갈 수 밖에 없는 죄인이었음을 그대로 보여줍니다. 우리가 그렇게 사악한 자였던 것입니다. 그리고 우리가 완전히 지옥의 저주에서 벗어난 것입니다.

완전한 구원, 사랑

폴 워셔 Paul Washer 라는 유명한 목사님이 계십니다. 그 목사님이 미국 오하이오 주에 있는 어느 집회에서 설교를 하셨는데, 9살쯤 된 남자아이가 울면서 부들부들 떨며 앞으로 걸어 나오더랍니다. 그리고 목사님에게 이렇게 말했다고 합니다.

"목사님, 저같이 사악한 자도 용서받을 수 있을까요?"

9살 된 아이가 무슨 죄를 지었기에 이렇게 말하는 것일까요? 그래서 목사님은 무슨 죄를 지었느냐고 물었습니다. 그랬더니 엄마 말을 안 들었다는 거예요. 이 이야기를 들으며 그 아이가 귀엽다는 생각을 할 수도 있을 것입니다. 엄마 말을 안 들은 것 때문에 목사님 앞에 나가서 나 같은 사악한 자도 구원받을 수 있느냐고 묻는 그 아이가 얼마나 사랑스러워요. 그러나 폴 워셔 목사님은 그날 성령께서 그 아이에게 역사하신 것을 느꼈습니다. 성령님이 그 아이를 통해 그 자리에 있는 많은 사람들에게 말씀하시려고 한 것을 알았습니다.

엄마 말을 안 들은 이 아이의 죄, 그게 뭐 그리 대단합니까? 아마 '그게 무슨 사악한 죄야. 애들은 다 엄마 말 안 듣는 거지'라고 생각하는 분도 있을 것입니다. 그러나 엄마 말을 안 듣는 9살 된 아이의 죄는 지옥에 갈 죄입니다. 지옥은 무슨 엄청난 죄를 지어야 가는 것입니까? 아담과 하와가 선악과를 따 먹고 우리에게 원죄를 심어 주었는데, 아담과 하와가 지은 죄가 정말 엄청난 죄입니까? 하나님이 따 먹지 말라고 한 선악과를 따 먹은 불순종입니다. 어린아이가 엄마 말을 안 듣는 것과 무엇이 다릅니까? 아담과 하와가 죄를 그렇게 많이 지었습니까? 그것 딱 하나 지었습니다. 무슨 심각한 죄를 지어야 지옥에 가는 줄 아십니까? 죄 하나만 지어도 지옥에 갑니다. 그런데 그 자리에 있던 사람들은 자신이 그런 심각한 상태에 있다는 것을 몰랐습니다. 9살 된 아이만 알았던 것입니다.

부흥 시대의 기록을 읽어 보면 이런 일들이 일어납니다. 어린아이들이 하나님 앞에서 애통하게 자복하면서 자신이 죄인이라고, 자기를 구원해 달라고 기도하는 역사가 얼마나 많이 기록됐는지 모릅니다. 성령의 역사입니다. 어린아이든 어른이든 성령께서 역사하시면 자신이 지옥에 갈 죄인이라는 사실에 대해 깨닫게 됩니다.

마르틴 루터Martin Luther는 수도원의 수사였습니다. 그는 죄 안 짓고 살고 싶어서 수도원에 들어갔습니다. 수도원은 죄지을 가능성이 없는 곳이라고 생각했던 것입니다. 말씀을 보고 기도하며 늘 주님만 묵상하고 사는 곳이라고 생각한 것입니다. 그런데 루터는 그 수도원에서 살면서 죄책감에 항상 부들부들 떨었습니다. 죄가 하나만 있어도 지옥에 가는 것을 알았기 때문입니다. 마음으로 짓는 죄만 가지고도 지옥에 간다는 것을 알았기 때문입니다. 그는 말씀을 읽으면서 하나님의 거룩함을 알게 되었습니다. 그래서 감히 하나님께 가까이 갈 수가 없었습니다. 죄가 있으니까요. 그는 자신이 어릴 때부터 지은 죄에 대해 몸서리치게 두려워했습니다. 그리고 수도원에 들어와서도 마음속에서 끊임없이 일어나는 죄 된 생각 때문에 미칠 것 같았습니다. 어떻게 하면 이 죄의 문제를 해결하고 하나님께 가까이 갈 수 있을지 고민했습니다. 하나님은 그를 본격적으로 다루기 시작하셨습니다.

그는 자기가 지옥에 갈 수밖에 없는 자라는 사실에 대해 너무나 두려웠습니다. 결국은 지옥에 갈 수밖에 없는 자라는 사실을 깨달으면 심정이 어떻겠습니까. 밥맛이 있겠어요? 잠이 오겠어요? "차라리 죽는 게 낫다"고 말하는 사람들이 있는데, 진짜 모르고 하는 말입니다. 지옥을 모르니까, 힘들면 차라리 죽는 게 낫다는 말을 하는 것입니다. 지옥을 알고 나면 아무리 세상이 힘들고 어려워도 차라리 사는 것이 낫습니다. 아무리 고통스럽고 힘들어도 하나님은 아직까지 우리에게 기회를 주십니다. 하나님이 주시는 구원의 기회입니다. 이 세상에서 고통을 겪는 것이 죽어서 지옥에 가는 것보다 비교할 수 없이 나은 일입니다.

루터는 신부에게 찾아가서 고해 성사를 매번 했습니다. 어떤 죄가 자기 안에 일어나면 즉시 달려가서 고해 성사를 하고 또 했습니다. 나중에는 그 신부가 얼마나 귀찮던지 그에게 "형제여, 이제는 죄를 좀 몰아 가지고 오세요"라고 할 정도였습니다. 고해 성사를 할 만큼 큰 죄를 짓고 와서 고해 성사를 하라는 것입니다. 말도 안 되는 것을 가지고 와서 죄를 지었다고 하니 귀찮아 죽겠다는 것입니다. 그 신부는 루터가 보았던 지옥을 보지 못한 것입니다.

루터는 그렇게 지옥의 고통을 겪다가 비로소 하나님의 말씀을 통하여 예수 그리스도가 이미 우리 죄를 지시고 십자가에서 죽으셨고, 그것을 믿기만 하면 모든 죄에서 용서받는 구원의 길이 열렸다는 사실을 깨닫게 됩니다. 루터는 지옥의 고통을 겪었기 때문에 예수 그리스도의 십자가의 구원이 그에게는 복음이었습니다. 그의 인생을 바꾸는 것이었습니다. 루터는 "의인은 믿음으로 말미암아 살리라"롬 1:17, 개역개정 는 유명한 선언을 했습니다. '이신칭의以信稱義.' 이것은 믿음으로 구원을 받는다는 유명한 기독교 교리입니다. 그리고 그 구원에 대한 감격이 얼마나 컸던지, 그는 상상할 수도 없는 일을 해냈습니다. 바로 종교 개혁입니다. 당시에 가톨릭 교회를 개혁한다는 것은 있을 수 없는 일이었는데, 그는 성령의 강력한 역사로 이것을 해냈습니다.

요즘 우리는 적당히 죄짓고 살고, 미워하고 살고, 싸우고 살면서도 예수님을 믿기만 하면 구원받는다는 교리가 있으니 괜찮다고 여기는 것 같습니다. 루터가 와서 보면 정말 말도 안 된다고 할 것입니다. 우리가 믿음으로 구원받는다는 것은 그런 뜻이 아니라고, 적당하게 죄짓고 싸우고 미워하면서도 예수님만 믿으면 구원받는 게 아니라고 할 것입니다. 우리는 지옥에 갈 수밖에 없는 사람이었는데, 예수님이 우리를 위해 십자가에서 끔찍한 고통을 당하시고 모든 죄를 지셨기에 우리가 그것을 믿으면 구원을 받는 것입니다. 그 다음부터는 죄짓고 싶은 생각도 없어지고 이제는 용서 못할 사람, 사랑 못할 사람이 없어지게 되는 것이 믿음으로 구원받는 것입니다.

우리는 자신의 영적 상태를 다시 점검해야 합니다. 당신은 정말 성령에 의하여 예수님을 믿는 사람입니까? 그렇다면 당신 안에 증거가 있게 돼 있습니다. 은밀한 죄는 이제 다 청산하고, 모든 사람을 사랑하고 살 것입니다. 우리에게 주어진 삶은 그것밖에 없기 때문입니다.

그런데도 여전히 은밀한 죄를 해결할 자신이 없고, 모든 사람을 용서하고 사랑할 자신이 없고, 그렇게 살 수 있다고 믿어지지 않습니까? 만일 내일 주님이 오신다면, 그래도 그 죄를 해결하지 않겠습니까? 내일 주님이 오신다면, 그래도 여전히 미움을 풀지 않겠습니까? 그래도 사랑 안 하시겠습니까? 주님이 내일 오신다면 그렇게 안 할 것입니다. 내일 주님이 오시는데 죄를 왜 짓겠습니까? 무슨 일이 있더라도 자신의 죄를 다 고백하고 청산할 것입니다. 다 용서하고 사랑할 것입니다." 그렇다면 그 마음 안에 하나님의 씨가 있는 것입니다. 죄를 청산할 수 있는 힘이 있는 것입니다. 사람을 사랑할 수 있는 힘이 있는 것입니다. 못한다고, 할 수 없다고 미루지 말고, 내일 결단하려고 한 것이 있다면 지금 당장 하길 바랍니다. 주님이 언제 오실지는 아무도 모릅니다. 오늘 우리에게 오실지도 모릅니다. 우리가 주님께로 갈지, 주님이 우리에게로 오실지 모르지만, 죄에 대해서 우리는 항상 경계하며 살아야 합니다.

《오늘의 양식》한국오늘의양식사 에 실린 이야기입니다. 런던 템플 교회의 교인이었던 에밀 메틀러Emil Mettler 는 식당을 경영하는 분이었습니다. 그는 돈이 없는 사람들에게 공짜로 밥을 먹이고, 기독교 단체나 구제 단체에서 와서 도와달라고 하면 상당한 액수를 기부하는 분으로 유명했습니다. 어느 날 어느 선교 단체에서 와서 기부를 부탁하기에 선뜻 금고에서 돈을 꺼내서 기부했습니다. 그런데 선교단체 직원이 보니까 그 돈 상자 안에 대못이 하나 있는 것이었습니다. 그래서 "이게 무슨 못입니까?"라고 물었더니 15cm 정도 되는 대못을 꺼내면서 그가 이렇게 말했습니다.

"예수 그리스도께서 십자가에서 이런 못으로 손과 발에 박히고, 나의 죄를 위해 당신의 생명을 바치셨다는 것을 잊지 않고 살려고 이 못을 늘 돈 상자 안에 두고 지냅니다. 이 못을 보면 내가 누구를 도와야 할 때 인색한 마음이 들지 않습니다. 예수님은 나를 위해 생명도 주셨으니까요."

지옥에 갈 수밖에 없는 자였는데 예수 그리스도로 인해 하나님의 자녀가 되고 영생의 축복을 얻었다는 사실을 정말 안다면, 삶이 안 바뀔 수가 없습니다. 하나님의 자녀답게 되지 않을 수가 없습니다. 예수를 믿어도 건성으로 믿고, 아직도 자신이 지옥에 갈 죄인이었음을 깨닫지 못하고, 하나님이 자신을 얼마나 사랑하셨는지를 보지 못하니까 죄가 유혹이 되는 것이며, 누군가 자기를 미워하는 사람이 있다면 원수처럼 여기는 것입니다.

이탈리아에서 사역하시는 한제훈 목사님이 얼마 전에 페이스북에 쓰신 글을 봤습니다. 오스왈드 챔버스Oswald Chambers 의 《주님은 나의 최고봉》토기장이, 2009 이라는 책을 읽다가 깜짝 놀랄 구절을 봤다는 것입니다.

> "예수님을 나의 구주로 영접한 이후, 나는 어느 누구에게도 실망한
> 적이 없습니다."

아니, 사람을 만나면 분노하기도 쉽고 불평하기도 쉬운 것인데 누구에게도 실망한 적이 없다니, 어떻게 이럴 수가 있느냐는 말입니다. 도대체 오스왈드 챔버스의 믿음이 얼마나 훌륭하기에 실망한 적도 없다는 것인지, 너무 충격을 받았다고 합니다. 그런데 그 뒤에 놀라운 고백이 이어지더래요.

> "십자가에서 내가 얼마나 큰 죄인인지 알았습니다. 나는 어느 누구
> 도 비판은커녕 실망할 자격도 없는 죄인입니다."

예수님의 십자가를 정말 아는 사람, 그 십자가에서 자신이 구원받았음을 깨달은 사람은 "너에게 정말 실망했어. 너 이런 사람인 줄 몰랐

다" 하고 말할 수 없습니다. 자신이 어떤 사람인지 정말 아는 사람은, 십자가에서 자신이 어떤 사람인지를 보는 눈이 열린 사람이기 때문입니다.

세상을 살 때 유혹이 크지만 지옥의 실상은 더 비참합니다. 우리가 유혹에 넘어지는 이유는 죄의 결과인 지옥을 모르기 때문입니다. 세상을 살다 보면 의롭게 사는데도 미움을 받습니다. 정말 속이 뒤집어지는 일입니다. 그러나 하나님이 지옥에 갈 자신을 얼마나 사랑하셨는지를 알고 나면 미워하는 사람도 사랑하게 됩니다. 먼저 가족부터, 가까이에 있는 교우들부터 사랑해야 합니다.

얼마 전에 쌍둥이를 낳은 한 젊은 목사님을 만났습니다. 목사님은 그 쌍둥이 때문에 무척 힘들다고 했습니다. 한 아이를 기르기도 어려운데 쌍둥이를 길러야 하니 목사님도, 사모님도 쩔쩔맨다는 것이었습니다. 그런데 그 이야기를 전해 들은 한 성도님이 전화를 하셨습니다. 그리고 자신의 이야기를 잠깐 해 주겠다고 했습니다.

그분은 셋째 아이를 얻었는데, 원하지 않는 아이였습니다. 아내가 셋째 아이를 임신했다는 사실을 듣고 화가 났다고 합니다. 두 아이를 길렀기 때문에 아이를 낳아 기른다는 것이 얼마나 많은 시간과 정성이 들어가고 피곤한 일인지 절실히 알았던 것입니다. 정말 싫었고, 마음이 불편했다고 합니다. 아이가 태어나니 아니나 다를까, 무척 힘들었습니다. 밤에 잠도 제대로 못 자며 아이에게 신경을 써야 하고, 직장에서 힘들게 일하고 집에 돌아오면 쉬지도 못했습니다. 그래서 그 아이를 보면 짜증만 났습니다. "왜 이 아이를 낳아 가지고 이렇게 힘들어야 하는가? 이 애는 왜 태어나서 나를 어렵게 하느냐."

그런데 어느 날 그 아이가 밤에 자지러지게 우는 거예요. 아무리 달래도 그치지를 않았습니다. 너무 심하게 우니까 갑자기 뭔가 소름 끼치는 생각이 들었습니다. 그래서 그 아이를 빨리 이불에 싸서 안고는 병원으로 달려갔습니다. 그런데 응급실로 가기 전에 그 아이는 그만 아버지의 품에서 죽고 말았습니다. 자기 품에서 죽은 아이를 보면서 눈물이 쏟아졌다고 합니다. 이렇게 짧은 기간 동안 살았는데, 아버지로부터 사랑 한번 받지 못했다고 생각하니 견딜 수 없을 만큼 눈물이 쏟아졌던 것입니다. "나는 왜 이 아이에게 사랑 한번 주지를 못했을까요." 이 이야기를 목사님에게 들려주면서 "목사님, 힘들다고만 하지 마세요. 후회를 남기지 마세요. 정말 할 수 있는 만큼 사랑해 주세요"라고 했답니다.

하나님이 우리를 구원해 주신 것은 이제 더 이상 죄의 종노릇을 하지 말고, 미워하며 싸우지 말고, 사랑만 하며 살라는 것입니다. 이것이 완전한 구원입니다. 그래서 우리에게 십자가의 복음이 있는 것입니다. 주 예수님을 바라보고 사는 자는 정말 사랑만 하며 사는 자가 되는 것입니다.

요한일서 3:17-24

17 누구든지 세상 재물을 가지고 있으면서, 자기 형제자매의 궁핍함을 보고도, 마음 문을 닫고 도와주지 않으면, 어떻게 하나님의 사랑이 그 사람 속에 머물겠습니까? 18 자녀 된 이 여러분, 우리는 말이나 혀로 사랑하지 말고, 행동과 진실함으로 사랑합시다. 19 이렇게 함으로써 우리는 우리가 진리에서 났음을 알게 될 것입니다. 또 우리는 하나님 앞에서 확신을 가지게 될 것입니다. 20 우리가 마음에 가책을 받는다 하더라도 우리는 그러한 확신을 가지게 될 것입니다. 하나님은 우리 마음보다 크신 분이시고, 또 모든 것을 알고 계시기 때문입니다. 21 사랑하는 여러분, 우리가 마음에 가책을 받지 않으면, 우리는 하나님 앞에서 담대함을 가지고 있는 것이요, 22 우리가 구하는 것은 무엇이든지 하나님에게서 받을 것입니다. 우리가 하나님의 계명을 지키고, 하나님께서 기뻐하시는 일을 하기 때문입니다. 23 하나님의 계명은 이것이니, 곧 그 아들 예수 그리스도의 이름을 믿고, 그리스도께서 우리에게 명하신 대로 서로 사랑하라는 것입니다. 24 그리스도의 계명을 지키는 사람은 그리스도 안에 있고, 그리스도께서도 그 사람 안에 계십니다. 그리스도께서 우리 안에 계시다는 것을, 그가 우리에게 주신 성령으로 우리는 압니다.

유기성 목사님의 〈요한일서〉 강해 8강을 볼 수 있습니다.

CHAPTER 08

사랑만 하며 삽시다

예수 그리스도 안에서 우리에게 주시는 하나님의 축복은 아주 간단합니다. 사랑하며 사는 것입니다. 이것이 예수님을 믿는 자의 삶입니다. 이제 예수님이 주님이 되셨으니, 모든 염려를 주께 맡겨 버리고 사랑만 하는 것입니다.

예수님의 기준은 사랑입니다

어느 목사님이 교인들을 대상으로 전도 훈련을 하시는데, 도무지 전도에 자신을 갖지 못하는 교인들이 있었습니다. 목사님은 어떻게 하면 그분들에게 전도의 문을 열어 드릴까 고민하고 기도하다가 좋은 아이디어가 떠올랐다고 합니다. 목사님은 그분들을 시장으로 데리고 가 이렇게 말씀하셨습니다.

"이제 각 가게마다 들어가서 '저는 예수 믿는 사람입니다' 하고 정중히 인사드리고 나오세요."

교인들도 차마 그것까지는 못하겠다고 할 수가 없어서 마지못해 목사님의 말씀을 따랐습니다. 시장을 쭉 다니면서 가게마다 들어가 "저는 예수 믿는 사람입니다" 하고 목사님이 시키신 대로 인사를 했습니다. 그런데 참 놀랍게도 닫힌 전도의 문이 열리기 시작했습니다. 그 후 그분들은 전도에 자신감을 갖고 많은 분들에게 복음을 전했다고 합니다. 저는 그 목사님의 말씀을 듣고서 신선한 도전을 받았습니다. "저는 예수 믿는 사람입니다"라고 고백할 수 있다는 것만으로 훌륭한 전도가 되겠다는 생각이 들었기 때문입니다.

그렇습니다. "저는 예수 믿는 사람입니다"라는 분명한 고백 자체가 훌륭한 전도입니다. 그러나 의외로 이 고백이 쉽지 않습니다. 그런 고백을 할 자격이 없다고 생각하는 마음이 우리 안에 있기 때문입니다. "나는 예수 믿는 사람"이라는 고백은 도대체 어떤 사람이 할 수 있을까요? 세례를 받으면 할 수 있을까요? 교회를 다니면 할 수 있습니까? 적어도 집사 정도는 돼야 할 수 있는 건가요?

> "너희가 서로 사랑하면 이로써 모든 사람이 너희가 내 제자인 줄 알 리라" 요 13:35, 개역개정.

예수님이 정해 주신 기준은 서로 사랑하는 것입니다. 사랑하는 사람이 될 때까지는 예수 믿는다는 고백을 하기가 참 두렵습니다. 부부 싸움을 하고 나면 큐티하는 것도 어렵습니다. 부부 싸움을 하고 나서 큐티를 하겠다고 하면 얼마나 가증해 보이겠어요. 부부 싸움 하고 새벽 예배에 안 나오는 분들도 있습니다. 싸우고 나서 다음 날 먼저 새벽 예배에 가자고 말하기가 쉽지 않은 것입니다. "기도만 하면 다야!" 하며 빈정거릴 것 같기 때문입니다. 직장에서도 서로 다투고 큰소리 지르고 혈기 부리고 난 다음에는 전도하기가 어렵습니다. "너나 잘 믿어" 하고 말할 것 같기 때문입니다. 운전하다가 다툼이 나서 길거리에서 싸우다가 어디 가는 길이냐고 물으면, "교회 가는 길입니다"라고 말하기가 참 어렵습니다. 그러나 사랑하면 "나는 예수 믿는 사람입니다"라고 고백하는 담대함이 생깁니다.

> "누구든지 세상 재물을 가지고 있으면서, 자기 형제자매의 궁핍함을 보고도, 마음 문을 닫고 도와주지 않으면, 어떻게 하나님의 사랑이 그 사람 속에 머물겠습니까?" 요일 3:17

하나님의 사랑이 마음에 머무는 것이 바로 축복의 열쇠입니다. 하나님이 자신을 사랑하신다고 정말 믿어지면, 하나님이 자신의 아버지이시고, 하나님이 자기에게 복을 주시고, 자신의 삶에서 모든 것을 주관하신다는 게 믿어지면 걱정하고 두려워할 게 뭐가 있겠습니까? 그런데 이렇게 하나님의 사랑이 자기 마음에 머물 수 있는 조건이 바로 어려운 사람을 도와주는 일이라는 것입니다. 어려운 사람을 도와주면 하나님의 사랑이 그 사람 속에 머무는 것입니다.

"어려운 사람을 보고도 도와주지 않으면 하나님의 사랑이 어찌 그 사람 속에 머물겠습니까?"

지난 한 해 동안 하나님께 감사한 제목이 여러 가지가 있지만, 그중에 하나를 꼽으면 금요 성령집회 때 헌금하는 시간을 가진 것입니다.

우리 교회 집회 때 유일하게 헌금 바구니를 돌려서 헌금하는 집회 시간입니다. 예수 믿는 분이든 아니든 상관없이, 시청이나 구청에서 어려운 분들에 대한 소식을 들으면 그분의 형편에 대한 간단한 영상을 만들어 함께 보고 그분을 위해 헌금하는 시간을 갖습니다. 또 어려운 이들을 돕는 단체나 교회를 돕습니다. 저는 헌금하는 것이 그렇게 기쁠 수 있다는 것을 금요 성령집회 때 경험했습니다. 제 마음에 이것이 복이라는 것이 믿어졌습니다.

여러분도 어려운 사람을 도와 본 경험이 있을 것입니다. 그런데 어려운 이들을 돕는 것이 기쁩니까? 잠언에 보면 이렇게 말씀하고 계십니다.

> "구제를 좋아하는 자는 풍족하여질 것이요 남을 윤택하게 하는 자는
> 자기도 윤택하여지리라" 잠 11:25, 개역개정.

어느 목사님께서 이 말씀을 가지고 교인들에게 물으셨습니다. "여러분은 구제하는 일이 기쁘십니까?" 구제를 했다는 것과 구제하는 일을 좋아하는 것은 다른 문제입니다. 여러분은 정말 어려운 사람을 돕는 일이 기쁩니까? 그런 일을 할 때마다 좋습니까? 금요 성령집회 때 말씀을 통해 은혜 받는 것보다 어려운 사람을 위해 헌금하는 시간이 있다는 게 더 좋습니까? 하나님께서 우리에게 분명히 말씀하셨습니다. "구제를 좋아하는 자는 풍족하여질 것이요." 어려운 사람을 돕는 일은 우리에게 축복입니다.

"자녀 된 이 여러분, 우리는 말이나 혀로 사랑하지 말고, 행동과 진실
함으로 사랑합시다. 이렇게 함으로써 우리는 우리가 진리에서 났음
을 알게 될 것입니다. 또 우리는 하나님 앞에서 확신을 가지게 될 것
입니다" 요일 3:18-19.

하나님 앞에서 확신을 가지게 된다는 것은 엄청난 복입니다. '하나
님이 나와 함께 하신다. 하나님께서 나를 사랑하신다. 나를 인도하신다.
나에게 반드시 복을 주신다.' 이것을 확신할 수 있는 사람은 정말 복 받
은 사람입니다. 도대체 이런 확신은 어디서 생기는 것일까요? 말만 가
지고 사랑하지 않고 행동과 진실함으로 사랑할 때 그런 확신이 생긴다
는 것입니다.

그러나 이 사랑의 문제는 항상 우리가 가장 자신 없어 하는 부분이
기도 합니다. 이 말씀을 들을 때 여러분의 마음은 기쁩니까, 아니면 불
편합니까? '아, 나는 이기적으로 살았나 봐. 나는 너무 욕심이 많아. 나
는 인색함이 왜 아직까지도 해결이 안 되지? 나는 정말 사랑할 사람을
다 사랑했을까? 나는 정말 다 용서했을까?' 이처럼 마음에 괴로움이
있는 분들이 있을 것입니다. 그러나 낙심하지 말길 바랍니다. 만일 우
리 마음속에 '내가 사랑하지 못했나 봐. 하나님이 기뻐하시는 사랑을
베풀지 않았나 봐' 하는 가책이 있다면, 우리에게는 아직 희망이 있습
니다. 마음에 가책이 있다는 것은 우리 안에 하나님의 선한 씨가 있다
는 뜻입니다. 비록 사랑의 영이 충만하지는 않지만 분명히 우리 안에
역사하고 있는 것입니다. 반면 아무런 가책도 없는 사람들이 있습니

다. 어려운 사람들을 돌보고, 베풀어 주지 못한 것에 대해서 아무런 느낌도 없는 사람들이 있습니다.

> "우리가 마음에 가책을 받는다 하더라도 우리는 그러한 확신을 가지게 될 것입니다. 하나님은 우리 마음보다 크신 분이시고, 또 모든 것을 알고 계시기 때문입니다"요일 3:20.

그렇습니다. 지금은 마음에 가책이 있지만 하나님은 반드시 우리를 확신의 자리로 이끄실 것입니다. 돕지 못하고 사랑하지 못한 것 때문에 마음이 괴롭다면, 이미 하나님이 역사하고 계시는 것입니다. 그러므로 마음에 일어나는 가책을 절대로 무시하면 안 됩니다. 그것 역시 하나님의 놀라운 역사하심이라는 것을 알아야 합니다. 그러면 하나님이 반드시 우리를 확신의 자리로 이끌어 주십니다. "주님, 저는 정말 사랑했습니다"라고 고백할 수 있게 해 주실 것입니다.

외국 집회에 갔을 때, 어떤 권사님 집에서 하루를 묵은 적이 있습니다. 권사님의 남편 분은 중풍으로 고생하고 계셨는데, 다행히 경제적으로 여유가 있으셔서 집도 크고 좋았습니다. 그날 권사님과 많은 이야기를 나누었습니다. 권사님이 이민 와서 30년 동안 살아온 이야기였습니다. 그런데 권사님의 마음이 굉장히 어두웠습니다. 권사님이 가지고 있는 가장 어려운 문제 중 하나가 등록해서 나가는 교회가 없다는 것이었습니다. 그 도시에 많은 한인 교회가 있고 그 교회들을 다 다녔지만, 어느 교회에도 교인으로 등록되어 있지 않은 것입니다. 그러면서 권사님은 지나간 세월 동안 이 교회에서 받은 상처, 저 교회에서 받은 어려움들을 이야기했습니다. 그분은 은사도 많이 받고 은혜도 많이 받은 분이었습니다. 그런데 어느 교회에도 등록하지 못하고 있었습니다. 제가 그 권사님께 뭐라고 상담해 드려야 하는지 기도하던 중에 하나님이 제 마음에 말씀을 주셨습니다. 그래서 권사님께 그 말씀을 읽어 드렸습니다.

> "그런즉 믿음, 소망, 사랑, 이 세 가지는 항상 있을 것인데 그중의 제일은 사랑이라"고전 13:13, 개역개정.

그러고 저는 권사님께 질문했습니다. "권사님, 하나님이 권사님에게 한 가지를 확인하라고 하십니다. 권사님 마음에 사랑이 제일이라고 정말 믿으십니까?" 권사님은 굉장히 당황했습니다. 뭐라고 말을 못하고 가만히 계셨습니다. 권사님 안에 괴로움이 있다는 것이 느껴졌습니다. 권사님이 받은 상처가 많지만, 사실 그 모든 상처를 극복할 수 있는 하나님의 능력이 그 권사님 안에 있었습니다. 그것은 그 권사님을 향한 하나님의 사랑입니다. 권사님이 사랑이 제일임을 분명하게 확신했다면 아마 어느 교회에서나 환영받았을 것입니다. 저는 그 권사님 안에 있는 심적인 고통이 성령의 역사인 것을 깨달았습니다. 그리고 권사님을 붙들고 기도했습니다. "권사님, 오직 하나만 이뤄지기를 기도하세요. 권사님 안에서 사랑이 제일이라고 분명하게 믿어지기를 기도하세요."

'나는 사랑이 너무 없어. 나는 사랑하지 못하나 봐. 나는 너무 이기적이고 인색하고, 미워하는 사람도 너무 많아.' 지금 이런 마음으로 고통 스럽다면 아직 하나님의 역사 아래에 있는 것입니다. 물론 그 고통 속에서 계속 산다는 것은 어리석은 일입니다. 우리에게는 부흥이 필요합니다. 언제까지 그저 마음에 가책을 느끼면서 한평생을 산다는 것은 바보 같은 일입니다. 이제는 믿음의 충만함, 사랑의 충만함으로 나아가야 합니다.

> "사랑하는 여러분, 우리가 마음에 가책을 받지 않으면, 우리는 하나
> 님 앞에서 담대함을 가지고 있는 것이요"요일 3:21.

마음에 가책을 받는 사람도 있고, 하나님 앞에서 담대함을 가지고 있는 사람도 있습니다. 하나님은 우리가 하나님 앞에 섰을 때 담대하길 바라십니다. 더 이상 마음의 가책을 느끼지 않길 원하십니다. '믿음도 없고 사랑도 없이, 언제까지 이렇게 살아야 하지?' 하는 마음을 떨쳐 내길 바라십니다. 우리의 마음이 하나님 앞에 섰을 때 담대하길 소망합니다. "하나님, 저는 이제 더 이상 먹고사는 걱정을 안 합니다. 저는 이제부터 사랑만 하며 삽니다. 주님, 저를 이렇게 만드신 주님을 찬양합니다." 이렇게 고백할 수 있길 바랍니다. 그러면 기도에 엄청난 확신이 옵니다.

> "우리가 구하는 것은 무엇이든지 하나님에게서 받을 것입니다. 우리
> 가 하나님의 계명을 지키고, 하나님께서 기뻐하시는 일을 하기 때문
> 입니다"요일 3:22.

기도하고, 하나님이 반드시 이 기도에 응답하신다고 믿으면 그것으로 된 것입니다. 그런데 왜 그렇게 기도를 못하십니까? 기도해도 믿음이 안 생긴다고, 기도해도 확신이 없다고 생각하는 것입니다. 그러니 피곤하면 기도를 못합니다. 바쁜 일이 생기면 기도를 못합니다. 그러면 기도의 확신은 어떻게 생기나요? 하나님의 계명을 지키는 사람에게 기도의 확신이 옵니다. 하나님의 계명은, 하나님을 믿고 사랑하는 것입니다. 믿는다는 것은, 걱정을 안 하는 것입니다. 더 이상 먹고사는 걱정을 안 하는 것입니다. 그리고 사랑만 하는 것입니다. 그러면 우리 안에 놀라운 기도의 확신이 일어납니다.

우리를 살리는 사랑의 영

제가 미국에 갔을 때 어느 집사님이 식사 대접을 하시면서 자신의 이야기를 들려주셨습니다. 두 아들을 위해 미국으로 이민 오는 과정에서 너무 많은 사람에게 사기를 당했다는 것이었습니다. 결국 돈을 다 잃어버리고, 심지어 끌려가서 매까지 맞았다고 했습니다. 억울해도 어디다 하소연할 곳도 없고, 속이 완전히 새까맣게 타 버려 미움과 분노를 안고 하루하루를 살았다고 합니다. 두 아들이 없었다면 견디기 힘든 시간이었습니다. 두 아들의 성공을 위해 모든 것을 감내하리라 다짐했습니다.

그런데 믿었던 아들들이 대학에 들어가지 못했습니다. 집사님은 모든 의욕을 상실했습니다. 더 이상 의지할 데가 없다고 여겼습니다. 그때서야 집사님 마음 안에 '이러다가 큰일 나겠다'라는 생각이 번뜩 들었습니다. 그리고 마침내 하나님을 붙잡기 시작했습니다.

하나님께 기도하는데 계속 주시는 말씀이 "용서하라. 사랑하라"였습니다. '아니, 지금 당하기는 내가 당했고, 어려운 건 내가 다 겪고 있는데, 왜 하나님은 이 답답한 사정을 풀어 주시지 않고 용서하고 사랑하라는 말씀만 주시나?' 처음에는 너무 분하기도 했지만, 결국 집사님은 하나님께 굴복했습니다. 그러자 가정 안에서 용서와 사랑의 역사가 일어났습니다. 집사님이 먼저 그동안 가족을 용서하고 사랑하지 못한 일들을 다 고백했습니다. 그리고 그동안 재정적인 어려움을 주고 사기를 치고 폭행까지 하며 힘들게 했던 이들을 다 용서했습니다. 그러자 아내가 자신이 더 미안하다고, 남편을 보다 잘 섬기고 사랑하지 못한 것을 용서해 달라고 했습니다. 두 아들들도 그동안 공부하지 않고 부모님께 실망을 드려 죄송하다고 고백했습니다.

온 가족이 서로 뜨겁게 회개하고 용서하고 사랑하자 그때부터 가정의 분위기가 달라지기 시작했습니다. 무엇보다 대학에 들어갈 나이가 지난 두 아들들이 다시 마음을 잡고 공부하기 시작했습니다. 마침내 두 형제는 대학에 들어갔고, 어느새 졸업반이 됐습니다.

집사님은 식사 대접을 하면서 본인은 드시지도 않고 계속 눈물을 흘리며 말씀하셨습니다.

"목사님, 진작 이렇게 마음을 정리했다면, 돈은 잃어버렸을지라도 이렇게 오랫동안 우리 아이들이 고통을 겪지는 않았을 텐데요. 다 제 잘못입니다."

그 집사님의 문제는 마음에 있는 미움의 영이었습니다. 사기를 당하고 폭행을 당한 것이 문제가 아니었습니다. 미움의 영으로 살았던 것이 문제였습니다. 그 미움의 영이 두 아들을 완전히 망가뜨려 버렸습니다. 집안이 아들들에게는 지옥과도 같았다고 합니다. 아버지 속에는 미움이 이글거리고, 어머니 속에는 한이 이글거리니 어떻게 공부를 할 수 있었을까요? 결국 두 아들을 다 망쳐 버린 것입니다.

그러나 어느 날 미움의 영이 떠나고 하나님의 돌보심이 임하자 가정이 회복되었습니다. 사랑의 영이 가정 안에 충만하게 일어나기 시작했습니다. 잘못했다고 고백하고, 서로 용서하고 사랑하기 시작했습니다. 가정 안에 사랑이 역사하기 시작한 것입니다. 그러자 두 아들이 비로소 마음을 잡았습니다. 공부할 마음이 생긴 것입니다. 두 아들이 졸업할 그해에 집사님은 비로소 깨달았습니다. 무엇 보다 사랑이 더 중요하고 우선되어야 한다는 것입니다.

하나님이 우리에게 사랑하라고 하시는 것은, 우리가 어떤 처지에 있든지 사랑만이 우리를 살리는 영이기 때문입니다. 미움의 영은 파괴하는 영입니다. 결국 미움의 영 때문에 죽어 가는 것입니다. 미움의 영을 용납하면 안 됩니다. 그 미움의 영이 여러분을 죽이고 여러분의 가족을 죽이고 여러분 주변에 있는 모든 것을 파괴하는 것입니다. 하지만 사랑의 영은 다 살려 냅니다. "사랑하라"는 것은 절대로 무거운 계명이 아닙니다. 그것이 우리 자신이 사는 길이고, 우리 가족이 사는 길이고, 우리 교회와 이 사회가 사는 길입니다.

예수 그리스도 안에서 우리에게 주시는 하나님의 축복은 아주 간단합니다. 더 이상 먹고사는 걱정을 안 하는 것이고, 사랑만 하며 사는 것입니다. 예수님을 진짜 믿는 것입니다. 예수님이 이제 주님이 되셨으니, 모든 염려를 주께 맡겨 버리고 사랑만 하는 것입니다.

> "하나님의 계명은 이것이니, 곧 그 아들 예수 그리스도의 이름을 믿고, 그리스도께서 우리에게 명하신 대로 서로 사랑하라는 것입니다"
> 요일 3:23 .

하나님의 계명을 지키는 것은 축복입니다. 힘든 것이 아닙니다. 걱정 안 하고 사랑만 하는 것이 뭐가 힘듭니까? 축복이지 않습니까?

오늘날 우리 사회는 갈등이 심해지고 있습니다. 뉴스를 보면 마음이 너무 아픕니다. 왜 이렇게 됐습니까? 왜 이렇게 무섭게 싸우는 것입니까? 이유는 하나입니다. 사랑의 영이 없고, 미움의 영이 역사하기 때문입니다. 정부도, 야당도, 노조도 다 우리나라가 잘되어야 한다고 말합니다. 우리나라가 잘되자는 이야기를 서로 나누는데 왜 싸우는 걸까요? "어떻게 하면 우리 민족이 잘될까, 어떻게 하면 우리나라가 잘될까, 어떻게 하면 우리 모두가 잘 살 수 있을까." 이 얼마나 행복한 주제입니까? 이런 주제를 가지고 왜 밤새워 싸우는 걸까요? 세상이 왜 이지경이 되었나요? 어떤 게 옳은지, 어떤 게 잘 사는 길인지의 문제와 미움은 완전히 다른 것이기 때문입니다. 지금은 미움의 영이 역사하고 있습니다. 한마디로 서로가 미운 것입니다.

지금 여당이든, 야당이든, 파업을 하는 현장에든 가서 "우리 사랑합시다" 하면 양쪽으로부터 몰매를 맞을 것입니다. 누구 속을 뒤집어 놓으려고 왔느냐 할 것입니다. "지금 사랑하자는 말을 할 때냐? 그런 건 교회나 가서 얘기해!"라고 말할 것입니다. 사랑하자는 말이 나쁜 말입니까? 사랑하자는 말처럼 좋은 말이 어디 있습니까? 그런데 사랑하자는 말을 하는 사람이 죽이고 싶도록 미워지는 것은 무슨 역사죠? 다들 지금 제정신이 아닙니다. 아이들에게도 "미워하지 말고 서로 싸우지 마라"고 가르치잖아요. 그렇게 가르치는 어른들이 도대체 왜 이럴까요? 영적인 분별이 안 되니까 그런 것입니다. 지금 이 나라는 사랑의 기적이 필요합니다. 사랑이 없으면 절대로 해결이 안 됩니다. 어떤 논리로도 해결이 안 됩니다.

그런데 사랑은 어디서 오나요? 저와 여러분에게서 옵니다. 우리 안에 오신 하나님이 사랑의 하나님이시니까요. 답답한 것은, 우리가 사랑도 못하고 그저 마음에 가책을 느끼는 정도로만 머물러 있는 것입니다. 이러고 있으니 주님도 답답하시고, 우리도 답답한 것이죠. 우리 안에 하나님이 부흥을 주시면, 사랑이 우리 속에서 터지기 시작하면 사랑하자, 말자고 말할 것도 없습니다. 우리가 가정과 일터에서 주님의 사랑의 도구가 되고, 어려움을 당한 사람들을 도와주는 것입니다. 그러면 그때부터 주님이 역사하시기 시작합니다.

도산 안창호 선생은 강연하실 때 "우리 2,000만이 다 서로 사랑하기를 공부합시다. 그래서 2,000만 한민족이 서로 사랑하는 민족이 됩시다"라고 외쳤습니다. 그는 일제 강점기에 이 민족의 독립을 위해서 한 몸을 바친 민족의 지도자입니다. 그런데 그가 내린 결론이 무엇입니까? 일본이 문제가 아니라는 것입니다. 우리 민족이 서로 사랑하는 것

외에는 안 된다는 거예요.

"사랑하라." 이것은 우리 힘으로 할 수 있는 일이 아닙니다. 우리 힘으로 지킬 수 있는 계명이 아닙니다. 예수님이 그렇게 해 주시는 것입니다.

> "그리스도의 계명을 지키는 사람은 그리스도 안에 있고, 그리스도께
> 서도 그 사람 안에 계십니다. 그리스도께서 우리 안에 계시다는 것
> 을, 그가 우리에게 주신 성령으로 우리는 압니다" 요일 3:24.

그리스도의 계명을 지키는 것은 예수님과 온전히 하나 될 때 이루어지는 일입니다. 예수님은 우리와 하나 되셔서 우리가 걱정 안 하고 사랑만 하게 해 주십니다. 성령의 역사로 이 일이 이루어지는 것입니다. 우리에게 부흥이 임하면 우리 자신만이 아니고 우리를 통해서 수많은 사람이 살아납니다.

크리스티 김 선교사님이 대학에 다닐 때 그분의 룸메이트가 그렇게 형제들에게 인기가 많았다고 합니다. 그래서 수시로 꽃다발을 받아 왔는데 자신은 꽃다발을 가져다주는 형제가 없었습니다. 룸메이트가 꽃다발을 가지고 들어올 때마다 마음이 무너져 내렸습니다.

"하나님, 나는 도대체 꽃다발 하나 줄 사람이 없습니다. 하나님, 이건 정말 아니잖아요."

그때 하나님이 선교사님에게 임하셔서 창문 바깥을 내다보라고 하셨습니다. 선교사님은 누가 온 줄 알고 달려가 보았으나 아무도 없었습니다. 기숙사 앞마당에는 가로수만 있었습니다.

그때 하나님이 말씀하셨습니다.

"무엇이 보이느냐."

"나무들이 보입니다."

"그게 내가 너에게 주는 꽃다발이다."

세상에, 가로수를 꽃다발로 받은 여인이 된 것입니다. 선교사님은 그 가로수를 보면서 눈물을 흘렸습니다. 하나님이 주신 꽃다발은 다시 말해 "내가 있잖아"라는 뜻이었습니다.

선교사님은 봄, 가을이 될 때마다 황홀했다고 합니다. 온 세상이 하나님이 주신 꽃다발이었으니까요. 그렇게 하나님의 사랑으로 채워지자 선교사님은 수많은 사람을 살리는 사역을 하게 됩니다. 우리 하나님은 주셔도 너무 많이 주십니다. 주체할 수 없을 정도로 우리에게 부어 주십니다. 그 하나님이 우리의 아버지라는 사실이 감사하지 않습니까?

사람들이 세상에서 받는 사랑과는 비교가 안 되는 사랑이 우리에게 있습니다. 그 사랑이 이미 우리의 심령에 와 있습니다. 그것이 충만하지 못하니까 문제인 것입니다. 하나님은 우리에게 그 사랑이 충만하기를 원하십니다. 하나님이 우리에게 그 부흥을 열어 주시기를 원합니다. 단지 믿음이 있고 사랑이 있는 정도가 아니라, 믿음의 충만과 사랑의 충만이 있기를 원합니다.

세상을 뒤집는 사랑

최근에 한국 컴패션의 서정인 목사님이 《고맙다》규장, 2013 라는 책을 출

간하셨는데, 추천사를 써 달라는 부탁이 와서 먼저 원고를 읽어 보았습니다. 너무 감동적인 일화가 많았는데, 그중 하나를 나누고 싶습니다.

어느 날 병원에서 목사님에게 연락이 왔습니다. 백혈병을 앓던 여자아이가 있는데 골수 이식을 해 줄 수 있느냐는 내용이었습니다. 이미 그 전에 혈액 등록을 해서 골수 이식을 하겠다고 신청해 놓았기에 목사님의 골수가 맞는 것을 확인하고 연락한 것입니다. 그래서 목사님은 골수이식 수술을 했습니다. 전신 마취를 하고 척추에 구멍을 뚫고 거기서 골수를 뽑아내는 수술을 하는 과정 중에 그만 잘못되어서 의료 사고가 일어났습니다. 목사님은 생명이 위독할 정도로 어려움을 겪었습니다. 다행히 그 아이는 회복되었습니다.

그런데 5개월 뒤에 병원에서 또 연락이 왔습니다. 그 아이의 백혈병이 다시 재발했다는 것입니다. 그런데 이제는 목사님만 골수 이식을 해 줄 수가 있었습니다. 한번 골수 이식을 했기 때문에 다른 사람은 이식할 수 없는 것입니다. 병원에서는 다시 골수이식 수술을 했을 경우 회복될 확률이 1%도 안 된다면서 거절하셔도 괜찮다고 했습니다. 아내도, 친척인 의사도 목사님에게 수술하지 말라고 했습니다. 목사님이 주변 사람들에게 이야기할 때마다 사람들은 "목사님, 이제 충분해요. 더는 가능성이 없어요. 괜히 고생하시는 거예요" 하며 말렸습니다. 그래서 목사님은 병원에 못하겠다고 연락했습니다.

그러나 어린이 구제 사역을 하는 목사님으로서는 마음이 편치가 않았습니다. 그래서 만나는 사람들마다 이 아이의 이야기를 했습니다. 수술을 안 해도 된다는 것을 확인하려는 것이었습니다. 그러면 사람들마다 다 안 해도 된다고 했습니다.

"목사님, 그것까지 하실 필요 없어요. 목사님은 최선을 다하셨어요. 이제는 목사님 책임이 아니에요."

그러다가 에콰도르에 비전 트립을 가게 됐는데, 거기서 한 장로님을 만나게 됐습니다. 그래서 또 그 이야기를 했습니다. 목사님은 설명을 쭉 드리고 골수이식 수술을 해 달라는데 어떻게 해야 할지 모르겠다고 했습니다. 그런데 장로님이 "아휴, 그 정도 하셨으면 충분하네요" 하고 나와야 하는데, "목사님, 해 드리세요" 하는 것입니다. 목사님은 그만 가슴이 철렁 내려앉았습니다. "아니, 장로님! 제가 해야 하나요?" 그러자 장로님은 이렇게 얘기하셨습니다.

"저의 큰아이가 백혈병으로 세상을 떠났습니다. 그 아이 부모의 심정은 말할 수 없이 힘들 겁니다. 목사님이 골수 이식을 해 주시면 살고 죽고를 떠나서, 그 아이와 부모에게는 하나님의 사랑을 전하는 기회가 되지 않겠습니까?"

목사님은 그 말을 듣고 호텔로 돌아와서 기도하는데 가슴이 너무 답답했습니다. 그때 하나님이 목사님에게 말씀을 주셨습니다.

"만약 그 여자아이가 네 친딸이었다면 너는 그 아이를 포기할 수 있겠니? 설사 1%의 가능성밖에 없다고 해도 말이야."

망치로 머리를 한 대 맞는 기분이었습니다. '아, 그 아이가 내 딸이었다고 생각하면 내가 이럴 수 있나.' 그런데 하나님이 또 말씀하시는 것입니다.

"그 아이는 내 것이다."

결국 목사님은 더 이상 못하겠다는 말을 못하고 병원에 연락해서 골수 이식을 하겠다고 했습니다. 그리고 아이의 부모님에게 편지를 썼습니다. 괜히 아이의 부모님과 병원 쪽에서 '목사님이 훌륭해서 이렇게까지 희생적으로 사랑하시는구나' 하고 받아들일까 봐, 그게 아니라는 것을 알리기 위해서 쓴 것입니다. 목사님은 "부끄러운 목사"라는 제목으로, 지금까지 있었던 이야기를 솔직하게 다 썼습니다.

"너무 힘들고 하기 싫어서 안 해도 된다는 확인을 사람들에게 받았습니다. 그런데 마지막에 어느 장로님으로부터 해 주라는 이야기를 듣고 기도하는데 하나님이 네 딸이라면 그렇게 했겠느냐고 말씀하셨습니다. 저는 그 말에 충격을 받았습니다. 하나님은 그 아이는 내 것이라고 말씀하셨습니다. 그래서 할 수 없이 골수이식 수술을 하려고 합니다."

한국에 와서 수술 준비를 하는데, 아이의 어머니에게서 답장이 왔습니다. 다섯 장의 긴 편지였습니다. 편지마다 눈물 자국이 범벅이었습니다. 편지의 내용은 이러했습니다.

"한 번도 아니고 두 번이나 골수이식 수술을 해 주셔서 감사합니다. 딸애가 무균실에서 너무 고통스러워하고 있어서 감사의 편지를 쓸 겨를도 없었습니다. 저는 목사님이 얘기하시는 예수님이 누군지는 모르지만 매달리겠습니다. 기도하겠습니다."

그리고 그 아이는 살아났습니다. 지금도 건강하게 잘 자라고 있습니다. 그리고 아이의 가족이 다 교회에 다니게 됐고, 아이의 아버지는 다른 아이에게 골수이식 수술을 해 주었다고 합니다.

저는 이 내용을 읽으면서 '하나님이 목사님에게 한국 컴패션을 맡기시는 이유가 여기에 있구나' 싶었습니다. 목사님도 처음 컴패션을 맡았을 때는 사랑하는 게 얼마나 힘들었는지 몰랐다고 합니다. 어떻게 해서든지 하나님의 말씀을 외면하려고 했지만, 결국 하나님은 목사님이 사랑하는 법을 배우게 하셨습니다. 오늘날 전 세계의 수많은 아이들이 컴패션을 통해서 살아나고 있습니다. 식량이나 의약품 때문이 아니라 사랑을 통해 날마다 기적을 만들어 가고 있습니다. 하나님은 우리에게도 똑같이 사랑을 배우라고 하십니다. 그러려면 우리에게 한 가지 필요한 게 있습니다. 우리가 주님의 역사를 외면하지 않는 것입니다. 우리가 주님을 바라보는 일을 건성으로 하지 않는 것입니다. 하나님이 아무리 우리에게 부흥을 주시려고 해도, 우리가 주님을 바라보지 않으면 아무것도 이뤄질 수가 없습니다.

오순절 마가의 다락방에서 120명의 제자들이 열흘 동안 전심으로 기도하다가 성령을 받았습니다. 우리도 삶의 현장에서 주님을 바라봅시다. 하나님이 우리 가운데서 역사하시도록, 우리 힘으로는 할 수 없는 한계를 주님이 깨 주시도록, 부인할 수 없는 주님의 임재를 우리가 느낄 수 있도록 사모하며 주님께 나아가십시다. 하나님이 우리에게 반드시 응답하실 것을 믿습니다. 우리를 통해 이 세상을 사랑으로 뒤집으실 줄 믿습니다.

요한일서 4:1-6

¹ 사랑하는 여러분, 어느 영이든지 다 믿지 말고, 그 영들이 하나님에게서 났는가를 시험하여 보십시오. 거짓 예언자가 세상에 많이 나타났기 때문입니다. ² 여러분은 하나님의 영을 이것으로 알 수 있습니다. 곧 예수 그리스도께서 육신을 입고 오셨음을 시인하는 영은 다 하나님에게서 난 영입니다. ³ 그러나 예수를 시인하지 않는 영은 다 하나님에게서 나지 않은 영입니다. 그것은 그리스도의 적대자의 영입니다. 여러분은 그 영이 올 것이라는 말을 들었습니다. 그런데 그 영이 세상에 벌써 와 있습니다. ⁴ 자녀 된 이 여러분, 여러분은 하나님에게서 난 사람들이며, 여러분은 그 거짓 예언자들을 이겼습니다. 여러분 안에 계신 분이 세상에 있는 자보다 크시기 때문입니다. ⁵ 그들은 세상에서 났습니다. 그런 까닭에 그들은 세상에 속한 것을 말하고, 세상은 그들의 말을 듣습니다. ⁶ 우리는 하나님에게서 났습니다. 하나님을 아는 사람은 우리의 말을 듣고, 하나님에게서 나지 아니한 사람은 우리의 말을 듣지 아니합니다. 이것으로 우리는 진리의 영과 미혹의 영을 알아봅니다.

유기성 목사님의 〈요한일서〉 강해 9강을 볼 수 있습니다.

CHAPTER 09

우리가 믿는 분은
살아 계신 주입니다

예수를 믿을 때 우리에게 엄청난 일이 벌어집니다. 생명이 바뀌는 것입니다. 예수를 영접하는 순간, 더 이상 우리는 세상에서 난 자가 아니라 하나님에게서 난 자가 됩니다. 이 사실을 믿는 것이 예수가 그리스도임을 믿는 것이고, 예수님의 성육신을 믿는 것입니다.

영을 분별하는 기준

사도 요한이 요한일서를 기록한 목적은, 아무리 힘든 상황에서도 예수 믿는 성도에게는 충만한 기쁨이 있다는 것을 증거하기 위해서였습니다.

"우리가 이 글을 쓰는 것은 우리 서로의 기쁨이 차고 넘치게 하려는 것입니다" 요일 1:4.

이것은 정말 놀라운 일입니다. 요한일서를 쓴 당시에는 대단한 핍박이 있던 때였습니다. 그런데도 예수를 믿는 성도에게는 기쁨이 충만하다는 것을 증거하고 있습니다. 요한 사도가 말한 것이 우리에게도 그대로 이루어지는지를 잘 지켜보면서 말씀을 읽길 바랍니다. 그래야 말씀의 진정한 축복을 경험할 수 있습니다.

세상에서 어려운 일이 생기고 핍박이 올 때 어떻게 하면 충만한 기쁨을 누릴 수 있을까요? 그 핵심은 예수님입니다. 예수님이 살아 계시고, 우리와 함께하시고, 우리의 생명이 되시니까 그 예수님과 친밀하게 교제하고 살 때, 환란이 와도 우리 안에 충만한 기쁨이 있는 것입니다.

요한 사도가 말하려는 또 하나의 핵심은 바로 살아 계신 주님과의 친밀한 교제입니다. 이렇게 예수님과 친밀하게 교제하면 죄짓던 옛 생활을 다 청산하고, 의로운 삶을 살게 됩니다. 예수님이 자신과 함께 계시는 것을 아는데 어떻게 죄짓고 살겠습니까? 사랑의 주님이 함께 계시니, 이제는 다투고 욕심내고 싸우지 않고 사랑만 하며 살게 되는 것입니다.

이렇게 의롭게 살고 사랑만 하며 사는 것을 보면서 하나님의 자녀인지, 마귀의 자녀인지를 구분할 수 있습니다. 아무리 교회에 다니고 예수를 잘 믿는다고 해도 불법을 행하고 미워하고 원수를 사랑하지 못하면 하나님의 자녀가 아닙니다. 마귀의 자녀인 것입니다. 이것은 대단히 중요한 분별 기준입니다.

요한 사도는 모든 영을 믿지 말고 반드시 점검하라고 합니다. 겉으로는 예수를 잘 믿고, 귀로 듣기에 솔깃한 교훈과 진리를 말하고, 예언을 받았다고 말하는 이들의 영이 어디서부터 왔는지 확인하라는 것입니다. 요한 사도는 적그리스도가 교회에서부터 나왔다고 말합니다. 이단이나 타종교가 아닌 같은 교인이었던 자라는 것입니다. 믿음이 좋은 사람인 줄 알았는데 나중에 보니까 적그리스도였다는 것입니다. 그러므로 어떤 말을 듣든지, 이 영이 어디서부터 온 것인지를 분별해야 합니다.

> "사랑하는 여러분, 어느 영이든지 다 믿지 말고, 그 영들이 하나님에 게서 났는가를 시험하여 보십시오. 거짓 예언자가 세상에 많이 나타 났기 때문입니다" 요일 4:1.

영을 분별하는 기준은 예수님의 성육신을 믿느냐 하는 것입니다. 예수님이 육체로 나셨다는 것을, 참 하나님이 참 사람이 되셨다는 것을 믿으면 하나님에게서 온 영이고 믿지 않으면 하나님과 상관없는 영입니다.

> "여러분은 하나님의 영을 이것으로 알 수 있습니다. 곧 예수 그리스 도께서 육신을 입고 오셨음을 시인하는 영은 다 하나님에게서 난 영 입니다" 요일 4:2.

"예수님이 하나님이신데 육체를 입고 오셨다."

이 성육신에 대한 믿음의 여부가 우리의 신앙생활에 미치는 영향은 엄청납니다. 마귀는 우리가 예수님의 속죄의 복음을 알지 못하고 믿지 못하게 하려고 발악합니다. 예수님의 속죄를 믿지 못하게 하는 키가 바로 성육신입니다. 하나님이 사람이 되셨다는 것이 안 믿어지면 십자가가 아무 의미가 없고, 예수님의 부활도, 우리의 구원도, 우리의 속죄함도 사라져 버리게 됩니다.

초대 교회 때 예수님은 성육신하신 게 아니라고 주장하는 이들이 있었습니다. 그 사람들을 영지주의자라고 하는데, 이들 때문에 초대 교회 자체가 무너질 뻔했던 무서운 이단입니다. 그들은 다 예수를 믿는다고 하는 교인들이었습니다. 그런데도 그들은 예수님이 성육신하신 것을 믿지 않았습니다. 영지주의자들은 사람은 영과 육으로 되어 있다고 생각했습니다. 그래서 육은 기대할 것이 없고 영은 반드시 구원받아야 한다고 했습니다. 그래서 예수를 믿으면 구원받고 영원히 살지만, 육신은 어떻게 살든 이 세상에서 죽으면 끝난다고 했습니다. 하나님은 거룩한 영이신데, 이렇게 죄덩어리인 육신을 입고 오셨다는 것은 말도 안 된다는 것입니다.

영지주의자들은 예수님을 귀한 분으로만 생각했습니다. 그들에게 예수님은 인간일 뿐이었습니다. 하나님의 영이 예수라고 하는 한 사람을 택해서 그 속에 들어가신 것은 사실이지만, 예수님과 하나가 되신 것은 아니라고 생각했습니다. 인간 예수 속에는 하나님의 영도 있고, 인간 예수도 있다는 것입니다. 예수님이 천국 복음을 전하시고 기적을 행하신 것은 다 하나님의 성령으로 된 것이지만, 예수님이 십자가에서 죽으실 때 하나님의 성령은 떠나가셨다고 생각했습니다. 하나님은 죽으실 수가 없기 때문입니다. 인간 예수만 죽은 것이라고 믿는 게 그들의 신앙입니다.

이런 식의 논리가 초대 교회에 굉장히 강하게 퍼졌습니다. "아, 영혼과 육신이 별개인 것이구나. 영혼은 중요한 것이고 육신은 살아 보니까 어쩔 수 없이 죄짓는 몸이니 영혼 구원만 받으면 되는구나. 육신은 어차피 버림 받을 것이니 아무렇게나 살아도 상관없다." 이것이 구원의 복음인 줄 알았습니다. 요한 사도는 이것이 얼마나 무서운 사상인지를 말하고 있는 것입니다.

예수님이 참 하나님이면서 참 사람이지 않았다면 십자가는 완전히 쇼일 것입니다. 인간 예수가 죽은 것이 왜 우리에게 구원이 됩니까? 하나님이신 분이 사람이 되셔서 죄 없는 몸으로 죽으셨으니 우리의 속죄주가 되신 것입니다. 그런데 하나님은 떠나시고, 사람이 죽었다면 우리의 속죄 주가 되실 수 없습니다. 하나님이 그리스도이니까 부활하신 것이지, 인간 예수가 어떻게 부활을 할 수 있겠습니까? 부활도 없는 것이죠. 예수님이 지금 우리에게 오셔서 우리와 함께하시고, 우리와 온전히 하나가 되어 주시고, 우리가 예수님의 생명으로 살게 되는 역사도 없는 것입니다. 성육신 자체가 가짜인데, 예수님이 내 몸 안에 오셔서 나와 한 몸이 되신다는 것은 있을 수도 없습니다. 예수님으로 사는 것이 안 되니 죄 안 짓고 사는 것도 안 되고, 사랑만 하며 사는 것도 불가능하죠. 성육신 하나를 안 믿으면 예수님이 그리스도라는 것도 말이 안 되고, 예수님이 우리와 하나가 되셨다는 것도 말이 안 되고, 하나님 뜻대로 사는 것도 불가능합니다. 그러니 정말 초대 교회에 대위기였던 것입니다.

지금 우리는 다 성육신을 믿는다고 하고, 예수님이 그리스도임을 믿는다고 합니다. 그런데 이것이 문제입니다. 초대 교회 때는 예수님이 그리스도라는 것을 안 믿는 사람들은 안 믿는다고 했습니다. 예수님이 성육신하신 게 안 믿어지는 사람들은 안 믿어진다고 했습니다. 그래서 이 사람들은 하나님께로부터 온 사람들이 아니라는 것을, 하나님의 영으로 신앙생활을 하는 사람들이 아니라는 것을 구분할 수가 있었습니다. 본인의 고백이 분명하니까요. 그런데 지금은 다 믿는다고 합니다. 예수 그리스도를 모르는 사람이 없습니다. 하도 많이 들어서 무슨 말인지도 모르고 그냥 예수 그리스도라고 합니다. 그래서 지금은 정말 하나님의 영으로 신앙생활하는 사람인지 아닌지 분별하기가 어렵습니다. 예수님이 그리스도인 것을 믿느냐고 하면 다 "아멘" 하기 때문입니다. 그러나 정확하게 알고 "아멘"을 해야 합니다. 그래야 자신의 믿음을 정확히 분별할 수가 있습니다. 지금도 영지주의자들의 교훈을 따라서 신앙생활을 하는 사람들이 너무 많습니다.

"그러나 예수를 시인하지 않는 영은 다 하나님에게서 나지 않은 영입니다. 그것은 그리스도의 적대자의 영입니다. 여러분은 그 영이 올 것이라는 말을 들었습니다. 그런데 그 영이 세상에 벌써 와 있습니다"요일 4:3.

예수님을 시인하지 않는 영은 예수님의 말씀 한마디로 분별됩니다.

"내 안에 거하라 나도 너희 안에 거하리라 가지가 포도나무에 붙어 있지 아니하면 스스로 열매를 맺을 수 없음같이 너희도 내 안에 있지 아니하면 그러하리라 나는 포도나무요 너희는 가지라 그가 내 안에, 내가 그 안에 거하면 사람이 열매를 많이 맺나니 나를 떠나서는 너희가 아무것도 할 수 없음이라 사람이 내 안에 거하지 아니하면 가지처럼 밖에 버려져 마르나니 사람들이 그것을 모아다가 불에 던져 사르느니라"요 15:4-6, 개역개정.

여러분이 정말 성육신을 믿는지, 예수님이 그리스도라는 사실을 믿는지 아닌지는 여러분의 삶이 오늘 예수님이 말씀하시고 계신 삶을 살아가고 있는지에 따라 달라집니다. 분명 예수님은 포도나무시고 여러분은 가지입니까? 여러분은 정말 그렇게 살아가고 있습니까? 여러분이 예수님 안에 거하고 예수님이 여러분 안에 거하셔서, 예수님과 여러분이 하나가 되어서, 여러분을 통해 예수님의 열매가 많이 맺어지고 있습니까? 그렇다면 예수님을 그리스도라고 고백하는 것입니다.

그런데 그렇지도 않으면서 "예수님은 포도나무고 나는 가지다"라고 하니, 도대체 자신이 없는 것입니다. 우리가 예수님 안에 거하고 예수님이 우리 안에 거하시는 게 맞는지 자신이 없습니다. 말씀은 좋은데 그것이 내 말씀인지는 확신이 안 섭니다. 그런데도 예수님은 성육신하셨다고 말합니다. 이것은 완전히 교리 지식이지 진짜 믿음은 아닙니다. 그런데 우리는 하도 많이 듣고 배워서, 그렇게 믿어야 한다고 하니까 입으로만 고백하는 것입니다. 그러고는 자신이 믿는 줄로 생각하는 것입니다. 그러니 더 혼란스러운 것입니다.

우리가 예수님의 성육신을 믿고, 예수님과 온전히 연합되어 살 때 비로소 우리는 그리스도인이 됩니다. 정말 그렇게 믿는지는 말이 아니라, 삶을 보고 아는 것입니다.

지금 한국 교회는 완전히 형식적인 신앙에 물들어 버렸습니다. 형식적인 신앙이 무서운 것은, 형식적으로만 믿으면 진짜 믿는 것인 줄 착각하기 때문입니다. 들어서 아는 게 진짜 믿는 것인 줄 착각해서 자신도 속고 남도 속이고 사는 것입니다. 다들 "예수 그리스도" 하니까 그런 줄로 생각하는 것입니다. 입으로만 예수 그리스도지, 실제로 그 사람에게는 예수가 그리스도가 아닙니다. 삶을 보니까 아닌 것입니다. 예수님이 그리스도라면 예수님이 생명이고 주님이고 왕이신데, 예수님과 그 사람은 포도나무와 가지처럼 한 몸인데 어떻게 삶이 그럴 수 있느냐 말입니다.

"여러분 안에 계신 분이 세상에 있는 자보다 크시기 때문입니다"
요일 4:4 .

예수님이 우리 마음에 오신 것은, 세상보다도 더 크신 분이 오신 것입니다. 이것을 진짜 믿는다면 세상 사람들처럼 살 사람이 어디 있겠습니까? 마음에 세상보다 크신 분이 오셨는데 누가 두려우며 무엇이 염려됩니까? 세상보다 크신 주님을 마음에 모시고 사는 사람이라면, 세상에 나가 살 때 당연히 소금과 빛으로 삽니다. 그리고 세상 사람들도 압니다. 그러나 주일이면 교회에 와서 예배드려도 평일에는 세상에 나가서 세상 사람과 똑같이 산다면, 그에게 어떻게 예수가 그리스도가 될 수 있겠습니까?

미국의 어느 교회에서 예배당을 새로 마련했는데, 그 건물은 술집으로 쓰던 건물이었습니다. 술집 주인이 교회에다가 건물을 판 것입니다. 인테리어를 새로 하고 그곳에서 예배를 드리게 되었습니다. 술집 주인이 앵무새 한 마리를 길렀는데, 이 앵무새를 그냥 교회에 주고 갔습니다. 이 앵무새가 주일에 예배드리러 오는 교인들을 봅니다. 목사님이 들어오자 앵무새는 "새 주인이네. 새 주인이네" 합니다. 그 다음에 찬양대가 섰어요. 그러자 앵무새는 "새 팀이네. 새 팀이네" 합니다. 이제 교인이 예배드리러 들어오는데 앵무새가 이렇게 말합니다. "그 손님이네. 그 손님이네." 건물이 술집일 때 본 사람이 주일에 예배드리러 온 것입니다. 그리스도인들이 평일에는 세상 사람과 똑같이 살다가 주일에만 교회에 와서 예배드리는 것을 아주 잘 비유한 이야기입니다.

그런데 이 점에 대해서 나는 아니라고 말할 수 있는 분이 몇 분이나 될까요? 세상에서는 세상 사람처럼 살고, 교회에 와서는 예배드리는 척만 하는 것은 꼭 영지주의자들의 태도와 같습니다. 이런 믿음이 현재 교회 안에 확산된 것입니다. 이것은 사람들이 이해하고 받아들이기 쉬운 것입니다. "예수 믿고 영혼은 구원받았지만, 육신은 어쩔 수 없잖아. 세상 식대로 사는 거지 뭐. 교회 가서 회개하고 또 용서받으면 하나님도 이해하실 거야. 또 한 주 동안 세상에서 어쩔 수 없이 세상 식으로 사는 것이지." 영지주의자들에게는 이것이 마음 편합니다.

우리는 자신이 영지주의자라는 말은 안 하지만, 실제로는 영지주의자와 똑같이 살고 있습니다. 왜 이렇게 살까요? 자신이 예수님과 정말 하나가 됐다는 게 안 믿어지기 때문입니다. 예수님이 마음에 오셨지만 예수님 따로, 나 따로인 것입니다. 영지주의자들은 "인간 예수 안에 하나님의 영과 인간 예수가 따로 있다"고 주장했습니다. 우리도 이와 똑같이 생각하고 있지는 않습니까? "나는 예수님 믿어. 그러니 예수님이 내 마음에 오셨겠지. 그러나 나는 나고, 예수님은 예수님이야." 이런 믿음은 복음 안에 없습니다. 예수님을 영접했다는 말은 이제 예수님이 내 생명이 되신 것입니다. 예수님과 함께 죽고 예수님과 함께 사는 자가 된 것이 바로 성육신의 믿음입니다. 이 믿음이 우리의 삶 속에 그대로 이루어지는 것입니다

어느 목사님이 장로님들과 권사님들이 하도 싸우시기에 제 설교를 들어 보라고 권하셨다고 합니다. 용서도 하고 화해도 하고 사랑도 하라는 내용이 제 설교 중에 많이 나오니까요. 그리고 얼마 지나서 그분들을 만났더니 아주 제 팬이 됐다고 합니다. 설교가 은혜가 된다고, 너무 좋다고 하면서 스마트폰으로 설교를 듣기도 하고, 집회에 참석하기도 한다고 했습니다. 그런데 그분들은 여전히 싸운다고 합니다. 그래서 목사님이 제게 메일을 보내면서 이런 경우 어떻게 해야 하냐고 물으셨습니다. 저는 '아, 나는 여전히 능력이 없는 설교자구나' 하는 생각이 들었습니다. 설교를 통해 은혜 받은 것도 다 소용없었습니다. 말씀은 좋지만 자신에게는 적용이 안 되는 것입니다. 이럴 때는 어떻게 해야 할까요?

우리는 형식적인 신앙에 빠져 버리면 자신을 속이게 됩니다. 자신은 예수님을 잘 믿는 줄 압니다. 예수님의 성육신하심을 믿고, 예수님만이 그리스도이심을 믿지만, 주변 사람들은 내 삶이 어떠한지 다 압니다. 내 믿음이 그 믿음이 아닌 것을 압니다. 요한계시록을 보면, 주님은

에베소 교회를 향해 이렇게 말씀하십니다.

> "너를 책망할 것이 있나니 너의 처음 사랑을 버렸느니라 그러므로
> 어디서 떨어졌는지를 생각하고 회개하여 처음 행위를 가지라 만일
> 그리하지 아니하고 회개하지 아니하면 내가 네게 가서 네 촛대를 그
> 자리에서 옮기리라"계 2:4-5, 개역개정.

예수를 믿고 은혜 받았을 때 그 행위를 잃어버리면 안 된다는 것입니다. 주님은 지금 내 삶을, 내 행위를 보십니다. 요한계시록 3장에서 주님은 사데 교회에게 말씀하십니다.

> "내가 네 행위를 아노니 네가 살았다 하는 이름은 가졌으나 죽은 자
> 로다"계 3:1, 개역개정.

주님은 또 라오디게아 교회를 향하여 말씀하십니다.

> "내가 네 행위를 아노니 네가 차지도 아니하고 뜨겁지도 아니하도다
> 네가 차든지 뜨겁든지 하기를 원하노라 네가 이같이 미지근하여 뜨
> 겁지도 아니하고 차지도 아니하니 내 입에서 너를 토하여 버리리라
> 네가 말하기를 나는 부자라 부요하여 부족한 것이 없다 하나 네 곤
> 고한 것과 가련한 것과 가난한 것과 눈먼 것과 벌거벗은 것을 알지
> 못하는도다"계 3:15-17, 개역개정.

여러분, 무서운 미혹이 와 있습니다. 차라리 안 믿는다고 하면 바로 잡아 주면 됩니다. 성육신에 대해서, 예수가 그리스도라는 것에 대해서 가르치면 됩니다. 그러나 믿는다는데 어떻게 하겠습니까? 다 믿는 줄 알고 넘어갑니다. 실제로는, 삶으로는 안 믿는데 말입니다. 초대 교회 당시보다 지금이 영적으로 더 어려운 때입니다. 아주 무서운 때입니다. 마귀가 얼마나 간교한지 모릅니다.

삶을 바꾸는 은혜

윌리엄 로William Law가 쓴《경건한 삶을 위한 부르심》크리스챤다이제스트, 2011을 보면, 세상에서 가장 훌륭한 성도는 기도를 많이 하거나 금식을 많이 하거나 구제를 많이 하는 성도가 아니라, 항상 하나님께 감사하고 하나님을 찬양하는 성도라고 했습니다. 그러나 어떤 성도는 "목사님, 예수를 믿지만 이제는 기쁨도 없고 감격도 없습니다"라고 쉽게 말해 버립니다. 예수를 안 믿는 것입니다. 스스로는 예수를 믿는다고 생각하지만, 자신의 삶을 잘 들여다봐야 합니다. 감격도 없고 기쁨도 없는데, 어떻게 예수를 믿는다고 말합니까? 마음이 식어 버린 것입니다. 예수님을 붙잡은 손을 어디선가 놓아 버린 것입니다. 주님과의 관계에 문제가 생긴 것입니다. 그것을 찾아내야 합니다. 그런데 "예수를 믿는데도 안 되는데 어떻게 하느냐?"고 나오면, 이 사람은 그렇게 영원히 헤매는 것입니다. "예수를 10년, 20년씩 믿어도 왜 이렇게 시험이 많고, 왜 이렇게 상처가 많고, 왜 이렇게 낙심이 됩니까?"라고 한다면 생명에 문제가 있는 것입니다. 그분에게는 예수님이 생명이 아닙니다.

4절에 "여러분은 하나님에게서 난 사람들이며"라고 했습니다. 6절에서는 "우리는 하나님에게서 났습니다"라고 했습니다. 여러분, 사람이 다 똑같지 않습니다. 세상에서 난 사람이 있고, 하나님에게서 난 사람이 있습니다. 그래서 세상 사람이라고 하고 하나님의 자녀라고 하는 것입니다. 우리가 세상에 나가서 사람들을 만나면 다 대한민국 사람이죠. 우리도 예수 믿기 전에는 다 그들처럼 그렇게 살았습니다. 그런데 어떻게 그 사람들은 세상에서 낳았고 우리는 하나님에게서 낳았다고 말합니까?

예수를 믿을 때 우리에게 엄청난 일이 벌어진 것입니다. 생명이 바뀌어 버린 것입니다. 예수를 영접하는 순간에 나는 더 이상 세상에서 난 사람이 아니고 하나님에게서 난 사람인 것입니다. 우리가 예수를 믿고 난 다음에 하나님에게서 난 사람이 되어 버렸습니다. 그래서 우리가 예수 믿는 것을 "나는 죽고 예수로 산다"고 말하는 것입니다. 엄청난 역사가 일어난 거예요. 나는 죽었습니다. 세례 받을 때 장례식을 치렀습니다. 그리고 이제는 예수님의 생명으로 사는 자가 되었습니다. 이 사실을 진짜 믿으면 예수가 그리스도라는 것을 믿는 것이고, 예수님의 성육신도 믿는 것입니다.

그런데도 나는 죽었다는 게 안 믿어집니까? 진짜 죽고 난 다음에야 죽은 줄 알겠습니까? 왜 육신이 죽기 전에 이 믿음을 못 취하느냐 말입니다. 주님은 이미 은혜를 주셨는데, 예수님과 함께 죽는 은혜를 이미 주셨는데, 왜 그 은혜를 붙잡지 못하느냐는 말입니다.

'나는 이제부터 죽었다'는 것을 믿기로 작정하면, 가족을 대할 때 예수님의 생명으로, 예수님의 사랑으로 대하는 것입니다. 이것은 가정생활에 엄청난 변화를 가져옵니다. 예수님과 함께 죽었고, 새 생명을 얻었다는 사실을 진짜 믿으면 모두가 바뀝니다. 직장에서 동료들을 만나도 예수님의 생명으로, 예수님의 사랑으로 만나는 것입니다. 길거리에서 사람과 스치고 지나가도 그들은 예수님을 만난 것입니다. 여러분이 이미 예수님과 함께 죽고 예수님으로 사는 사람이니까요.

제가 신년 집회 때 하나님께 기도하는 중에 주님이 주신 말씀은 "한 해 더 사는 것이다"였습니다. 이 사실을 진짜 믿으면, 먹고사는 걱정을 왜 하겠습니까? 한 해 더 사는 것인데, 왜 미워하고 싸웁니까? 하나님이 우리에게 주신 것은 '한 해 더' 축복입니다. 우리의 삶 전체가 바뀌는 것입니다. 예수님으로 사는 것입니다. 이제부터는 "나를 죽여 주세요"라고 기도하지 말고, "나는 죽었습니다"라고 기도하세요. 그리고 무슨 일이 벌어지는지 보세요. 여러분에게 성육신이 일어날 것입니다. 그리고 알게 됩니다. "아, 예수님은 하나님이시고 사람이실 수밖에 없구나. 내게 이런 일이 벌어지니, 예수님으로 사는 일이 벌어지니 말이야."

새벽 기도를 안 해서, 철야 기도를 안 해서, 금식 기도를 안 해서 시험이 오고 방황하고 무너지는 것이 아닙니다. 근본적으로 생명이 안 바뀐 것입니다. 마귀에게 사로잡히고 세상에 사로잡혀 살면서 기도를 많이 한다고 해결되겠습니까? 예수님의 생명으로 사는 자가 되어야 그 다음에 기도도 있고, 순종도 있고, 역사도 있는 것이죠.

새해 결심을 해도 보통 일주일을 못 갑니다. 다 경험해 보셨잖아요.

그래서 인생을 좀 오래 사신 분들은 새해 결심을 안 합니다. 결심해 봐야 며칠 못 가서 또 원위치로 돌아오니까요. 새 결심이 왜 안 지켜지나요? 우리에게 충격이 없기 때문입니다. 우리의 습관은 어지간해서는 못 바꿉니다. 어지간한 충격이 아니면 내 습관을 못 바꿉니다. 그저 기도 몇 번 했다고 그 습관이 바뀌지 않습니다. 결심했다고 되는 것이 아닙니다. 그렇다고 안 바뀌는 것도 아닙니다. 예를 들어 폐암에 걸리면 담배를 끊습니다. 간암에 걸리면 술을 끊습니다. 워낙 충격이 크니까 그렇게 못 끊는다고 했던 술, 담배를 끊습니다.

우리에게는 폐암, 간암하고는 비교도 안 되는 큰 충격이 와 있습니다. 예수님과 함께 우리가 죽었다는 것입니다. 이보다 더 큰 충격이 어디 있습니까? 이렇게 숨이 계속 쉬어지는데도 죽었다는데, 세상보다 크신 예수님이 우리에게 오셔서 우리 생명이 되셨다는데, 이보다 더 큰 충격이 어디 있습니까? 이것을 교리로만 듣고, 그냥 사람의 지식으로만 듣고, 말로만 들으니 하나님이 그 엄청난 역사를 우리에게 주셨는데도 우리 인생이 안 바뀌는 것입니다.

그런데 이 사실을 진짜 믿기로 작정하면, 우리의 인생이 다 바뀝니다. 주님이 다 바꿔 놓으십니다. 우리는 예수님과 함께 죽었고, 세상보다 크신 예수님이 우리 안에 오셨다는 믿음 하나로 바뀝니다. 우리가 죽었는데 마귀가 어떻게 역사합니까? 우리 자아가 죽어 버렸는데 마귀가 우리를 어떻게 뒤집어 놓으며, 우리를 어떻게 낙심시키며, 우리를 어떻게 유혹합니까?

"나는 죽었습니다." 이 고백이 얼마나 놀라운 역사인 줄 아십니까?

순회선교단에서 하는 복음학교에 다녀오신 어느 성도의 간증입니다. 이분은 평소에 직장에서 성실하고 가정적이고 교회도 열심히 다니던 분이었습니다. 남의 돈을 훔친 적도 없고, 다른 여자를 탐한 적도 없고, 아들에게도 언제나 자신이 있었습니다. "우리가 네 할머니에게 하는 것 그대로 네 어머니에게 해"라고 당당하게 이야기할 정도로 자신이 있었습니다.

그런데 어느 날 아내와 아들이 복음학교라는 곳을 다녀왔습니다. 그리고 하나밖에 없는 아들이 갑자기 선교사가 되겠다면서 허락해 달라고 했습니다. 대학원을 졸업하고 이제 미국 유학을 준비하는 아들이 선교사가 되겠다고 하면, "잘했다. 네가 그렇게 해 주기를 바랐어. 정말 훌륭하구나"라고 해야 믿음 좋은 아버지잖아요. 그런데 그 말을 듣는 순간에 막 혀가 꼬이면서 "꼭 지금 가야 하니? 꼭 네가 가야 하니?"라고 한 것입니다. 자신이 생각해도 이것은 믿음의 말이 아닌 것 같은데 달리 무슨 말을 해야 할지 모르겠고, 영 헤매는 것입니다. 자신이 진짜 믿음 좋은 아버지였다고 말할 자신이 없더라는 것입니다. 아내가 더 펄쩍 뛸 줄 알았습니다. 그런데 오히려 아내가 아들 편을 드는 것입니다. 더 난감한 것은 아내와 아들이 툭하면 자기가 죽었다고 말하는 것입니다. 뭐가 죽었는지 이해가 안 되었는데, 하여튼 계속 "나는 죽었다. 그래서 나는 살아 있다"고 말하는 것입니다.

살아 있는 사람이 죽은 시체들 옆에서 지내는 것이 너무 힘들었습니다. 그래서 머리를 굴려서 어떻게 해서든지 죽은 아내와 아들을 살려내려고 애썼는데, 이게 마음대로 안 되는 것입니다. 그러다가 '내가 그동안 잘 믿는다고 했던 것이 다 가짜가 아니었나? 아내와 아들이 믿는 게 진짜가 아닐까?' 하는 생각이 들었습니다. '아내가 다녀왔다는 복음 학교가 도대체 뭐지? 나도 그곳에 갔다 오면 답을 얻지 않을까?' 그래서 복음학교에 신청을 했습니다. 그리고 아내에게 물었습니다. "어떻게 하면 잘 갔다 오는 거지? 5박 6일 동안 들어가 있어야 한다는데, 어떻게 하면 그곳에서 잘 지낼 수 있어?" 그러자 아내는 밥 많이 먹고 시키는 대로 하면 된다고 했습니다. 아무런 도움이 안 되어서 또 아내에게 물었습니다. "나는 몸이 아파서 군대도 안 갔다 왔잖아. 사람들하고 합숙하는 거, 먹고 자고 같이 지내는 거 정말 힘든데. 5박 6일 동안 그렇게 살다 보면 죽을지도 몰라." 그랬더니 아내는 기다렸다는 듯이 "확실하게 죽으세요" 하는 것이었습니다. 그때는 그 말이 진짜 섭섭했다고 합니다.

그때까지만 해도 이분은 하나님을 믿는다고는 하지만, 세상 속에서 하나님의 말씀대로 살 수 있다고는 생각하지 못했습니다. 믿음 따로, 삶 따로의 모순된 신앙생활을 하고 있으면서 자신은 나름대로 잘 믿는다고 생각한 것입니다. 그런데 복음학교에 가서 그동안 교리로 알고 지식으로 알던 예수님의 보혈, 예수님의 죽음의 놀라운 비밀을 비로소 깨달았습니다. 십자가에서 '내가 죽고 예수님과 연합되었다'는 놀라운 진리를 비로소 가슴으로 받아들이게 된 것입니다.

> "내가 그리스도와 함께 십자가에 못 박혔나니 그런즉 이제는 내가
> 산 것이 아니요 오직 내 안에 그리스도께서 사신 것이라 이제 내가

육체 가운데 사는 것은 나를 사랑하사 나를 위하여 자기 몸을 버리신 하나님의 아들을 믿는 믿음 안에서 사는 것이라"^{갈 2:20, 개역한글}.

이 말씀이 이해가 되고, 이 말씀이 믿어지고, 이 말씀을 사모하게 되고, 이 말씀을 고백하게 되었습니다. 죽은 척하는 게 아니고 진짜 죽은 것입니다. 새 생명을 얻은 기쁨을 찬양하게 되는 것입니다. 이렇게 그분은 십자가를 통과했습니다. 그리고 집으로 돌아와서 아들을 만났습니다.

"아들아, 네가 선교사로 가겠다고 처음 말했을 때, 이 아버지가 기쁜 마음으로 대답해 주지 못해서 정말 미안하다. 하나님이 너를 도와주시겠지만, 나도 너의 후원자가 되어 줄게. 너 정말 훌륭하다." 이렇게 말하며 아들을 안아 주었습니다. 진심으로 그렇게 한 것입니다. 그분은 이렇게 고백했습니다.

"주님이 다시 오시는 그날까지 선교사님들을 돕는 자가 되든지, 아니면 제 아내와 더불어 선교사가 되어 주님이 보내시는 곳으로 가겠습니다. 이 세상 땅끝에서 죽어 하늘 한복판에서 주님 만나기를 기대하는 삶을 살겠습니다."

생명이 바뀌는 일은, 우리 모두를 향한 하나님의 계획입니다. 생명이 바뀌는 것이 예수 믿는 삶입니다. 예수님의 생명이 우리 생명이 되어 버리는 것입니다. 이것이 성육신입니다. 주님이 우리 생명이 되셨습니다. 지금도 주님은 우리 안에서 살아 계신 주님입니다. 우리가 살아 있는 믿음을 붙잡으면, 주님은 이제 자신을 통해서 많은 사람들에게 살아 계신 주님이 되십니다.

예수님과 우리는 이렇게 한 몸입니다. 살아 계신 주님은 이렇게 우리와 함께 계시고, 우리를 통해 일하시는 분입니다. 이 사실을 정말 믿어야 합니다.

요한일서 4:7-16

7 사랑하는 여러분, 서로 사랑합시다. 사랑은 하나님에게서 난 것입니다. 사랑하는 사람은 다 하나님에게서 났고, 하나님을 압니다. 8 사랑하지 않는 사람은 하나님을 알지 못합니다. 하나님은 사랑이시기 때문입니다. 9 하나님의 사랑이 우리에게 이렇게 드러났으니, 곧 하나님이 자기 외아들을 세상에 보내 주셔서 우리로 하여금 그로 말미암아 살게 해 주신 것입니다. 10 사랑은 이 사실에 있으니, 곧 우리가 하나님을 사랑한 것이 아니라, 하나님이 우리를 사랑하셔서, 자기 아들을 보내어 우리의 죄를 위하여 화목 제물이 되게 하신 것입니다. 11 사랑하는 여러분, 하나님께서 이렇게까지 우리를 사랑하셨으니, 우리도 서로 사랑해야 합니다. 12 지금까지 하나님을 본 사람은 없습니다. 그러나 우리가 서로 사랑하면, 하나님이 우리 가운데 계시고, 또 하나님의 사랑이 우리 가운데서 완성된 것입니다. 13 하나님이 우리에게 자기 영을 나누어 주셨습니다. 이것으로 우리가 하나님 안에 있고, 또 하나님이 우리 안에 계시다는 것을 우리는 압니다. 14 우리는 아버지께서 아들을 세상의 구주로 보내신 것을 보았고, 또 그것을 증언합니다. 15 누구든지 예수를 하나님의 아들로 시인하면, 하나님이 그 사람 안에 계시고, 그 사람은 하나님 안에 있습니다. 16 우리는 하나님이 우리에게 베푸시는 사랑을 알았고, 또 믿었습니다. 하나님은 사랑이십니다. 사랑 안에 있는 사람은 하나님 안에 있고 하나님도 그 사람 안에 계십니다.

유기성 목사님의 《요한일서》 강해 10강을 볼 수 있습니다.

CHAPTER 10

하나님처럼 사랑하게 됩니다

하나님은 우리를 사랑하십니다. 우리가 사랑받을 만하기 때문이 아니라 우리를 사랑하기로 작정하셨기 때문입니다. 우리가 사랑받을 만하지 못해도 하나님은 우리를 사랑하십니다. 그래서 하나님은 독생자 예수 그리스도를 십자가에서 죽게 하셨습니다.

사랑이 부흥입니다

이스라엘 선교사님 한 분이 지금 이스라엘 안에 놀라운 복음의 역사가 일어나고 있다고 했습니다. 이스라엘에는 세 부류의 기독교인이 있다고 합니다. 유대인 기독교인, 아랍인 기독교인, 외국인 기독교인들이 있는데, 지금 유대인 기독교인들이 부흥하고 있다는 것입니다. 로마서에서 바울이 예언한 것처럼 복음이 다시 유대인에게로 돌아가는 일이 일어나고 있다면서 흥분한 분들이 많습니다. 유대인들이 예수님을 믿고 구원받는 역사가 많이 일어나고, 유대인 교회가 많이 세워지고 있다고 합니다. 그런데 그 선교사님은 아직도 기도해야 할 때라고 합니다. 유대인 기독교인, 아랍인 기독교인, 외국인 기독교인의 진정한 하나 됨이 이뤄지고 있지 않기 때문입니다. 유대인들이 예수님을 믿는다는 것만 가지고는 하나님의 역사가 온전히 이뤄졌다고 말하기가 어렵습니다.

진정한 구원의 역사는 단순히 예수 믿는 사람이 많아지는 것이 아니라, 그들이 정말 사랑하는가에 달려 있습니다. 우리 교회가 교인 수가 많아지는 것을 보고, 부흥이 일어나고 있고, 하나님이 이 교회에 복을 주셨다고 말합니다. 그러나 그것은 진정한 기준이라고 보기 어렵습니다. 정말 이 교회가 주님이 함께하시는 교회, 예수님의 교회라는 증거는 사랑의 역사입니다. 우리 교회가 사랑으로 소문난 교회가 되면, 진짜 부흥이 일어난 것입니다. 우리 개인도 마찬가지입니다. 우리가 사랑으로 소문났다면 우리는 정말 예수를 믿는 것입니다. 그러나 사랑으로 소문난 것이 아니라면 아직도 예수를 믿었다고 장담하기가 어렵습니다.

요한 사도는 본문에서 "사랑하는 여러분, 서로 사랑합시다"요일 4:7 라는 말로 시작합니다. 아마 이 말씀을 들을 때 마음이 푸근하고, 너무나 좋은 말씀이라고 느낄 것입니다. 사랑하자는 말처럼 듣기 좋은 말이 어디 있습니까. 그러나 8절 말씀을 보면 마음에 부담이 옵니다. 그냥 좋기만 한 말씀이 아닙니다.

"사랑하지 않는 사람은 하나님을 알지 못합니다. 하나님은 사랑이시기 때문입니다"요일 4:8.

이 말씀은 "우리가 사랑합시다"라는 것과는 조금 다른 뉘앙스입니다. 사랑하지 않는 사람은 하나님을 알지 못합니다. 구원받은 사람이 아니라는 뜻이죠. '나는 사랑하지 못하고 있는데'라고 생각하는 분에게는 숨이 막힐 만한 말씀이기도 합니다. 12절로 내려가면 더 숨이 막힙니다.

"우리가 서로 사랑하면, 하나님이 우리 가운데 계시고, 또 하나님의 사랑이 우리 가운데서 완성된 것입니다"요일 4:12.

하나님의 사랑이 우리 가운데서 완성되었다는 것은, 우리가 사랑을 해도 하나님처럼 사랑한다는 뜻입니다. 하나님은 우리 그리스도인들에게 하나님의 사랑을 부어 주셨습니다. 그러나 아직도 하나님의 사랑이 완성된 것은 아닙니다. 예수 믿는 사람들이 하나님처럼 다른 사람을 사랑하게 될 때, 비로소 하나님의 사랑이 완성됩니다. 그런데 그렇게 할 수 있을까요? 사람의 사랑으로 사랑하는 것도 쉬운 일이 아닌데, 하나님처럼 사랑할 수 있을까요? 그래서 본문의 말씀이 의외로 어려운 말씀이고 우리를 굉장히 부담스럽게 하는 말씀입니다.

그러나 요한 사도가 이 말씀을 하는 것은, 우리를 힘들게 하고 부담스럽게 하려는 것이 아닙니다. 하나님처럼 사랑하라고 우리에게 명령하는 것이 아닙니다. 요한 사도가 말하려는 핵심은, 예수를 믿으면 누구나 하나님처럼 사랑하게 된다는 것입니다. 하나님이 우리를 하나님처럼 사랑하게 하셔서 하나님의 사랑을 완성시키신다는 것입니다. 우

193

리는 그럴 준비만 하고 있으면 되는 것입니다.

사랑하는 것은 명령으로 되는 일이 아닙니다. 사랑하라고 해서 사랑하게 되는 것이 아니라는 말입니다. 사랑하겠다고 결심한다고 해서 사랑하게 되는 것도 아닙니다. 저절로 사랑하게 되어야 사랑하는 것입니다. 그래서 요한 사도가 하나님은 사랑이시라고 말하는 것입니다. 사랑은 하나님이 우리 가운데서 역사하셔야 하는 일입니다. 이것을 사랑의 부흥이라고 합니다. 하나님처럼 사랑하게 되는 것은 사랑의 부흥이 우리 속에서 일어나는 것입니다. 그래서 우리는 전혀 사랑할 수 없는 사람인데도 사랑하게 됩니다.

1907년, 한국 교회 안에도 사랑의 부흥이 일어났습니다. 그때 당시에는 두 집 살림 하던 남자들이 많았습니다. 그런데 대부흥이 일어나면서 두 집 살림 하던 남자들이 자기 생활을 정리하고 본부인에게로 돌아가서 화합하는 일이 도처에서 일어났습니다. 미국에서 온 선교사님들이 미국은 이혼하는 일이 많은데 조선에서 일어나는 이런 부흥이 미국에서도 일어나면 좋겠다고 했을 정도입니다.

어떤 하인이 주인의 돈을 가로채고 부정한 일을 했다는 고백을 공개적으로 했고, 주인이 그 하인을 용서해서 받아들이는 일이 교회 안에서 일어났습니다. 시어머니가 며느리를 구박하고 며느리가 시어머니를 미워했던 것을 고백하고 회개하는 일이 일어났습니다. 어떤 부인은 예배 중에 간증을 하겠다고 나와서 간음한 이야기를 했습니다. 그 부인의 남편이 그 자리에 있었기에, 선교사님은 마음을 졸였습니다. 부인은 자신이 간음했던 죄를 회개하고 자리에 들어가서 울었습니다. 그러자 남편이 아내 앞으로 가서 무릎을 꿇고 기도하고는 아내를 용서하겠다며 끌어안았습니다. 성도들이 그 부부의 모습을 보며 진심으로 축복하며 박수를 쳤습니다. 이런 일들이 그때 당시에 일어난 것입니다. 당시에 중국과 한국을 오가며 선교하던 요나단 고우포스Jonathan Goforth 선교사님이 본인의 책에서 이런 일화들을 상세히 기록했습니다.

사랑이 부흥입니다. 성령의 역사가 임하고 부흥이 일어나면 사랑이 부흥과 함께 옵니다. 성령을 체험하고 방언도 하고 예언도 하고 여러 가지 능력도 행사하는 일들이 벌어질 때 이것이 진짜 하나님이 하신 일인지, 아닌지는 드러나는 기적과 은사를 보고 아는 게 아닙니다. 사랑을 보고 분별하는 것입니다. 그 사람이 사랑의 사람이 되었다면 그것은 정말 성령님의 역사입니다. 그러나 그것 때문에 교만해지고, 남을 비판하고, 욕심을 부리면 그것은 성령님의 역사가 아닙니다.

"사랑 안에 있는 사람은 하나님 안에 있고 하나님도 그 사람 안에 계십니다"요일 4:16.

이것이 진짜 하나님의 역사인지는 사랑으로 아는 것입니다. 진정한 사랑은 하나님에게서 옵니다.

하나님의 작정된 사랑

"하나님의 사랑이 우리에게 이렇게 드러났으니 … 자기 아들을 보내
어 우리의 죄를 위하여 화목 제물이 되게 하신 것입니다" 요일 4:9-10.

도대체 사랑이 무엇이죠? 하나님이 지옥에 갈 수밖에 없는 죄인인
우리를 구원해서 하나님의 자녀로 삼으시려고 여러분의 독생자를 보
내셔서 십자가에서 죽게 하신 것. 이것이 사랑입니다. 사랑한다면, 이
렇게 사랑해야 하는 것입니다. 사랑은 하나님으로부터 온 것입니다.
그래서 우리가 사랑이 무엇인지를 알게 되는 것입니다. 이런 사랑을
'불같은 사랑'이라고 표현합니다. 우리가 그런 사랑을 받고서 이제 사
랑을 알게 된 것입니다.

이런 사랑을 하지 못하는 분, 원수를 용서하고 사랑하는 경험을 하
지 못하고 있다고 생각하는 분은 아직 그런 불같은 사랑을 경험하지
못했기 때문입니다. 특별히 우리가 더 나빠서 그런 것이 아닙니다. 본
래 사람은 나쁩니다. 이기적이고 자기중심적입니다. 예수를 믿어도 이
런 사랑을 못한다면 이유는 하나밖에 없습니다. 자신이 그런 사랑을
못 받은 것입니다. 그런 사랑을 경험하지 못해서 그렇게 사랑하지 못
하는 것입니다.

십자가의 복음, 하나님의 사랑을 들어서 아는 것은 아직 사랑을 체
험한 게 아닙니다. 대부분 예수님의 십자가 복음을 적어도 여러 번은
듣습니다. 하나님이 죄인인 우리를 사랑하셔서 예수 그리스도를 보내

주시고 십자가에서 죽게 하시고 우리를 구원해 주셨다는 것은 귀에 못이 박히도록 듣습니다. 그런데도 다른 사람을 사랑하지 못한다면, 하나님의 불같은 사랑을 아직 경험하지 못한 것입니다.

뜨거운 음식만 먹어도 티가 납니다. 저 사람이 뜨거워한다는 것을 알 수 있습니다. 이처럼 불같은 하나님의 사랑을 받으면 주변 사람들이 다 압니다. 그 사람 속에서 드러나는 하나님의 사랑 때문에 "저 사람이 진짜 예수를 믿는구나. 저 사람 속에 하나님의 불같은 사랑이 임했구나" 하고 알게 됩니다.

이처럼 하나님의 사랑이 폭포수같은 사랑이라고 했더니, 어떤 분은 거부감을 표시하기도 합니다.

"목사님, 그런 사랑이 진짜 있습니까? 하늘 아래 폭포수같은 하나님의 사랑이 부어지는 일이 진짜 있습니까? 나는 못 믿겠습니다. 나는 그런 사랑을 경험해 본 적이 없습니다. 하나님의 사랑이 폭포수같이 부어진다면, 말만 하지 말고 한번 느끼게 해 주세요. 못 믿겠어요." 교회에 다니면서도, "왜 하나님이 나에게만 그런 사랑을 보여 주시지 않느냐"고 합니다.

여러분은 하나님의 사랑이 폭포수같다는 사실을 믿습니까? 대부분 노골적으로 못 믿겠다고는 말하지 않습니다. 그러나 은근히 안 믿습니다. 말은 안 하지만, 얼굴이 말을 합니다. 진짜 하나님의 사랑을 받은 사람은 그런 얼굴이 아닙니다. 뜨거운 것 하나만 먹어도 호들갑을 떠는데, 불같은 하나님의 사랑이 속에 들어와 있으면 그럴 수가 없습니다. 안타까운 일이죠.

많은 그리스도인들이 하나님의 사랑을 실제로는 안 믿습니다. 이유는 하나입니다. 본인이 그런 사랑을 경험하지 못한 것입니다. 그러니 다른 사람을 사랑하지 못하는 것은 당연한 일입니다. 우리가 사랑을 누리지 못하는데, 어떻게 다른 사람을 사랑합니까? 하나님이 우리 가운데 사랑을 계속 부어 주시는데, 왜 그것을 느끼지도 못하고 누리지도 못하는 것이죠? 이미 하나님은 불같은 사랑을 주셨는데, 왜 계속 주실 것만 기다리고 있죠? 하나님의 말씀을 믿음으로 받아들이지 않기 때문입니다.

요한 사도는 하나님은 사랑이시라고 말합니다. 이 말은, 우리가 사랑스럽기에 우리를 사랑하시는 게 아니고, 하나님 자신이 사랑이시니까 우리를 사랑하신다는 뜻입니다. 우리가 어떤 사람이든지 상관없이 하나님은 우리를 사랑하십니다. 그래서 지옥에 갈 수밖에 없는 우리를 하나님이 사랑하셔서 독생자를 주신 것입니다. 그런데 우리는 늘 사랑받을 만하게 행동하니 사랑했고, 사랑스러우니까 사랑했기 때문에, 하나님이 흠많고 부족한 자신을 사랑하신다는 게 좀처럼 믿어지지 않는 것입니다. 분명한 것은, 하나님이 사랑을 하지 않으신 게 아닙니다. 우리가 안 받아들이는 것입니다.

저도 오랫동안 하나님도 사랑스러운 사람만 사랑하실 것이라는 생각에 묶여 있었습니다. 그래서 하나님이 저를 사랑해 주시면 좋겠다는 마음에, 정말 착하게 살려고 하고, 공부도 열심히 하고, 교회 봉사도 열심히 했습니다. 그런데 그렇게 신앙생활을 하면서 심령은 더 황폐해졌습니다. 진정한 기쁨을 찾지 못했고, 하나님의 사랑은 더 오리무중이었습니다. 저 자신은 사랑받을 수 없는 존재라는 것만 점점 더 드러났습니다.

어느 날 새벽 기도를 드리는데, 하나님이 저에게 환상같이 주님의 십자가를 바라보는 눈을 열어 주셨습니다. 주님의 십자가가 눈앞에 그대로 드러났습니다. 그날 새벽에 주님의 십자가 앞에 서 있었던 것입니다. 주님이 십자가에 달려 계신 모습을 보고 처음에는 그 주님으로 인해 너무 애통했지만 나중에는 저 자신으로 인해 애통했습니다. 그렇게 울기만 했습니다. 그렇게 울던 그날이 지나고 난 후 제 믿음이 달라져 버렸습니다. 하나님이 저를 사랑하신다는 것이 마음으로 믿어졌습니다. 그것은 놀라운 일이었습니다.

하나님은 우리를 사랑하십니다. 우리가 사랑받을 만하기 때문이 아니라 그냥 우리를 사랑하기로 작정하셨습니다. 우리가 사랑받을 만하지 못해도 하나님은 우리를 사랑하십니다. 그래서 하나님은 독생자 예수 그리스도를 십자가에서 죽게 하셨습니다.

하나님은 또 한번 저에게 하나님의 사랑에 대한 확증을 갖게 하셨습니다. 제가 설교에 대한 열등감 때문에 좀처럼 회복되지 못하고 있을 때, 하나님은 저에게 고린도전서 1장 27-29절 말씀을 읽게 하셨습니다. 하나님은 약한 자, 미련한 자, 없는 자, 천한 자, 멸시받는 자를 일부로 택하셔서 강하고 지혜로운 자를 부끄럽게 하려고 하신다는 말씀이었습니다. 그 말씀이 처음에는 안 믿어졌습니다. 하나님이 왜 일부러 약한 자를 택해서 쓰시겠습니까? 능력 있고, 실력 있고, 유능하고, 잘난 사람을 택하면 더 크게 쓰실 수 있잖아요. 이것이 안 믿어지니까 말씀을 봐도 은혜가 안 되는 것입니다. 3일 동안 그 말씀을 붙잡고 씨름하다 보니, 이 말씀은 믿음으로 받아들여야지 머리로 이해하고 믿어지는 게 아니라는 깨달음이 들었습니다. 그래서 고린도전서 1장 27절부터 말씀을 그냥 가슴에 끌어안고, 무릎 꿇고 하나님께 고백했습니다.

"하나님, 믿겠습니다."

그 고백을 하는데 저도 모르게 눈물이 터져 나왔습니다. 통곡을 했습니다. 왜 그렇게 우는지도 모를 만큼 울었습니다. 그동안 끊임없이 저를 짓눌렀던 열등감과 교만함과 남과의 비교 의식의 멍에가 꺾어진 것이었습니다.

우리는 남과 비교하느라 평생 짐을 지고 삽니다. 남보다 뛰어나고, 남보다 잘나고, 남보다 실력 있어야 쓰임 받는다는 생각이 우리를 꽉 사로잡고 있는 것입니다. 그러나 하나님은 약한 자, 미련한 자, 없는 자, 천한 자, 멸시받는 자를 택하십니다. 이것을 믿고 나니까 제 마음속에 있는 묶임이 다 풀어졌습니다. 그리고 제 삶이 달라져 버렸습니다. 제 삶도, 제 목회도 다 달라져 버렸습니다. 하나님이 정말 나를 사랑하신다는 확신이 들었습니다.

아무리 말씀을 많이 읽어도 안 믿으면 소용이 없습니다. 들어서 아는 건 믿는 게 아닙니다. 하나님의 사랑을 그렇게 받으면서도, 왜 하나님의 사랑의 불을 경험하지 못할까요? 우리가 정말 하나님의 말씀을 믿는지를 돌아봐야 합니다. 십자가 복음을 그렇게 수없이 들어도 마음으로 안 받아들이면 아무런 능력이 안 됩니다. 십자가 복음 안에 하나님의 사랑의 메시지가 담겨 있습니다. 그것으로 충분합니다. 그런데도

200

우리가 안 믿으니까 하나님께서 더 놀라운 역사를 행해 주셨습니다. 사랑의 하나님이 우리 속에 들어오신 것입니다. 우리를 위해 십자가에서 죽으셨을 뿐 아니라, 사랑의 불이신 그분이 우리 속에 들어오셨으니, 어떻게 안 믿을 수가 있겠습니까?

"지금까지 하나님을 본 사람은 없습니다. 그러나 우리가 서로 사랑하면, 하나님이 우리 가운데 계시고, 또 하나님의 사랑이 우리 가운데서 완성된 것입니다. 하나님이 우리에게 자기 영을 나누어 주셨습니다. 이것으로 우리가 하나님 안에 있고, 또 하나님이 우리 안에 계시다는 것을 우리는 압니다" 요일 4:12-13.

우리가 예수님을 주님이라고 고백하면, 이미 하나님이 우리 안에 들어오신 것입니다. 하나님의 영이 우리 속에 들어와서 우리와 늘 같이 계시니 우리가 하나님의 사랑을 알게 됩니다. 하나님의 사랑을 누리게 됩니다.

어느 형제가 한 자매를 좋아했습니다. 그런데 그 자매는 형제에게 마음을 열지 않았습니다. 프러포즈를 해도 받아 주지를 않았습니다. 그래서 상담을 했더니 10번 찍어 안 넘어가는 나무가 없다고 했습니다. 그 형제는 매일 사랑의 편지를 써서 그 자매에게 보냈습니다. 그런데도 자매는 마음의 빗장을 안 열었습니다. 형제는 마음을 더 굳게 결심하고, 매일 세 번씩 사랑의 편지를 써서 보냈습니다. 결국은 그 자매가 감동을 받아서 결혼하게 됐는데, 편지를 전달해 준 사람하고 결혼

했습니다. 이 비밀을 이해하시겠습니까? 편지를 전해 주러 온 사람과 매일 세 번씩 만난 것입니다. 그러다가 눈이 맞은 것이죠. 늘 만난다는 것은 사랑에 있어서는 결정적인 것입니다.

하나님이 우리 안에 오셨습니다. 그런데도 왜 하나님의 불같은 사랑을 경험하고 누리지 못할까요? 우리가 주님을 바라봄에 문제가 있기 때문입니다. 그래서 24시간 예수님을 바라보라고 하는 것입니다.

주님이 십자가에서 죽으셨을 뿐 아니라 우리 안에 임하셨는데, 아직도 하나님의 사랑을 경험하지 못하고 폭포수같은 하나님의 사랑을 느끼지를 못한다면 이유는 하나입니다. 예수님이 마음에 오신 것을 진정으로 믿지 않기 때문입니다.

예수님이 우리 속에 오시면 반드시 사랑의 사람이 됩니다. 사랑해야 하는 것이 아니라, 사랑하는 사람이 됩니다. 요한 사도 자신이 그 증인입니다. 복음서에 나오는 요한, 예수님의 제자인 요한은 사랑의 사람이 아니었습니다. 그는 예수님의 사랑을 독차지하려고 끊임없이 갈망했지만, 그는 사랑이 많은 사람은 아니었습니다. 우레의 아들이라는 별명이 있을 만큼 성질이 대단한 사람이었습니다. 그랬던 요한이 서신서에서 계속 사랑을 이야기합니다. 사랑의 사도가 됐습니다. 무슨 일이 벌어진 것이죠? 요한이 사랑하려고 결심해서 그런 것입니까? 요한이 사랑의 훈련을 받았기 때문에 그런 것입니까? 그가 예수님의 제자였을 때 예수님은 그의 바깥에 있었습니다. 예수님이 아무리 요한에게 사랑에 대한 말씀을 주셔도 요한은 변하지 않았습니다. 그런데 요한이 성령을 받고 예수님이 그에게로 들어오셨습니다. 그리고 마침내 요한이 뒤집어진 것입니다. 예수님이 사랑의 주님이시니 요한 사도도 사랑의 사도가 된 것입니다.

예수님이 우리 안에 계신다는 것은 엄청난 일입니다. 우리의 삶을 완전히 뒤집어 놓는 일입니다.

사랑은 하나님이 주셔야 합니다

사랑은 하나님이 우리에게 주시는 선물입니다. 예수를 믿으면 사랑하며 살게 되는 것입니다. 그런데 만일 우리 안에 사랑이 없다면 이것은 회개할 문제가 아니고 기도해야 할 문제입니다. "하나님, 저에게 사랑을 주세요" 하고 기도해야 합니다.

> "너희는 더욱 큰 은사를 사모하라 우리가 또한 제일 좋은 길을 너희
> 에게 보이리라"고전 12:31, 개역한글.

더욱 큰 은사는 사랑입니다. 더욱 큰 은사인 사랑을 사모하고 구하라는 것입니다. 사랑이 없다고 괴로워하고, 그것 때문에 회개하고, 사랑해야겠다고 결심하는 게 아니라 구하라는 것입니다.

"하나님, 제게 사랑을 주세요. 주님이 사랑을 주겠다고 하셨으니 주셔야 합니다. 하나님은 사랑이시니 제가 사랑하게 해 주세요."

여러분의 인생 가운데 무엇이 가장 중요합니까? 여전히 고민이 된다면 참 답답한 일입니다. 돈, 건강, 성공, 아이들이 대학 가는 것, 자녀

들이 결혼 잘 하는 것들입니까? 아직도 그렇습니까? 그러니 우리 가운데서 사랑의 열매가 안 맺어지는 것입니다. 아직도 마음에 사랑이 제일이라고 여기지 않는 것입니다. 우리에게 무엇이 가장 중요합니까? 그것은 사랑입니다. 당연히 사랑을 구해야 합니다.

기도해 보셨을 것입니다. 돈 달라고도 해 봤을 것이고, 하는 일 잘 되게 해 달라고 기도해 봤을 것이고, 건강 달라고도 구했었고, 아이들이 마음잡게 해 달라고도 기도했을 것입니다. 별의별 기도 제목으로 다 기도했을 것입니다. 그런데 사랑을 달라고 기도해 보았습니까? 최근에 사랑을 달라고 기도한 적이 언제입니까? 우리가 사랑하지 못해서 회개해야 할 것이 있다면, 사랑을 위해 기도하지 않은 것입니다. 사랑이 가장 중요하다고 여기지 못하고 산 것입니다. 우리에게 가장 중요한 것이 사랑임을 깨닫고도 구하지 않은 것을 회개해야 합니다. 우리가 사랑이 중요하다고 여기지를 않으니까, 사랑의 불이신 주님이 우리 속에 들어오셔도 역사를 못하시는 것입니다. 불이 우리 속에 들어왔는지도 모르는 것입니다.

이제 진짜 한번 믿어 보시기 바랍니다. 우리에게 가장 필요한 것은 사랑이고, 사랑이 있으면 다 있는 것이고, 사랑이 없으면 아무것도 없는 것이나 마찬가지라는 것을 믿어보시기 바랍니다. 진정 이렇게 생각하고 주님께 사랑을 달라고 기도하시기 바랍니다. 사랑은 주님이 주시는 것이고, 사랑은 주님의 역사입니다.

김홍석 판사가 쓰신 글에 이런 내용이 있습니다. 젊은 부부가 와서 이혼조정 재판을 하는데 재산 문제, 아이 양육의 문제가 도무지 합의

204

가 안 됐습니다. 그래서 판사가 아이를 누가 기를 거냐고 부부에게 물었습니다. 남편도, 아내도 선뜻 대답을 못했습니다. 그래서 판사는 할수 없이 아이에게 물었습니다. "너는 누구와 같이 살고 싶니?" 그랬더니 아이는 눈물을 흘리면서 한 손에는 아빠 손을 잡고 다른 손에는 엄마 손을 잡으며 엄마 아빠랑 같이 살고 싶다고 했습니다. 이 분위기로는 도무지 재판을 진행하기가 어려웠습니다. 하도 딱해서 판사는 부부에게 성경책을 한 권씩 사다 주면서 한 달 후에 결정하자고 했습니다. 그리고 고린도전서 13장을 하루에 3번씩 꼭 읽으라고 했습니다. 그러면 한 달에 100번 정도는 읽을 테니, 그 때 결정하자고 했습니다. 그리고 한 달 후에 그 부부는 이혼 취소를 했습니다.

이혼 안 하면 안 된다고 하던 사람들이 한 달 동안에 무슨 일이 벌어진 것일까요? 사랑은 주님이 주시는 것입니다. 하나님이 역사하셔야 하는 일입니다. 하나님이 역사하시도록 우리를 내어 드리면 반드시 주님은 역사하십니다. 주님이 사랑을 부어 주셔야 우리가 사랑하는 것입니다. 정말 그렇게 믿으면 하나님이 역사하십니다. 우리가 사랑하지 못하면 하나님도 우리의 삶에서 아무 것도 역사하시지 못합니다.

어느 목사님이 새벽 예배 후에 집에 왔더니 집이 어질러져 있고, 사모님은 어디로 갔는지 보이지 않았습니다. 목사님은 사모님에게 잔뜩 화가 났습니다. 얼마 뒤에 사모님이 들어오셨습니다. 목사님은 다짜고짜 화를 냈습니다. "당신, 정신이 있는 거야, 없는 거야? 어떻게 집안을 이렇게 만들어!" 사모님은 목사님이 하도 화를 내니까 가만히 있다가 조용히 이야기했습니다. "당신은 오늘 딸이 소풍 가는 날인 걸 알고는 있었어요? 새벽 예배 끝나고 와서 애 도시락 싸 주고, 애 챙겨 주고, 소풍 가는 곳까지 데려다 주고 왔어요. 또 바로 기도회가 있어서 집안 정리를 못하고 갔다 온 건데, 어떻게 이렇게 소리를 질러요?" 목사님은 머쓱해졌습니다. 딸이 소풍 가는 것도 모르고 사모님만 그렇게 나무랐던 것입니다. 그러나 여기서 물러서면 안 되잖아요. 그래서 "그래도 그렇지!" 하면서 온 집안이 떠나가도록 소리를 질렀습니다. 미안하니까 소리로 제압하려고 했던 것입니다.

그때 밖에서 한 집사님이 문을 두드렸습니다. 사모님이 나가서 보니까 몸이 너무 아파서 목사님에게 안수 기도를 받으려고 사택까지 왔다는 것입니다. 목사님은 가슴이 철렁 내려앉았습니다. '조금 전 아내에게 소리를 버럭 질렀는데, 지금 가서 집사님 머리에 안수한다고 주님이 들어주실까. 또 안수하면 아내는 옆에서 뭐라고 할까.' 도무지 마음이 안 잡혔습니다. 기도하러 나갈 수도 없고, 그렇다고 안 나갈 수도 없었습니다. "주여, 용서해 주소서. 제가 또 성질을 부리고 혈기를 부렸습니다." 이렇게 기도하고, 겨우 마음을 가라앉히고 나갔더니 집사님은 벌써 가 버리셨습니다. 그래서 옷을 챙겨 입고 사모님 손을 붙잡고, 그 집사님 집으로 심방을 가셨다고 합니다.

목사만 그럴까요? 사랑하지 못하면 하나님의 일을 포기하게 됩니다. 하나님이 역사하실 것을 포기해야 합니다.

베트남 전쟁에 참전했다가 귀국하는 어느 장교가 아내를 만날 생각에 그렇게 좋았습니다. 부산항에서 만나기로 약속하고 배를 타고 들어가는데, 부산항이 점점 가까워지자 난감해졌습니다. 얼마나 많은 사람이 항구에 있던지, 저 사람들 중에서 아내를 어떻게 찾을까 싶었습니다. 아내와 손수건을 흔들기로 약속했는데, 사람들마다 다 손수건을 흔들었습니다. '이 많은 사람이 다 손수건을 흔들고 있는데, 아내를 어떻게 만나나?' 그런데 배가 항구에 가까워지면서 그 많은 사람들 중에 아내가 보이더라는 것입니다. 손수건을 흔들고 있는 아내가 보였습니다.

사랑하면 이렇게 되는 것입니다. 하나님의 눈에는 어떤 사람이 유난히 눈에 띌지도 모릅니다. 사랑의 통로가 되는 사람, 하나님의 사랑을 완성시키는 사람, 하나님의 불같은 사랑을 받고 하나님처럼 사랑하는 사람이 하나님의 눈에 띄는 사람입니다.

하나님의 눈을 붙잡는 비결은 간단합니다. 하나님의 사랑을 흘려보내는 통로가 되는 것입니다.

PART 03

세 상 을
이 기 는 사 람 들

세상을 이기는 힘이 우리에게는 없습니다. 그런데 우리 안에 와 계시
는 예수님을 바라보면, 예수님이 우리로 하여금 세상을 이기게 해 주
십니다. 예수님이 우리 안에 오셨기 때문에 예수님이 우리를 지키십
니다. 악한 자가 우리를 건드리지 못합니다. 죄가 우리를 무너뜨릴 수
없습니다. 우리가 주님만 온전히 바라본다면 말입니다.

요한일서 4:17-21

17 사랑이 우리에게서 완성되었다는 사실은 이 점에 있으니, 곧 우리로 하여금 심판 날에 담대함을 가지게 하려는 것입니다. 우리가 이렇게 담대해지는 것은, 그리스도께서 사신 대로 또한 우리도 이 세상에서 그렇게 살기 때문입니다. 18 사랑에는 두려움이 없습니다. 완전한 사랑은 두려움을 내쫓습니다. 두려움은 징벌과 관련이 있습니다. 두려워하는 사람은 아직 사랑을 완성하지 못한 사람입니다. 19 우리가 사랑하는 것은 하나님이 우리를 먼저 사랑하셨기 때문입니다. 20 누가 하나님을 사랑한다고 하면서, 자기 형제자매를 미워하면, 그는 거짓말쟁이입니다. 보이는 자기 형제자매를 사랑하지 않는 사람이 보이지 않는 하나님을 사랑할 수 없습니다. 21 하나님을 사랑하는 사람은 자기 형제자매도 사랑해야 합니다. 우리는 이 계명을 주님에게서 받았습니다.

유기성 목사님의 〈요한일서〉 강해 11강을 볼 수 있습니다.

CHAPTER 11

천국을 바라보면
사랑을 갈망하게 됩니다

하나님과 영원히 함께 살기 원한다면 반드시 사랑이 있어야 합니다. 하나
님처럼 사랑하며 살지 않으면 심판 날이 올 때 두려움으로 견딜 수가 없
습니다. 우리가 구할 것은 오직 사랑입니다.

사랑하고 싶은 갈망이 있나요?

대만 목회자 제자 훈련 세미나를 인도하고 왔는데, 처음 뵙는 중국인
목사님들과 어쩌면 그렇게 사랑으로 교제하게 되던지 신기할 정도였
습니다. 하나님의 사랑이 있으니까, 주님 안에서 만나니까 그렇게 사
랑하게 되는 것 같습니다. 우리 교회 제자 훈련 사역 팀이 함께 갔는데
교우들이 대만의 교인들과 언어의 장벽에도 불구하고 사랑의 교제를
나누는 모습이 옆에서 보기만 해도 아주 흐뭇했습니다. 사랑은 예수를
믿는 우리에게 하나님이 주신 축복입니다. 사랑한다는 것은 얼마나 놀
라운 일인지 모릅니다.

한번은 어떤 교인이 우리 교회에 처음 주일 예배를 드리러 오셨답

니다. 로비에서 어디로 가야 할지 몰라서 두리번거리셨나 본데 안내하는 분이 "어떻게 오셨습니까?" 하고 묻더랍니다. 그 말을 듣고 너무 속상해서 눈물이 났다고 했습니다. 주일에 당연히 예배드리러 교회에 왔는데 어떻게 오셨느냐고 하니까 마음이 상한 것입니다. 교회에 처음 오는 분들은 아마 다 비슷한 마음일 것입니다. 낯선 것입니다. 그런 마음이 어떻게 바뀌게 될까요? 교인 중에 마음이 통하는 사람을 만나 친해지게 되었을 때입니다. 그때부터는 교회 생활이 완전히 달라집니다. 친해지기만 해도 이렇게 좋다면 사랑한다면 얼마나 더 좋을까요? 사랑은 하나님이 우리에게 주신 가장 놀라운 축복입니다. 그래서 하나님이 우리로 하여금 사랑하게 하시는 것입니다.

예수님은 사랑에 대한 기준을 정하셨습니다. "원수도 사랑하라"입니다. 이것이 우리가 사랑해야 할 기준입니다. 원수도 사랑하는 것은 하나님이 우리에게 보여 주신 사랑입니다. 원수 된 우리를 위해 십자가에서 당신의 독생자를 죽게 하셨습니다. 그렇게까지 우리를 사랑하신 하나님의 사랑을 십자가에서 봅니다. 그런데 하나님은 우리에게도 그런 사랑을 바라십니다. 하나님처럼 사랑하라는 것입니다. 요한 사도는 이것을 사랑의 완성이라고 표현했습니다.

17절에 "사랑이 우리에게서 완성되었다"고 했습니다. 하나님이 우리에게 사랑을 부으셨기에 십자가에서 예수님이 죽으셨습니다. 그 하나님의 사랑으로 우리가 다른 사람들을 사랑하게 되는 것이 하나님의 계획입니다. 우리가 하나님을 목숨을 다해 사랑하고 이웃에게 하나님의 사랑을 흘려보내게 되면 그것이 하나님 사랑의 완성입니다.

본문 말씀을 보면, 하나님은 우리에게 하나님의 사랑이 완성되어야 한다는 소원을 드러내셨습니다. 그런데 우리는 그 말씀 앞에서 두렵습니다. 우리가 과연 하나님처럼 사랑할 수 있을까요? 그런데 여기서 분명히 해야 할 것은 하나님의 사랑의 완성은 우리가 아니라 하나님이 이루신다는 것입니다. 하나님이 우리에게 당신의 사랑을 부으시고, 우리가 다른 사람을 하나님처럼 사랑하도록 만들어 주십니다. 이것이 복음입니다. 이것이 예수 믿는 축복입니다.

오병이어의 기적을 누가 행했습니까? 예수님이 행하셨습니다. 죽은 나사로를 누가 살렸습니까? 예수님이 살리셨습니다. 누가 물로 포도주를 만들었습니까? 예수님이 하셨습니다. 여러분의 죄를 누가 다 씻으셨습니까? 예수님이 하셨습니다. 지옥에 갈 수밖에 없는 우리를 천국에 가게 하신 분이 누구입니까? 예수님이십니다. 마귀의 자식을 하나님의 자녀가 되게 하신 분이 누구입니까? 예수님이십니다. 그렇다면 하나님이 이기적인 우리도 하나님처럼 사랑하게 해 주신다는 것은 왜 못 믿나요? 예수님이 하십니다. 이것이 예수 믿는 자의 축복이고 복음입니다. 하나님이 하신다는 것을 믿어야 합니다.

그런데 하나님이 정말 그렇게 해 주신다면, 왜 진작 안 해 주셨을까요? 왜 아직까지 그렇게 안 해 주시는 것일까요? 하나님이 안 해 주시는 것이 아니라, 못해 주시는 것입니다. 하나님은 얼마든지 우리를 하나님처럼 사랑하게 만드실 수 있습니다. 그런데 우리가 갈망하지 않으면 하나님도 못하십니다. 여기에 하나님의 마음의 아픔이 있습니다. 우리는 "우리가 어떻게 하나님처럼 사랑할 수 있어? 우리가 어떻게 원수를 사랑할 수 있어?" 하며 아예 사랑할 생각을 안 합니다. 그냥 못하는 것이라고 넘겨 버립니다. 하나님이 답답하신 것은, 하나님처럼 사랑하려고 갈망도 못하느냐는 것입니다. 하나님처럼 사랑하게 해 달라고 기도도 못하느냐는 것입니다. 하나님처럼 사랑하고자 하는 갈망이 있나요? 밥 먹는 것보다 하나님처럼 사랑하는 게 더 중요하다고 생각하나요? 이것이 열쇠입니다. 하나님처럼 사랑하고 싶다고 갈망하면, 하나님은 얼마든지 우리가 하나님처럼 사랑하게 해 주십니다. 그런데 우리에게 그런 갈망이 없으면 하나님은 아무것도 못하십니다.

왜 우리 안에는 하나님처럼 사랑하고 싶은 갈망이 없을까요? 몰라서 그렇습니다. 하나님처럼 사랑하는 게 얼마나 중요한지 그 축복을 모르는 것입니다. 인생의 맨 마지막에 하나님 앞에 섰을 때, 그때는 우리에게 가장 중요한 것이 무엇이었는지를 알게 될 것입니다. 그때는 다른 소원은 아무것도 없습니다. "하나님처럼 사랑하는 사람이 되었으면!" 누구라도 이 소원밖에 없습니다.

하나님처럼 사랑해야 합니다

하나님처럼 사랑하는 것은 영생과 관련이 있습니다. 하나님처럼 사랑하지 못하는 사람은 영생을 못 얻습니다. 이것은 구원의 조건을 말하는 것이 아니라, 증거를 말하는 것입니다. 하나님은 속성이 사랑입니다. 하나님과 영원히 함께 살 자에게는 반드시 사랑이 있습니다. 그런데 이것을 죽을 때 가서 알면 너무 비참한 것입니다. 그래서 하나님은 그 사실을 우리에게 미리 알려 주십니다. 하나님의 말씀을 통해서, 성령의 역사하심을 통해서 우리가 이 세상을 살아갈 때 무엇이 가장 중요한지를 미리 가르쳐 주십니다. 죽을 때 가서 알면 아무 소용이 없으니까요. 본문 말씀에서도 우리에게 그것을 가르쳐 주시는 것입니다.

하나님처럼 사랑하는 것은 엄청나게 중요합니다. 영생이 달려 있는 문제입니다. 이것을 알면 사랑하지 못하는 사람도 사랑하게 해 달라는 기도가 나옵니다. 그리고 하나님이 반드시 역사하십니다.

"사랑이 우리에게서 완성되었다는 사실은 이 점에 있으니, 곧 우리로 하여금 심판 날에 담대함을 가지게 하려는 것입니다. 우리가 이렇게 담대해지는 것은, 그리스도께서 사신 대로 또한 우리도 이 세상에서 그렇게 살기 때문입니다"요일 4:17.

하나님처럼 사랑하고 살지 않았던 사람은 심판 날에 하나님 앞에 섰을 때 두려워서 견딜 수가 없습니다. 반드시 그렇게 됩니다. 이 사실을 안다면, 천국과 지옥을 바라보는 눈이 열린다면 우리의 소원은 오직 하나입니다.

"예수님처럼 살게 해 주소서. 하나님처럼 사랑하게 해 주소서."

누가복음 16장을 보면, 주님이 부자와 거지 나사로의 이야기를 하셨습니다. 하나님처럼 사랑하지 않은 사람이 죽을 때 어떻게 되는지 말씀해 주셨습니다. 평생 잔치만 하고 살았던 부자는 죽어서 지옥에 갔습니다. 성경을 읽어 보면 큰 죄를 지은 게 없습니다. 그의 죄는 하나님처럼 사랑하지 않았다는 것 하나입니다. 사랑이 아예 없었던 것은 아닙니다. 그 부자는 지옥에 갔을 때 아브라함에게 사정합니다. "우리 형제들이 아직도 살아 있으니, 제발 나처럼 지옥에 오지 않도록 나사로를 보내 주세요. 내가 지옥에 갔다는 것을 알려 주고, 그들이 지옥에 오지 않도록 조치해 주세요." 그는 자기 형제들을 사랑했습니다. 그러나 그의 사랑은 오직 가족사랑, 자기의 연장선 속에서의 사랑이었지, 이웃사랑이 아니었습니다. 자기 집 문 앞에서 죽어 가는 거지 나사로에 대한 동정심은 하나도 없었습니다. 그래서 지옥에 간 것입니다.

우리 자신도 돌아봐야 합니다. 하나님처럼 사랑하지 않으면 우리는 정말 절망입니다. 마지막 날에 구원받을 수 없습니다. 분명히 구원은 믿음으로 받습니다. 요한 사도가 요한복음을 썼을 때 구원은 믿음으로 받는다고 썼습니다.

"내가 진실로 진실로 너희에게 이르노니 내 말을 듣고 또 나 보내신 이를 믿는 자는 영생을 얻었고 심판에 이르지 아니하나니 사망에서 생명으로 옮겼느니라" 요 5:24, 개역개정.

그런데 이 말씀은 구원은 유대인이냐, 이방인이냐로 구분되는 것이 아니라는 뜻으로 말씀하신 것입니다. 구원은 율법이나 혈통에 달린 것이 아니고, 이방인이든 유대인이든 예수님을 구주로 믿고 영접하면 누구나 다 구원받게 돼 있다는 것입니다.

"영접하는 자 곧 그 이름을 믿는 자들에게는 하나님의 자녀가 되는
권세를 주셨으니 이는 혈통으로나 육정으로나 사람의 뜻으로 나지
아니하고 오직 하나님께로서 난 자들이니라" 요 1:12-13, 개역한글.

구원을 믿음으로 받는다는 말은 이제 유대인, 이방인, 율법, 혈통과
는 상관없다는 것입니다. 누구든지 예수님을 구주로 믿고 영접하면 다
구원받는다는 뜻입니다. 그런데 요한일서에 와서는 믿음을 사랑으로
바꿔 버렸습니다.

"우리가 이미 죽음에서 생명으로 옮겨 갔다는 것을 우리는 압니다.
이것을 아는 것은 우리가 형제자매를 사랑하기 때문입니다. 사랑하
지 않는 사람은 죽음에 머물러 있습니다" 요일 3:14.

요한 사도는 왜 믿음을 사랑으로 바꾸었을까요? 예수님을 믿는다고
말은 하는데 실제로는 안 믿는 거짓말쟁이들 때문입니다. 그래서 계속
믿음만 가지고 이야기할 수 없었습니다.

"누가 하나님을 사랑한다고 하면서, 자기 형제자매를 미워하면, 그
는 거짓말쟁이입니다. 보이는 자기 형제자매를 사랑하지 않는 사람
이 보이지 않는 하나님을 사랑할 수 없습니다" 요일 4:20.

예수님을 믿는다고 하면서 미워하고 사랑하지 않으면 거짓말쟁이

라는 것입니다. 이런 사람이 지금도 많습니다. 분명히 예수님을 믿는 다고 하면서 실제로는 사랑을 못합니다. 왜 이것이 거짓말입니까? 예수님을 믿는다는 것은 예수님을 영접하는 것입니다. "예수님이 이제부터 내 생명이 되셨다"는 것입니다. "사랑의 예수님이 내 생명이시고, 그분이 나의 주님이라"고 고백하면서 마음은 미움이라는 말이 성립이 되겠습니까? 아직 예수님을 영접한 게 아니라는 뜻입니다. 그래서 거짓말쟁이라고 사도요한이 말하고 있는 것입니다.

우리가 전도할 때는 "예수님을 믿으면 구원받습니다. 믿기만 하세요"라고 전하는 것은 틀린 말이 아닙니다. 그러나 "믿기만 하면"이라는 말은 입술로 인정하거나 동의한다는 것만이 아닙니다. 예수를 믿은 사람에게는 예수를 믿은 증거가 나왔는지를 확인해야 합니다. 그 증거는 사랑입니다. 이 사람이 정말 예수님을 영접했는지는 사랑을 보면 알 수 있습니다. 예수님을 영접했다는데 사랑이 없다면, 하나님처럼 사랑하지 않는다면 거짓말하는 것입니다. 지금 누군가를 미워하는 사람이 있다면 빨리 해결해야 합니다.

예수 믿는 사람들도 의견이 안 맞을 때가 있습니다. 그래서 토론도 하고 그러다 보면 화를 낼 때도 있습니다. 예수 믿는 성도들끼리도 다툴 때가 있습니다. 그러나 미워하는 것은 다른 문제입니다. 미움의 영은 사탄입니다. 미움이 마음속에 들어왔다는 것은 끔찍한 일입니다. 겉으로 다투지 않아도 속으로는 미워한다면 당장 해결해야 합니다.

"자기 형제자매를 미워하는 사람은 누구나 살인하는 사람입니다. 살인하는 사람은 누구나 그 속에 영원한 생명이 머물러 있지 않다는 것을 여러분은 압니다"요일 3:15.

베드로와 사도 바울이 서로 다툰 적이 있습니다. 바울이 베드로를 공개적으로 면박했습니다.

"게바가 안디옥에 이르렀을 때에 책망할 일이 있기로 내가 저를 면 책하였노라"갈 2:11, 개역한글.

베드로가 안디옥에서 이방인들과 같이 식사하고 있는데, 예루살렘에서 유대인들 몇 명이 내려왔습니다. 유대인들이 이방인들과 식사하는 것을 비난할까 봐 베드로가 밥을 같이 먹다가 슬금슬금 자리를 피했습니다. 바울이 그 모습을 보고 면박했습니다.

"베드로, 뭐하는 거야? 태도를 분명히 해! 아니, 이방인하고 밥 먹는 게 죄야? 이방인들하고 밥 먹으면 구원 못 받아? 아니, 베드로 당신이 이런 애매한 태도를 취하면 이방인들이 어떻게 예수님을 믿겠어!"

베드로는 예수님의 수제자였습니다. 베드로의 입장에서는 바울의 지적이 창피하고 모욕적이라고 느낄 수 있을 것입니다. '아니, 어떻게 나에게 면박을 줘? 두고 봐라. 너 얼마나 잘되나 한번 보자.' 이렇게 할 수도 있는 것입니다. 그런데 베드로는 바울을 사랑했습니다.

"또 우리 주의 오래 참으심이 구원이 될 줄로 여기라 우리가 사랑하

는 형제 바울도 그 받은 지혜대로 너희에게 이같이 썼고" ^{벧후 3:15,}
^{개역개정}.

베드로는 "사랑하는 형제 바울"이라고 썼습니다. 예수님의 사람은 이렇습니다. 우리가 이렇게 하나님처럼 사랑해야 심령에 두려움이 없어집니다. 우리가 하나님처럼 사랑하면 세상에서는 바보란 소리를 들을 수도 있고, 손가락질을 당할 수도 있고, 좋은 것을 다 뺏길 수도 있습니다. 그러나 두렵지 않습니다.

> "사랑에는 두려움이 없습니다. 완전한 사랑은 두려움을 내쫓습니다. 두려움은 징벌과 관련이 있습니다. 두려워하는 사람은 아직 사랑을 완성하지 못한 사람입니다" ^{요일 4:18}.

완전한 사랑이라는 것은 하나님처럼 사랑하는 것입니다. 이렇게 하나님처럼 사랑하는 사람은 두려움이 없습니다. 하나님의 나라를 소유했기 때문입니다. 그는 이 땅에서 살지만 이미 하나님 나라의 백성입니다. 하나님의 사랑이 자기에게서 완성됐기 때문입니다.

이 세상이 아무리 좋은 것 같아도 순식간에 전부 지나갑니다. 우리에게는 영원한 하나님의 나라가 있습니다. 아무리 세상 것을 다 가지고 있어도 우리 마음에 하나님의 사랑이 완성되지 않으면, 하나님처럼 사랑하고 사는 것이 아니라면 죽는 것이 두렵습니다. 하나님 앞에 가는 것이 두렵습니다. 이것은 징벌과 관련이 있습니다. 하나님은 우리에게 한 가지만 찾으십니다. 우리에게 완전한 사랑이 있는지를 찾으십니다. 사랑 안에 다 있습니다. 하나님을 목숨을 다하여 사랑하고, 이웃을 내 몸처럼 사랑하는 데 모든 계명이 있습니다.

어떤 분은 편안하게 죽는 것이 소원이라고 말합니다. 정말 몰라서 하는 이야기입니다. 목요일에 아파서 금요일에 입원하고 토요일에 죽고 주일에 교회에서 광고하고 월요일에 장례 치르는 게 복입니까? 이것은 몰라도 너무 모르고 하는 말입니다. 우리가 잘 죽기 위해 기도할 것이 있다면, 하나님 앞에 섰을 때 두려움이 없도록 기도하는 것입니다.

스데반 집사님은 돌에 맞아 죽었습니다. 그러나 그에게 죽는 것은 큰 문제가 아니었습니다. 스데반 집사님은 자신에게 돌을 던지는 사람들을 향해 "이 죄를 그들에게 돌리지 마옵소서"^{행 7:60, 개역개정} 하고 기도했습니다. 스데반 집사님은 하나님 앞에서 아무런 두려움이 없었습니다. 우리도 이런 기도를 할 수 있어야 합니다. 하나님 앞에 섰을 때 사시나무처럼 두렵고 떨린다면, 평생 편안하게 살면 뭐합니까? 건강하게 살다가 편안하게 죽었다고 해서 그게 복인가요?

어떤 분이 단기선교 여행을 가는데 부모님이 반대해서 싸우고 갔다고 합니다. 단기 선교 가는 것은 중요한 일입니다. 그런데 왜 부모님과 싸우고 가죠? 예수님의 사랑을 전하러 가면서, 사랑이 깨어진 채로 가는 모순을 깨달아야합니다. 어떤 분은 여선교회 회장이 상식적으로 일을 처리하지 못하는 것 때문에 화가 나서 대판 싸웠다고 합니다. 왜 이렇게 하나요? 여선교회 회장이 제대로 일하도록 하는 방법이 싸우는 것만 있는 게 아닙니다. 어떤 분은 침례냐, 세례냐를 두고 싸웠다고 합니다. 신학적으로 토론할 수는 있습니다. 그러나 싸울 문제는 아닙니다. 어떤 일을 꼭 싸워서 바로잡으려는 사람은 어리석은 사람입니다. 싸운다고 바로잡아지지 않습니다. 오히려 싸움만 더 커집니다.

바울은 "사랑이 없으면 내가 아무것도 아니요"_{고전 13:2, 개역개정} 라고 했습니다. 교회에서 중직을 세울 때 봉사를 열심히 하는지, 교회의 의무 생활을 잘 하는지, 성경을 많이 공부했는지, 기도 생활을 잘 하는지 등 여러 가지를 보고 선출합니다. 그러나 하나님처럼 사랑하는지는 별로 안 봅니다. "하나님처럼 사랑한다는 것은 너무 어려운 조건이에요. 그래 가지고 누구를 뽑겠어요." 하나님처럼 사랑하느냐는 항목은 선출 기준에 없습니다. 그래서 한국 교회가 이렇게 된 것입니다. 사랑이 없으면 아무것도 아닙니다. 봉사도, 헌금하는 것도, 성경을 많이 아는 것도, 기도를 많이 하는 것도 사랑이 없으면 아무것도 아닙니다.

요한 사도는 예수님이 하신 말씀을 기억하라고 했습니다.

> "하나님을 사랑하는 사람은 자기 형제자매도 사랑해야 합니다. 우리
> 는 이 계명을 주님에게서 받았습니다"_{요일 4:21}.

예수님은 마태복음 22장에서 "사랑이 제일 큰 계명"이라고 말씀하셨습니다. 이처럼 성경은 사랑이 중요하다고 말합니다. 하나님처럼 사랑해야 한다고 곳곳에서 말합니다. 그런데도 성도들은 여전히 하나님처럼 사랑하는 것은 어렵다고 말합니다. 천국과 지옥의 심판을 건성으로 듣고 넘어가기 때문입니다. 아직 자신과는 별로 상관없는 먼 일이

지 실제라고 생각하지 않습니다. 죽음이 늘 곁에 있어도 아직도 자기와는 상관없다고 여기는 것과 꼭 같습니다. 아직도 천국과 지옥을 바라보는 눈이 안 열렸기 때문입니다. 천국과 지옥에 대해서 그렇게 많이 들었지만, 실제로 자기도 그 자리에 설 것이라는 생각은 못하고 사는 것입니다. 천국과 지옥에 대해 눈이 열리고 나면 사랑 안 할 사람이 없습니다. 미워하며 싸우고 살 이유가 없습니다.

예수님을 바라보면 사랑하게 됩니다

아프리카 콩고에서 평생을 사역하고 계신, 헬렌 로즈비어 Helen Roserveare 라는 선교사님이 있습니다. 영국 케임브리지대학 출신의 여의사입니다. 미혼으로 콩고에 와서 콩고 사람들을 위해 사역을 하던 중에 콩고에 내전이 일어났는데, 선교사님이 반란군에게 끌려가서 고문을 당하고 겁탈을 당했습니다. 여자 선교사로서 얼마나 끔찍한 일입니까? 그런 일을 겪었으니 콩고에는 더 있고 싶지 않을 법합니다. 그런데도 선교사님은 자신에게 말할 수 없이 끔찍한 경험을 안겨 준 콩고 사람들을 여전히 섬기며 살고 있습니다. 그리고 《살아 있는 믿음》죠이선교회, 2011 이라는 책을 써서 전 세계를 다니며 강의하고 있습니다. 만나는 사람마다 그분의 얼굴이 천사 같다고 얘기합니다. 천국을 바라보는 눈이 열리면 하나님이 그렇게 살게 해 주시는 것입니다.

'나는 도무지 하나님처럼 사랑하며 살 수 없을 것 같다'고 생각하는 분이 있나요? 그런 경우를 '걱정도 팔자'라고 하는 것입니다. 그것을 왜 우리가 걱정합니까? 우리를 하나님처럼 사랑하게 해 주시는 분이 예수님이신데 말입니다. 예수님이 그렇게 해 주신다는데, 왜 우리가 안 될 것이라고 걱정합니까? 우리가 진짜 걱정해야 할 것은, 하나님처럼 사랑하게 해 달라고 기도도 하지 못하는 것입니다. 그럴 마음조차 없는 것입니다. 우리가 하나님처럼 사랑하지 못한다는 것을 하나님은 이미 아십니다. 우리에겐 그럴 능력이 없습니다. 하나님은 이를 두고 문제 삼지 않으십니다. 이미 우리의 처지를 아시고 십자가로 이 모든 문제를 해결하셨기 때문입니다. 그러나 우리가 하나님처럼 사랑하게 해 달라는 기도도 하지 않는 것은 문제가 있는 것입니다.

"오직 성령의 열매는 사랑과 희락과 화평과 오래 참음과 자비와 양선과 충성과 온유와 절제니"갈 5:22-23, 개역개정.

사랑이 제일 먼저입니다. 사랑은 성령님의 열매입니다. 그런데 사랑하게 해 달라고 간구하지 않으면 하나님은 역사하시지 않습니다. 고린도전서 12장에서 바울은 "너희는 더욱 큰 은사를 사모하라. 내가 또한 가장 좋은 길을 너희에게 보이리라"고전 12:31, 개역개정고 했습니다. 여기서 "더욱 큰 은사"가 바로 사랑의 은사입니다. 바로 이어서 우리가 잘 알고 있는 사랑장인 고린도전서 13장이 나옵니다. 더욱 큰 은사를 사모하라는 것입니다.

"제가 하나님처럼 사랑하게 해 주세요. 저에게는 그런 사랑이 없어요. 저도 예수님처럼 살고 싶어요. 예수님, 저를 통해서 사랑하세요. 저를 통해서 제 가족을 사랑하세요. 저를 통해서 제가 아는 사람들을 사랑하세요. 저를 통해서 저 원수 같은 사람들을 사랑하세요."

이렇게 구할 때 주님이 우리 안에 사랑을 심어 주십니다.

주님의 십자가를 처음 들었을 때는 너무 감동스러웠습니다. 십자가로 내가 구원받은 것이 정말 은혜가 되고, 눈물이 쏟아졌습니다. 밤새 회개하고, "나도 이젠 사랑하고 살아야지" 하며 결단했습니다. 그런데 어느덧 세월이 지나가고, 십자가의 복음을 몇 번 듣다 보니 그만 무감 각해졌습니다. 세월은 무서운 것입니다. 은혜를 받았는데도, 시간이 지나면 감각이 둔해집니다. 이것은 심각한 것입니다.

성경에 일만 달란트 빚 진 종의 이야기가 나옵니다. 일만 달란트는 오늘날로 하면 5, 6조 원에 해당하는 큰 금액입니다. 그런데 그것을 탕 감 받은 사람이 100데나리온 약 천만 원 빚 진 자를 용서하지 못합니 다. 어떻게 이럴 수 있을까요? 그런데 있을 수 있는 일입니다. 시간이 지나고 나면 내가 아무리 많은 빚을 탕감 받았어도 당장 천만 원이 아 쉬울 수 있는 것입니다. 세월은 이렇게 무서운 것입니다.

예수님의 십자가 복음을 지식으로만 아는 사람, 그저 한번 들어 본 사람은 시간이 지나고 나면 반드시 마음이 메말라 버립니다. 주님의 은혜에 대해서 무감각해집니다. 십자가 이야기가 나와도 별 감동이 없 습니다. 그런데 예수님과 늘 동행하며 산다면 어떨까요?

"그리스도께서 사신 대로 또한 우리도 이 세상에서 그렇게 살기 때 문입니다" 요일 4:17.

225

우리도 과연 이 땅에서 그렇게 살 수 있을까요? 어렵다고 생각하실 것입니다. 그럼 예수님을 직접 만나 함께 산다면 어떨까요? 매일 예수님의 얼굴을 직접 대면하고 산다면 예수님처럼 안 살 사람이 있겠습니까? 십자가에서 자신을 위해 죽으신 주님이 자신을 바라보시는 것을 자기도 본다면, 어떻게 예수님처럼 안 살 수 있겠습니까? 24시간 주님을 바라보고 살면 하나님처럼 사랑하게 됩니다. 예수님이 그렇게 만들어 주십니다. 우리가 아무리 이기적이고 사악한 사람이어도, 예수님을 보면서 어떻게 자기 욕심대로 살겠습니까? 그래서 24시간 예수님을 바라보라는 것입니다. 다시 말하면 함께 계시는 예수님을 의식하라는 것입니다. 나는 죽고 예수로 사는 십자가의 복음대로 살라는 것입니다.

우리 마음에는 계속 남에 대한 판단과 정죄가 일어납니다. 보기 싫은 사람, 상관하기 싫은 사람이 있습니다. 정말 저주가 나오는 사람이 있습니다. 그래도 주님을 바라보면 그 사람을 사랑하게 됩니다. 예수님의 마음이 내게 전해지고 예수님의 원함을 깨달을 수 있기 때문입니다. 예수님이 나를 위해서 죽으셨지만, 그를 위해서도 죽으셨다는 것을 붙잡게 됩니다.

주님을 보지 않으면 순간적으로 자기 성질대로 판단해서 무너져 버립니다. 그렇기 때문에 24시간 예수님을 바라봐야 합니다. 천국과 지옥을 바라보고 나면 누구나 그 속에 하나님처럼 사랑하며 살아야겠다는 갈망이 일어납니다. 그러나 곧 자신은 그렇게 할 수 없다는 것을 깨닫고 더 절망합니다. 그러나 그때 주님을 바라보면 주님께서 우리 안에서 역사하시기 시작합니다.

　우리가 나는 죽고 예수로 살며 24시간 예수님을 바라보면 하나님이 우리를 하나님의 사랑으로 살게 해 주십니다. 그러므로 24시간 예수를 바라보는 것이 얼마나 기쁜 일인지 모릅니다. 우리에게서 하나님의 사랑이 완성되기를 축복합니다. 주님을 바라보는 눈이 열려서 그리스도가 사신 것처럼 살기를 기도합니다. 마지막에 하나님을 뵈었을 때 그분 앞에서 우리의 마음이 담대하기를 기도합니다.

요한일서 5:1-5

1 예수가 그리스도이심을 믿는 사람은 다 하나님에게서 태어났습니다. 낳아 주신 분을 사랑하는 사람은 다 그분이 낳으신 이도 사랑합니다. 2 우리가 하나님을 사랑하고, 또 그 계명을 지키면, 이로써 우리가 하나님의 자녀를 사랑한다는 것을 압니다. 3 하나님을 사랑하는 것은 그 계명을 지키는 것입니다. 하나님의 계명은 무거운 짐이 아닙니다. 4 하나님에게서 태어난 사람은 다 세상을 이기기 때문입니다. 세상을 이긴 승리는 이것이니, 곧 우리의 믿음입니다. 5 세상을 이기는 사람은 누구입니까? 예수가 하나님의 아들이심을 믿는 사람이 아니고 누구겠습니까?

유기성 목사님의 〈요한일서〉 강해 12강을 볼 수 있습니다.

CHAPTER 12

예수님이 세상을 이기게 해 주십니다

세상을 이기는 힘이 우리에게는 없습니다. 어떻게 우리가 세상을 이깁니까? 그런데 우리 안에 계시는 예수님을 바라보면, 예수님이 우리로 하여금 세상을 이기게 해 주십니다.

세상을 이기는 사람들

요한일서 5장에 보면 "세상을 이기는 사람"에 대한 말씀이 나옵니다. 이 세상을 이긴다는 개념은 굉장히 놀라운 개념입니다. 심지어는 좀 위험한 개념이기도 합니다. 많은 사람들은 이 세상을 살면서 기껏해야 성공하기를 원합니다. 세상에서 자리를 잡고 돈을 벌고 자기가 하고 싶은 일을 하고 명예로운 사람이 되면, 세상은 박수를 보내고 잘 살았다고 인정해 줍니다. 그런데 세상을 이겨야겠다고 생각하는 사람을 세상이 좋아할까요? 우리가 대한민국에 살면서 대한민국을 이겨야겠다고 생각합니까? 이 나라를 이겨야겠다고 생각하는 사람은 이 나라 사람이 아닐 것입니다.

이 세상에서 살지만, 이 세상 사람이 아닌 사람이 있습니다. 세상을 이기는 사람입니다. 어떤 사람이 그런 사람일까요? 하나님으로부터 난 사람입니다.

1절 말씀을 보면, 하나님에게서 태어난 사람이 있다고 했습니다. 예수가 그리스도이심을 믿는 사람은 다 하나님에게서 태어났습니다. 하나님에게서 태어난 사람은 세상을 보는 눈이 다릅니다. 그에게 이 세상은 성공해야 하는 곳이 아니고, 이겨야 하는 곳입니다. 고린도전서 2장 12절을 보면 세상은 두 부류의 사람으로 나뉘는데, '세상의 영을 받은 사람'과 '하나님으로부터 온 영을 받은 사람'입니다. 하나님으로부터 온 영을 받은 사람은 하나님이 은혜를 베풀어 주신 것을 아는 지각이 생긴다고 했습니다. 하나님이 우리에게 주신 가장 놀라운 은혜는 하나님의 나라입니다. 하나님의 나라에 대해 눈이 뜨이고 나면, 더 이상 자신은 세상 사람이 아니게 됩니다. 그래서 세상은 이겨야 할 대상이 되는 것입니다.

> "하나님에게서 태어난 사람은 다 세상을 이기기 때문입니다. 세상을 이긴 승리는 이것이니, 곧 우리의 믿음입니다" 요일 5:4.

우리는 이 말씀에서 그동안 진지하게 생각해 보지 않았던 주제에 대하여 도전을 받습니다. 세상은 성공해야 하는 곳입니까, 아니면 이겨야 하는 곳입니까? 세상을 이긴다는 것은 어떤 의미일까요? 요한 사도가 본문에서 세상이라고 말한 것은, 좁은 뜻으로 말하면 초대 교회 당시에 기독교인들을 핍박하던 자들을 말합니다. 교회가 처음 세워질 때부터 예수 믿는 사람들은 핍박을 받았습니다. 지금도 전 세계에서 가장 핍박받는 종교가 기독교이고, 가장 많은 순교자를 내고 있는 종교도 기독교입니다. 우리는 이것을 잘 실감하지 못하지만, 지금도 기독교인들은 전 세계적으로 엄청난 핍박을 받고 있습니다. 세상이 그렇게 하는 것입니다.

그러면 세상은 왜 기독교인들을 이렇게 핍박합니까? 우리가 하나님의 나라를 믿기 때문입니다. 예수를 믿는 사람은 하나님의 나라를 믿고, 소망하기 때문입니다. 그래서 세상이 기독교인들을 미워하는 것입니다. 이는 초대 교회 때부터 겪던 일입니다. 예수 믿는 사람들은 세상의 법과 원리대로 살지 않고 하나님 나라의 법과 원리대로 사는 사람들입니다. 이 세상에 왕이 있지만 예수님이 왕이시라고 믿고 사는 사람들입니다. 그래서 교회가 처음 세워졌을 때 세상은 기독교인들을 무자비하게 핍박했습니다.

세상이 기독교인들을 핍박하는 목적은 괴롭히는 것이 아닙니다. 고통스럽게 하자고 핍박하는 것이 아닙니다. 세상이 요구하는 것은 하나님 나라를 믿지 말라는 것입니다. "하나님 나라의 백성이라고 생각하지 마라. 예수님을 왕이라고 말하지 마라. 세상에서 세상과 동화되어서 세상 법과 원리대로 살라"는 것입니다. 그래서 우리가 예수 믿는 것을 포기하고, 하나님 나라를 믿지 않고, 하나님의 백성으로 살지 않으면 세상은 더 이상 우리를 핍박하지 않습니다. 그러므로 정신 차려야 합니다. 우리가 하나님 나라의 백성임을 단 한순간도 잊어서는 안 됩니다. 우리에게 중요한 것은 이 세상에서 성공하는 것이 아니고, 세상을 이기는 것입니다.

세상은 우리가 하나님 나라의 백성인 것을 포기하게 만들려고 때로는 핍박이 아니라 유혹을 줄 때도 있습니다. 그것이 더 무섭습니다. 오히려 핍박당할 때는 믿음이 더 커질 수 있습니다. 세상에서 실패하고 다 무너졌을 때 오히려 하나님의 나라를 보는 눈이 열립니다. 그래서 어떨 때는 환란 당하고 핍박당하고 실패하는 것이 유익하기도 합니다. 마귀가 이것을 알기 때문에 핍박해서 안 되면 유혹합니다. "세상에서 성공하라"는 것입니다. 하나님 나라 따위는 신경 쓰지 말고, 골치 아픈 것도 생각하지 말고, 오직 성공만 보게 합니다. 세상에서 돈 벌고 잘살라는 것입니다. 세상의 재미를 즐기라는 것입니다. 많은 그리스도인들이 핍박을 만날 때는 더 분명한 믿음으로 굳게 서다가, 작은 유혹 앞에서는 어처구니없이 무너져 버리는 일을 겪습니다.

예수님이 재림해 오실 때를 말씀하시며 걱정하신 것이 있습니다. 누가복음 17장 26-30절 말씀을 보면, 믿는 자들 안에서 기가 막힌 일을 볼 것이라고 걱정하셨습니다. 예수님이 걱정하신 것은, 우리가 죄를 많이 짓는 것이 아니라 먹고 마시고 집 사고 땅 사고 자녀들을 기르고 공부시키고 시집보내고 장가보내느라 정신없이 사는 것입니다. 이 세상에 먹고살기 위해 태어난 것처럼 사는 것입니다. 이 말에 마음이 찔리십니까? 이렇게 살다가 주님을 만나면 이 세상이 전부가 아니었음을, 하나님의 나라가 있음을 알게 될 것입니다. 주님은 하나님 나라가 있다는 것을 진지하게 생각해 보지 못하고 산 사람들로 우리를 만나게 될까 봐 걱정하셨습니다.

성경에 이렇게 사는 것이 얼마나 두려운 일인지에 대해 나옵니다. 롯의 아내는 소돔 성이 무너져 불타서 멸망할 때 구원받은 사람입니다. 99.99% 구원받았습니다. 롯의 아내는 하나님 뜻대로 산 게 없는데도 불구하고 전적인 은혜로, 아브라함의 중보 기도 때문에 구원을 받게 되었습니다. 소돔 성에 유황불이 임할 때 롯의 아내는 그 소돔 성에서 벗어난 상태였습니다. 그러니까 99.99% 구원받은 것이죠. 그런데도 롯의 아내는 멸망하고 말았습니다.

하나님은 롯의 아내에게 "이제 소돔 성에 유황불이 내릴 테니, 너는 빨리 소돔 성을 떠나라. 그리고 가까이 있는 소알 성으로 가라. 그러면 너를 구원해 줄 것이다. 대신에 절대로 뒤돌아보면 안 된다. 무슨 소리가 들려도 어떤 일이 뒤에서 일어나는 것처럼 느껴져도 소돔 성을 돌아보면 안 된다. 뒤돌아보면 죽는다. 그냥 앞만 보고 달려가라"고 하셨습니다. 지옥에서 천국으로 건짐 받은 사람에게 뒤돌아보지 말라는 것이 뭐가 그렇게 어려운 계명입니까? 뒤만 돌아보지 않으면 구원받는 것입니다. 그런데 롯의 아내는 그것을 지키지 못합니다. 마음에 세상이 꽉 차 있었던 것입니다. 마음이 소돔에 가 있었던 것입니다. 재물이 있는 곳에 마음이 있다고 했는데, 멸망할 소돔에 좋은 것을 다 쌓아 둔 것입니다. 그곳이 롯의 아내에게는 만세 반석이었습니다. 그런데 그것 때문에 멸망당합니다. 구원의 축복은 받았지만 소돔 성에 대한 미련을 못 버려서, 결국 유황불이 쏟아질 때 자기도 모르게 뒤돌아본 것입니다.

우리 중에도 자기도 모르게 돌아설 사람이 있을 것입니다. 이것이 두려운 것입니다. 정신 차려야 하는 것입니다. 우리는 예수를 믿음으로 구원을 받았습니다. 그러나 진짜 마지막 순간이 왔을 때 마음을 세상에 두고 살았던 사람, 하나님 나라의 백성이라는 의식이 없이 살았던 사람은 어쩔 수가 없습니다. 마음이 거기에 있는 것을 어쩌겠습니까? 너무 비참한 일입니다. 이것은 롯의 아내의 이야기만이 아니기 때문에 성경에 기록되어 있는 것입니다.

우리가 하나님의 자녀가 되었다는 것은, 하나님 나라의 사람이 됐다는 것입니다. 그래서 우리는 세상에서 살 때 세상과 싸우는 관계가 됩니다. 세상에 복종하고, 순응하고, 그저 세상에서 성공하기만을 바라는 것이 아니라 세상과 싸워야 합니다. 세상이 말하는 것과 하나님이 말씀하시는 것이 다르면, 우리는 어떤 손해를 보고서라도 하나님이 말씀하시는 대로 가야 합니다. 때로 세상 것을 깨끗하게 버릴 줄 알아야 합니다. 이것이 세상을 이기는 것입니다.

요한계시록을 보면 하나님이 우리에게 요구하시는 것은 성공이 아니고 이기는 것임을 알 수 있습니다. 세상은 이 사람이 얼마나 성공했느냐를 봅니다. 그러나 하나님은 세상에서 성공한 것에 대해서는 관심이 없으십니다. 하나님은 "네가 이겼느냐"고 물으십니다. 요한계시록 2-3장을 보면, 하나님이 이기는 자에게 주시는 축복에 대해 나옵니다. 생명나무의 열매를 먹고계 2:7, 둘째 사망의 해를 받지 아니하고계 2:11, 감추었던 만나와 흰 돌을 받고계 2:17, 만국을 다스리는 권세를 받고계 2:26, 흰옷을 입고계 3:5, 그 이름을 하나님 앞에서 인정받을 것이라고 합니다. 하나님의 성전에 기둥이 되고계 3:12, 하나님 보좌에 함께 앉게 되는 것입니다 계 3:21. 그러므로 우리가 예수를 믿고 난 뒤부터는 세상에서 얼마나 부자가 되고 성공했느냐가 아니라, 오직 자신이 이기는 자인가 승리하는 자인가 점검해야 하는 것입니다.

히브리서 11장을 '믿음장'이라고 하는데, 믿음의 사람들이 열거되어 나옵니다. 성경에 나오는 믿음의 사람들은 전부 세상을 이긴 사람들입니다. 그들은 어떻게 그렇게 살았을까요? 하나님의 나라를 봤기 때문입니다.

> "그들이 이제는 더 나은 본향을 사모하니 곧 하늘에 있는 것이라 이러므로 하나님이 그들의 하나님이라 일컬음 받으심을 부끄러워하지 아니하시고 그들을 위하여 한 성을 예비하셨느니라" 히 11:16, 개역개정.

예수를 믿고 나면 하나님의 나라를 보는 눈이 열립니다. 자신이 하나님 나라의 백성인 것을 알게 되면, 세상을 보는 눈이 완전히 달라집니다.

로마는 그리스도인들을 굉장히 핍박했습니다. 그리스도인들은 지하 무덤에서 300년을 살아야 했습니다. 그래도 대항 한번 하지 못했습니다. 로마 군인들이 붙잡아 가면 붙잡혀 가는 것이고, 빼앗아 가면 빼앗기는 것이고, 쫓아내면 쫓겨나는 것이고, 죽이면 그냥 죽는 것이었습니다. 너무 무기력하지 않습니까? 어떻게 이것을 보고 이겼다고 말할 수 있을까요? 한 번도 싸워 보거나 대항하지 못했습니다. 그런데 313년에 로마가 기독교를 공인하게 됩니다. 로마 황제가 이제는 기독교를 믿어도 좋다고 공인합니다. 무슨 뜻입니까? 로마가 졌다는 뜻입니다.

그리스도인들을 죽이고 또 죽였는데, 줄어들기는커녕 더 늘어났습니다. 죽이는데도 한 번도 대항을 안 합니다. 칼로 치면 그냥 찬송하고 기도하며 죽어 갑니다. 나중에는 죽이는 사람이 그리스도인들을 무서워하게 된 것입니다. 그리스도인들이 이겼다는 뜻입니다.

일제 강점기에 가장 많은 피해를 본 것은 교회입니다. 그때 예수 믿는 사람들은 신사 참배를 거부하면 박해를 받았습니다. 예수를 믿는 것이 죄였습니다. 그런데 지금은 500명이 넘는 선교사님들이 일본에 가 있습니다. 수많은 젊은이들이 일본으로 건너가서 복음을 전하고 옵니다. 이런 것을 이겼다고 하는 것입니다.

2002년에 중국은 '전국 인민 대표 대회'에서 강령 하나를 바꿨습니다. 종교인도 공산당원이 될 수 있다고 바꾼 것입니다. 이는 굉장히 중요한 사건입니다. 중국 공산당이 기독교를 얼마나 핍박했는지 모릅니다. 30년 동안 모든 예배를 금지하고, 신학교와 예배당의 문을 다 닫고, 선교사님들을 다 쫓아내고, 목사님들을 다 감옥으로 끌고 갔습니다. 그런데도 기독교인이 4배나 늘었습니다.

중국이 개방하고 난 다음부터 예배는 드리게 했지만 온갖 제약과 걸림돌을 두어서 교회가 부흥하지 못하게 했습니다. 그중에서 가장 결정적인 것이 종교인은 공산당원이 되지 못하게 한 것입니다. 공산당원이 될 수 없다는 것은 출세 길이 막힌다는 것입니다. 그런데 출세를 포기하고 예수 믿겠다는 사람이 너무 많았습니다. 심지어 장성 되는 것을 포기하고 예수를 믿겠다는 사람들도 있었습니다. 국회의원급에 해당하는 전국 인민 대표 대회의 의원이 되는 일도 포기하고 예수를 믿겠다는 사람도 생겼습니다. 결국 중국 공산당에서 종교인도 공산당원이 될 수 있도록 규정을 바꾼 것입니다.

우리가 예수를 믿으면 우리는 세상에 순응하는 자가 아니고 세상을 이기는 자가 됩니다. 이것은 놀라운 일입니다. 예수를 믿고 우리에게 나타난 엄청난 역사인 것입니다.

도대체 누가 감히 세상을 이기겠다고 나섭니까? 바로 예수를 믿는 자입니다. 세상을 이기겠다고 나설 수 있어야 진짜 예수 믿는 사람입니다.

"세상을 이기는 사람은 누구입니까? 예수가 하나님의 아들이심을 믿는 사람이 아니고 누구겠습니까?" 요일 5:5

예수님이 누구이신지를 알고 나니까 세상이 더 이상 무섭지가 않은 것입니다. 하나님의 나라를 보는 눈이 열린 것입니다. 예수님이 그리스도라는 사실을 정말 믿고 나니까 이제는 세상이 완전히 달리 보이는 것입니다. 예수를 믿으면 누구나 성령 하나님이 그 사람 안에 오십니다. 그래서 하나님으로부터 태어났다고 말하는 것입니다. 우리는 하나님으로부터 난 사람들입니다. 이전과는 완전히 다른 사람입니다. 똑같은 세상을 살아도 다르게 삽니다. 우리는 이제 하나님의 자녀요, 하나님 나라의 백성입니다.

하나님의 자녀인지 아닌지를 무엇으로 압니까? 세상 사람들은 친부

모인지 아닌지를 유전자 검사로 압니다. 우리도 하나님의 자녀인지를 확인할 수 있는 길이 있습니다. 성령 하나님이, 하나님의 생명이 우리 안에 와서 임하셨는지를 확인해 보는 것입니다. 요한 사도는 이것을 "하나님의 씨"라고 표현했습니다.

"하나님의 씨가 그 사람 속에 있기 때문입니다"요일 3:9.

우리는 이 사실을 확인해야 합니다. 우리는 얼굴도 다르고 나이도 다르지만, 우리에게 한 가지 동일한 것은 우리 안에 하나님의 씨가 있다는 것입니다. 성령 하나님이 우리 안에 와 계신다는 것입니다. 이것을 가지고 우리가 하나님으로부터 났는지를 알 수 있습니다.

어느 목사님에게 4살 된 막내딸이 있었는데, 목사님이 어느 날 '내가 갑자기 죽을 수도 있겠다'는 생각이 들었다고 합니다. '내가 갑자기 죽으면 이 4살 된 딸이 얼마나 힘들어할까?' 그래서 딸에게 영생에 대해 가르쳐야겠다는 생각을 했습니다. "아빠가 갑자기 죽을 수도 있단다. 그런데 그렇게 죽으면 아빠는 천국에 가는 거야. 그러면 아빠가 천국에 먼저 가서 너를 기다리고 있을게. 너를 맞이할 준비를 하고 있을게. 그러니 너무 걱정하지 마. 아빠가 혹시 죽는 일이 있어도 걱정하지 마." 그랬더니 딸이 "땡큐!" 하더랍니다. 딸아이가 너무 쿨하게 반응하니까 목사님이 너무 당황했습니다. 아빠가 죽는다고 하면 두려워도 하고 슬퍼도 해야 천국에 대한 설명을 할 텐데, 감사하다고 말하니까 더 이상 할 말이 없는 것입니다. 아이가 혹시 잘못 알아들었나, 너무 어려서 개넘이 없나 싶어서 이번에는 좀 뒤집어서 말했습니다. "네가 먼저 죽을 수도 있어. 그러면 천국에 가서 아빠를 기다려 줄 수 있겠니?" 그랬더니 딸이 또 쿨하게 "물론이지"라고 했습니다. 목사님은 딸에게 다시 물었습니다. "죽으면 천국에 가는 것은 어떻게 아니? 네가 죽으면 천국에 갈지 어떻게 알아?" 그랬더니 딸아이가 하는 말이 "예수님이 내 맘에 계시잖아요" 했다는 것입니다. 목사님은 그 말에 깜짝 놀랐습니다. 4살 된 아이가 구원받은 것을 확실하게 안 것입니다. 예수님이 마음에 계시니까, 아빠도 죽으면 천국에 가고 나도 죽으면 천국에 간다는 것을 알았습니다.

우리 안에 예수님이 계신다는 것은 엄청난 일입니다. 돈이 있고 없고가 문제가 아닙니다. 내가 세상에서 얼마나 성공했느냐, 실패했느냐가 문제가 아닙니다. 우리 안에 예수님이 계시는 것, 하나님의 씨가 우리 속에 거하는 것이 엄청난 일인 것입니다.

세상을 이기는 원리

하나님 나라의 사람이 되면 나타나는 가장 놀라운 변화는 사랑입니다. 아버지이신 하나님을 사랑하게 됩니다. 그리고 사람들을 사랑하게 됩니다.

"낳아 주신 분을 사랑하는 사람은 다 그분이 낳으신 이도 사랑합니다. 우리가 하나님을 사랑하고, 또 그 계명을 지키면, 이로써 우리가 하나님의 자녀를 사랑한다는 것을 압니다"요일 5:1-2.

사랑하는 것이 세상을 이기는 사람의 특징입니다. 세상의 원리와 너무 다릅니다. 세상에서는 사랑 안 한다고 감옥에 가지 않습니다. 사랑 안 한다고 벌 받지 않습니다. 그러나 하나님의 백성은 사랑하지 않으면 천국에 못 들어갑니다. 이는 매우 중요한 사실입니다.

하나님 나라의 백성은 하나님의 법, 하나님의 말씀대로 사는 것이 기쁩니다. 절대로 무겁게 생각하지 않습니다. 그래서 선하고 의롭게 삽니다. 기쁘니까 그렇게 사는 것입니다.

"하나님을 사랑하는 것은 그 계명을 지키는 것입니다. 하나님의 계명은 무거운 짐이 아닙니다"요일 5:3.

혹시 '하나님의 말씀대로 사는 게 힘들다. 그렇게 사는 게 너무 무겁다'고 생각하는 분들은 여러분 안에 생명의 역사가 약해서 그런 것입니다.

어떤 형제가 예수를 잘 믿는 자매와 교제하게 됐습니다. 그런데 이해가 안 되는 것은, 자매가 예수 믿는 것 때문에 집안에서도, 직장에서도 그렇게 어려움을 겪는 것입니다. 이해할 수가 없어서 자매에게 "예수 믿는다고 하지 마. 예수를 믿지 않으면 누구도 너를 미워하지 않잖아. 네가 예수 믿으니까 이렇게 힘든 거야. 왜 그렇게 사서 고생을 하니?"라고 말했습니다. 그러자 자매가 형제에게 물었습니다. "그런 나와 왜 결혼하려고 해?", "너를 사랑하니까 그렇지.", "나도 똑같아. 사랑하면, 어려운 게 안 보여. 사랑하면 힘든 게 없어." 자매의 말에 형제는 믿음이 무엇인지를 비로소 깨달았습니다. 그리고 복음을 진지하게 들었습니다. 그 형제도 결국 예수를 믿고, 주님을 사랑하는 자가 됐습니다.

하나님을 사랑하고 하나님의 생명을 가진 사람은 참 독특합니다. 하나님의 말씀대로 살고 싶은 것입니다. 그래서 세상에서 살 때 세상과 싸우게 됩니다. 하나님의 말씀대로 살아야 하니까요. 세상을 포기해서라도, 성공을 포기해서라도 하나님의 말씀대로 살고 싶은 것입니다. 이것이 세상을 이기는 것입니다.

"자녀 된 이 여러분, 여러분은 하나님에게서 난 사람들이며, 여러분은 그 거짓 예언자들을 이겼습니다. 여러분 안에 계신 분이 세상에 있는 자보다 크시기 때문입니다" 요일 4:4.

우리 안에 세상보다 크신 이가 오셨습니다. 믿어지지 않지만 이 조그만 가슴에 세상보다 크신 이가 들어와 계십니다. 주 예수님이 우리 안에 와 계십니다. 그래서 세상이 두렵지 않습니다. 하나님 말씀대로 당당하게 삽니다. 선으로 악을 이깁니다. 우리가 할 일은 오직 하나밖에 없습니다. 주 예수님만 바라보는 것입니다. 예수님을 바라보지 않고는 살아갈 방법이 없습니다. 이것을 깨닫고 나면, 세상은 아무것도 아니게 작아집니다.

독일이 히틀러 Adolf Hitler 치하에 있을 때, 마르틴 니묄러 Martin Niemöller

목사님은 히틀러를 반대하다가 투옥됐습니다. 그리고 7년 동안 독방에서 감옥살이를 했습니다. 목사님이 있는 독방에는 조그만 창문 하나가 있었는데, 그것은 바깥을 볼 수 있는 유일한 통로였습니다. 그런데 그 감옥의 창문이 교수대를 향해 나 있었습니다. 그 독방에서 교수대가 보이는 것입니다. 거기에 사람이 매달려 있는 것을 볼 때도 있었습니다. 목사님은 항상 눈을 뜨면 교수대를 바라보며 살았습니다. 시간이 갈수록 마음이 점점 무너졌습니다. 사람이 매달려 죽는 모습을 보면서 죽음의 두려움이 점점 그를 사로잡았고, 죽는 꿈도 여러 차례 꾸었습니다. 사람이 그렇게 말라 가는 것입니다. 이것이 고문하는 방법 중 하나였습니다.

목사님은 "나도 언젠가는 끌려가서 저렇게 죽을 텐데, 그때 나는 어떻게 죽을까?" 하면서 온갖 불길하고 끔찍한 상상을 했습니다. 그런데 어느 날 기도하다가 교수대를 바라보지 말고 예수님을 바라봐야겠다는 생각을 했습니다. '예수님은 십자가에서 어떻게 죽으셨나? 놀랍게도 자신을 죽이는 자를 위해 기도하고 죽으셨다. 그렇다면 내가 저 교수대에 끌려가서 죽을 때 예수님처럼 하면 되겠구나. 다른 걱정을 할 게 없구나. 나를 죽이는 자를 위해 축복하고, 그를 위해 기도하고 죽으면 되는구나.' 갑자기 마음에 두려움이 다 사라지고 놀라운 평안이 왔습니다. '이젠 끌려가서 죽어도 상관이 없다. 어떻게 죽어야 할지 깨달았으니까.' 그렇게 생각을 하자 마음이 편안해지고, 잠을 달게 잘 수 있었습니다. 목사님은 천사가 그 감옥 안에서 자기를 돕는 것을 느꼈다고 합니다. 그때부터 목사님에게 감옥 생활은 수도원 생활이었습니다.

그리고 7년 뒤에 출옥했을 때, 마치 깊은 산속에 있는 수도원에 들어갔다가 나온 것 같았다고 했습니다.

세상을 이기는 힘이 우리에게는 없습니다. 어떻게 우리가 세상을 이깁니까? 그런데 우리 안에 와 계시는 예수님을 바라보면, 예수님이 우리로 하여금 세상을 이기게 해 주십니다.

세상의 성공은 우리의 목표가 아닙니다. 우리에게 필요하면 하나님이 주실 수도 있습니다. 그것은 부산물입니다. 주셔도 되고 안 주셔도 됩니다. 안 주셔도 된다는 말이 마음에 걸린다면, 아직도 세상만 바라보고 있기 때문입니다. 하나님 나라의 영광을 보지 못하니까, 세상의 성공을 안 주셔도 된다는 고백이 선뜻 안 나오는 것입니다.

정말 세상을 이기는 사람인지의 여부는 하나님 나라에 대해 눈이 뜨이는 것과 관련이 있습니다. 하나님 나라에 대해 눈이 열렸고, 하나님 나라의 백성이고, 하나님이 마음에 계신다는 것을 분명하게 믿으면 이미 세상을 이긴 사람입니다. 세상이 우리를 마음대로 못합니다. 우리를 하나님 나라의 원리와 다른 방법으로 살게 만들 수 없습니다. 하나님 나라에 눈이 뜨인 사람은 세상이 완전히 달리 보이기 때문입니다.

세상의 성공에 미련이 남는 사람들은 바울을 주목해 봐야 합니다. 바울은 세상의 성공과 유익이 배설물처럼 보인다고 했습니다. 배설물처럼 여기라고 한 것이 아니라, 그렇게 보인다고 했습니다. 성경에 나오는 비유를 보면 천국에서는 길 바닥재가 황금이라고 합니다. 천국에서는 황금이 도로포장재입니다. 지금 금반지 끼신 분들은 도로포장재를 손가락에 걸고 있는 것입니다. 그렇게 생각하면 굳이 연연할 필요가 없는 것입니다. 도로포장재 같은 것에 연연할 필요가 뭐가 있습니까? 세상의 성공이 배설물처럼 여겨지면 버리는 것이 조금도 힘들지가 않습니다. 어떻게 이런 일이 벌어지나요? 주 예수님을 바라보는 눈이 뜨이고, 하나님 나라의 영광을 보게 되면 그렇게 안 될 사람이 없습니다.

어느 집사님과 대화를 나누면서 참 많은 은혜를 받은 적이 있습니다. 집사님은 그동안 실패를 여러 번 겪으면서 예수님을 붙잡게 되었습니다. 그러고 지금은 하나님의 사람으로 살아가고 있습니다. 그분이 이런 고백을 하셨습니다.

"세상에서 재물을 다 잃어버렸을 때는 모든 것을 잃어버린 것 같았습니다. 그런데 이제 보니, 세상에서 돈을 잃어버린 것은 가장 작은 것을 잃어버린 것이었어요. 그리고 하나님을 만났는데, 그건 가장 큰 것을 얻은 것이었어요. 저는 축복받은 사람입니다. 가장 작은 것을 잃어버리고 가장 큰 것을 얻었으니까요."

하나님의 생명이 없는 사람에게 돈은 가장 큰 것이고, 하나님은 가장 작은 것입니다. 그렇게 보이는 것입니다. 그러나 성령이 오시고, 예수님이 나의 주인이 되시고 나면 모든 게 뒤집어집니다. 하나님이 우리에게 "고난의 길을 가라. 십자가를 지라"고 하시는 것이 괜히 우리를 힘들게 하시려는 것이 아닙니다. 하나님의 나라를 보여 주시면서 그 길을 가라고 하시는 것입니다. 문제 될 것이 없습니다. 그 길을 가고 싶어지니까요. 우리가 할 일은, 지금부터 예수님을 왕으로 모시고 사는 것입니다.

세상을 이기는 것은 믿음입니다. 믿어지는 것입니다. 구원은 하나님의 선물입니다. 우리는 구원을 감사함으로 받은 것입니다. 하나님이 구원을 주시고 우리는 받은 것입니다. 승리도 똑같습니다. 세상을 이기는 것도 우리가 이기는 것이 아니고, 하나님이 선물로 주시는 것입니다. 우리는 그저 감사함으로 받으면 됩니다.

이제 또 직장에 나가고 사업을 하고 세상 사람들을 만나야 하는데 "아, 또 어떻게 사나" 한다면 믿음이 없는 것입니다. "또 이길 기회를 주셨구나" 하고 감사해야합니다. 우리가 정말 누려야 할 것은 승리를 주신다고 하신 주님의 약속입니다.

> "우리 주 예수 그리스도로 말미암아 우리에게 승리를 주시는 하나님께 감사하노니"고전 15:57, 개역개정.

승리는 하나님이 주시는 것입니다. 오직 주 예수님만 바라보는 것입니다.

한번은 어느 교회 부흥회에 갔는데, 부흥회 마지막 날에 한 남자분이 찾아오셨습니다. 만나 보니까 그 교회 교인이 아니었습니다. 첫째 날 저녁집회에 왔다가 한 주 동안 직장에서 휴가를 얻고 새벽부터 부흥회에 참석하였답니다. 그분은 기독교 단체에서 근무하시는 분이었습니다. 그런데 성경의 원리대로 운영될 줄 알았던 단체에서 그렇지 못한 모습을 보고 마음에 너무 상처를 받아서 사표를 내려고 고민하고 있었습니다. 100일 동안 새벽 금식을 하면서 기도 응답을 기다리고 있었습니다. 하나님이 뚜렷한 응답을 주시지 않아서 답답해하다가 부흥회에 왔는데, 한 주 동안 기도하고 말씀을 붙잡으면서 답을 얻었다는 것입니다. 하나님이 이렇게 말씀하셨다고 합니다.

"너는 왜 자꾸 도망가려고 하느냐. 너는 실망했다고, 시험 들었다고, 상처 받았다고 하면서 자꾸 도망만 다니려고 하는구나. 평생 도망만 다니려고 하느냐? 너는 그 단체에 시험이 있고 악한 영이 역사하는 것을 느끼면서도 왜 한 번도 제대로 싸워 보려고 안 했느냐. 예수의 이름으로 대적해 본 적이 없지 않느냐."

그 남자분은 제게 이렇게 말했습니다.

"목사님, 제가 내일 아침에는 일찍 사무실에 나가서 하나님께 기도하며, 예수 그리스도의 이름으로 우리 단체 안에 역사하는 악한 영의 역사를 꾸짖고 대적하려고 합니다. 하나님이 그 일을 위해 나를 그곳으로 보내신 것을 이제야 알았습니다. 그동안 저는 자꾸 도망만 다니려고 했습니다. 하나님은 제가 이기는 자가 되게 해 주시려고 한다는 것을 몰랐습니다."

아직도 세상을 이길 확신이 없는 분이 있다면, 구하십시오. 하나님은 이미 우리 안에 하나님의 씨를 심어 주셨습니다. 그분이 세상을 이기십니다. 우리를 반드시 이기게 해 주십니다. 이김을 구하십시오. 그리고 믿으시기 바랍니다. 세상을 감히 이기려고 하는 자가 누굽니까? 예수 믿는 나입니다. 그렇게 주님께 구하십시오. 그리고 약속이 이뤄지도록 기도하십시오. 가정에서, 직장에서, 삶의 현장에서 우리는 세상을 이기는 자입니다.

우리가 예수를 믿으면

우리는 세상에

순응하는 자가 아니고

세상을 이기는 자가 됩니다.

이것은 놀라운 일입니다.

요한일서 5:6-13

⁶ 그는 물과 피를 거쳐서 오신 분인데, 곧 예수 그리스도이십니다. 그는 다만 물로써 오신 것이 아니라 물과 피로써 오셨습니다. 성령은 증언하시는 분입니다. 성령은 곧 진리입니다. ⁷ 증언하시는 이가 셋인데, ⁸ 곧 성령과 물과 피입니다. 이 셋은 일치합니다. ⁹ 우리가 사람의 증언도 받아들이거늘, 하나님의 증언은 더욱더 큰 것이 아니겠습니까? 하나님의 증언은 이것이니, 곧 하나님이 자기 아들에 관해서 증언하셨다는 것입니다. ¹⁰ 하나님의 아들을 믿는 사람은 그 증언을 자기 속에 가지고 있습니다. 하나님을 믿지 않는 사람은 하나님을 거짓말쟁이로 만들었습니다. 하나님이 자기 아들에 관해서 증언하신 그 증언을 믿지 않았기 때문입니다. ¹¹ 그 증언은 이것이니, 곧 하나님이 우리에게 영원한 생명을 주셨다는 것과, 바로 이 생명은 그 아들 안에 있다는 것입니다. ¹² 그 아들을 모시고 있는 사람은 생명을 가지고 있고, 하나님의 아들을 모시고 있지 않은 사람은 생명을 가지고 있지 않습니다. ¹³ 나는 하나님의 아들의 이름을 믿는 사람들인 여러분에게 이 글을 씁니다. 그것은 여러분이 영원한 생명을 가지고 있다는 것을 알게 하려는 것입니다.

유기성 목사님의 〈요한일서〉 강해 13강을 볼 수 있습니다.

CHAPTER 13

나의 생명,
주께 있습니다

예수님이 내 안에 계시니, 내 안에 영생이 있는 것입니다. 영원한 생명이
내 안에 있는 것입니다. 예수님과 살아 있는 관계 속에서 살아야 우리 안
에 있는 생명이 엄청난 역사를 일으키게 됩니다.

영원한 생명

하나님께서 우리에게 아주 중요한 메시지를 주셨습니다. 세상을 이기
는 사람이 예수님을 잘 믿는 사람이라는 것입니다. 예수님을 잘 믿으
면 우리는 세상에 끌려가는 사람이 아니고 세상을 이기는 사람이 됩니
다. 그러면 예수님을 잘 믿는다는 것은 어떤 것인가요? 예수 그리스도
에 대한 고백이 분명한 것입니다.

> "그는 물과 피를 거쳐서 오신 분인데, 곧 예수 그리스도이십니다"
>
> 요일 5:6.

요한 사도는 예수가 그리스도임을 분명히 고백하고 있습니다. 이 고백은 우리에게 전혀 낯설지 않습니다. 신앙생활을 하며 너무나 많이 들었던 고백이고, 우리 또한 동일한 고백을 하기 때문입니다. 그래서 예수 그리스도라는 말이 주는 충격이 거의 없습니다. 그러나 예수가 그리스도라는 고백은 대단히 놀라운 고백이고, 심지어 아주 두려운 고백입니다. 초대 교회 당시에는 예수가 그리스도라고 고백하려면 유대 공동체에서 쫓겨나야 했고, 목숨도 내놓아야 했기 때문입니다.

헬라 철학자들은 예수가 그리스도라는 고백을 하는 사람들을 무시했습니다. 신이 사람이 되었다는 종교는 그들의 철학에 의하면 가장 낮은 수준의 종교였습니다. "도대체 얼마나 하찮은 신이기에 사람이 되어서 십자가에서 죽었단 말인가?"

로마 정권은 그리스도인들을 핍박하고 죽였습니다. 로마 황제 말고 또 그리스도가 있다는 고백은 그들에게는 반역이었기 때문입니다. 그래서 예수를 그리스도라고 고백하면 무자비한 핍박을 가했습니다. 마귀는 예수를 그리스도라고 고백하지 못하게 하려고 수많은 이단을 일으켰습니다. 그러니 예수를 그리스도로 고백하는 것은 엄청난 일입니다. 죽기를 각오하는 담대함이 필요한 것입니다.

예수를 그리스도라고 고백하는 것은 세상을 이기는 것입니다. 세상이 감당하지 못하는 것입니다. 지금 우리는 쉽게 예수를 그리스도라고 고백하지만, 사실 정확한 의미를 알지 못하고 고백하는 분들이 대부분입니다. 정말 그 말이 무엇인지를 알고 고백하는 사람들은 지금도 변함없이 세상이 감당할 수 없는 사람입니다. 세상을 이기는 사람입니다. 예수를 그리스도라고 고백하는 것은 예수님이 참 하나님이시고, 참 사람이시라는 고백입니다. 요한 사도는 이것을 "물과 피를 거쳐서 오신 분"이라고 표현했습니다.

예수님이 물로 오셨다는 것은, 예수님이 세례를 받으셨다는 뜻입니다. 예수님은 하나님이시지만, 완전한 사람이 되신 것입니다. 예수님이 사람이 되셔야 하는 이유는, 그래야 우리 모두의 죄를 짊어지고 죽을 수 있는 존재가 되기 때문입니다. 하나님에게는 죽음이라는 것이 없습니다. 그런데 우리는 죄인입니다. 우리는 스스로를 구원할 수가 없습니다. 그래서 하나님이 우리를 구원하시려고 사람이 되셨습니다.

요한 사도는 예수님이 물로만 나신 게 아니고 피로 나셨다고 말합니다. 이 말은 예수님이 십자가에서 실제로 죽으셨다는 것입니다. 당시에 수많은 이단이 일어났기 때문에 예수님이 피로 나신 것을 강조한 것입니다. "예수님이 실제로 십자가에서 죽으신 게 아니다. 예수님이 십자가에서 죽으시기 전에 하나님의 성령이 그분을 떠나셨다. 하나님이 죽으실 수는 없는 것이다." 이렇게 주장하는 수많은 이단이 있었지만, 요한 사도는 아니라는 것입니다. 예수님은 정확하게 피 흘려 죽으셨습니다. 그랬기 때문에 우리의 모든 죄가 사함을 받게 된 것입니다. 이것을 믿는 사람이 예수가 그리스도라는 것을 믿는 것입니다.

요한 사도는 또 하나의 증거를 말하고 있는데, 바로 성령 하나님의 증언입니다. 그래서 예수님이 그리스도라는 증거는 셋입니다. 성령님과 물과 피입니다. 이 셋은 일치합니다.

"증언하시는 이가 셋인데, 곧 성령과 물과 피입니다. 이 셋은 일치합니다"요일 5:7-8.

성령 하나님이 직접 증언하셨다는 것입니다. "하나님이 자기 아들에 관해서 증언"요일 5:9 하신 것입니다. 실제로 예수님이 물로 세례를 받으실 때, 하늘에서 소리가 나서 하나님의 음성이 들렸습니다.

"너는 내 사랑하는 아들이라 내가 너를 기뻐하노라"눅 3:22, 개역개정.

또 예수님이 예루살렘에 십자가를 지러 가시기 전에 변화산에서 모세와 엘리야와 함께 예수님이 고난 당하실 것에 대해 이야기를 나누고 있을 때, 하늘에서 소리가 들렸습니다.

"내 사랑하는 아들이요 내 기뻐하는 자니"마 17:5, 개역개정.

하나님이 직접 말씀을 주셔서 증언하신 것입니다. 하나님이 이렇게까지 증언하시고 싶었던 것은 무엇일까요? 예수님이 그리스도라는 것입니다. 우리에게 결국 하시고 싶었던 말씀은, 영원한 생명이 예수님 안에 있다는 것입니다. 우리는 육신으로 사는 것으로 끝나는 존재가 아니라는 것입니다.

"그 증언은 이것이니, 곧 하나님이 우리에게 영원한 생명을 주셨다는 것과, 바로 이 생명은 그 아들 안에 있다는 것입니다" 요일 5:11.

그런데 이 영생은 예수님 안에 있습니다.

"그 아들을 모시고 있는 사람은 생명을 가지고 있고, 하나님의 아들
을 모시고 있지 않은 사람은 생명을 가지고 있지 않습니다" 요일 5:12.

우리가 예수님을 영접하면 예수님을 믿는 것입니다. 그러면 영원한
생명이 우리 속에 들어옵니다. 이것이 얼마나 놀라운 일인지를 알아야
합니다. 요한 사도는 예수를 믿는 성도들에게 영원한 생명이 있다는
확신을 심어 주려고 요한서신을 쓴 것입니다.

"나는 하나님의 아들의 이름을 믿는 사람들인 여러분에게 이 글을
씁니다. 그것은 여러분이 영원한 생명을 가지고 있다는 것을 알게
하려는 것입니다" 요일 5:13.

영원한 생명을 가지고 있다는 것을 알면, 세상이 다르게 보입니다.
더 이상 세상에 끌려가지 않습니다. 세상을 이기는 자가 됩니다. 그런
데 영원한 생명이 있다는 것을 제대로 알지 못하면, 이 세상에서의 죽
음이 두려운 것입니다. 육신의 생명에 묶여서 평생 종노릇하고 살게
되는 것입니다.

이 시간에 자신이 살아 있다는 것을 의심하는 분은 없지요? 내가 죽

었나, 살았나 의심하는 분은 없을 것입니다. 지금 내가 이렇게 살아 있다는 것을 아는 것처럼, 우리 안에 영원한 생명이 있다는 것을 아십니까? 예수를 믿으면서도 "내가 정말 영원한 생명을 소유했을까? 죽음으로 끝나지 않고 죽음 이후에 영생이 있다면, 나는 정말 그 영생을 소유했을까? 죽고 난 다음에 아는 것 아닌가?" 하는 분들이 있을 것입니다. 이것은 예수가 그리스도라는 믿음이 없는 것입니다. 말로 들어서 아는 것이지, 실제로는 예수가 그리스도라고 정확하게 믿고 고백하는 것이 아닙니다. 영생이 우리 마음속에 있음을 확신하지 못하는 것입니다.

D. L. 무디가 65세가 되었을 때, 어느 날 신문 기사에서 무디가 이제 나이가 많이 들었다는 내용이 쓰인 적이 있습니다. 물론 무디를 비판하려고 쓴 것은 아니고, 무디의 나이도 이제 많이 들었다는 것이었습니다. 그런데 무디가 주일에 설교하면서 아주 불쾌하게 그 신문 기사를 인용했습니다.

"여러분도 다 읽어 보셨죠? 신문에서 제가 나이가 많이 들었다고 합니다. 아마 제가 죽을 날이 가까웠다고 말하는 모양입니다. 그러나 나는 죽지 않습니다. 나는 100세도 넘게 살 것입니다."

교인들은 무디의 말을 듣고 고개를 숙였습니다. '나이가 많다는 것에 대해서 저렇게 화를 내다니….' 그런데 무디가 이 정도로 그쳤다면 이해해 줄만 했을텐데, "나는 천 년도 더 살 것입니다"라고 하는 것입니다. 교인들은 황당했습니다. 다들 이건 정도가 심하지 않은가, 생각했습니다. 그런데 무디가 자기는 만 년도 더 살 것이라고, 10만 년의 10만 배도 더 살 것이라고 말하는 것입니다. 교인들은 그 날 설교가 이상하게 흐르고 있다고 생각했습니다.

그 때 무디는 말했습니다. "나는 영원한 생명을 가졌기 때문입니다. 나는 영생을 가지고 있기 때문입니다. 할렐루야!" 그러자 비로서 교인들이 크게 "아멘" 했습니다. 100세 넘게 살겠다는 말에는 고개를 푹 숙이다가 영생을 가졌다는 말에는 다들 그렇게 은혜롭게 받아들였습니다. 이것이 우리가 가지고 있는 신앙의 신비입니다. 무디는 단순히 나이가 많다는 것에 불쾌했던 것이 아닙니다. 그 내용을 근거로 영생에 대한 메시지를 성도들에게 선포하고 싶었던 것입니다.

우리는 영생을 가지고 있는 존재입니다. 여러분도 이 확신이 분명합니까? 무디처럼 "나는 영생을 가지고 있어, 죽는 것은 아무런 문제가 안 돼"라고 확신합니까? 예수를 믿어도 이런 확신을 가지고 있지 못한 사람이 있습니다.

윌버 채프먼J. Wilbur Chapman 은 18세 때, 무디의 집회에서 은혜를 받았습니다. 그런데 이 청년은 자신이 정말 영생을 얻었는지에 대해 확신이 안 들었습니다. 그래서 무디에게 상담을 했습니다. 무디는 그의 고민을 듣더니, 요한복음을 한번 읽어 보라고 했습니다.

"내가 진실로 진실로 너희에게 이르노니 내 말을 듣고 또 나 보내신 이를 믿는 자는 영생을 얻었고 심판에 이르지 아니하나니 사망에서 생명으로 옮겼느니라"요 5:24, 개역개정 .

그리고 무디는 채프먼에게 물었습니다. "너 예수 믿니?", "예, 믿습니다.", "그러면 너 영생을 얻었니?", "아니요. 그게 고민입니다.", "그래? 그러면 다시 한 번 읽어 봐라." 그래서 요한복음 5장 24절을 또 읽었습니다. 그리고 무디가 또 물었습니다. "너 예수를 믿니?", "아까 믿는다고 말했잖아요.", "그러면 너 영생을 얻었니?", "아니, 그게 문제라니까요. 제가 그 점에 대해서 확신이 안 듭니다.", "그래? 그러면 또 읽어 봐라." 요한복음 5장 24절을 또 읽었습니다. 그리고 또 물었어요. "너 예수 믿니?", "아, 믿는다니까요.", "그럼 너 영생을 얻었니?", "글쎄 그게 문제라고요!" 그러자 무디가 호통을 쳤습니다. "하나님이 얻었다고 분명히 말씀하셨는데, 네가 뭔데 하나님이 말씀하신 것에 대해 믿어진다, 안 믿어진다고 하느냐! 하나님이 예수를 영접하는 자는 다 영생을 얻는다고 하셨잖아!"

그제야 채프먼은 눈이 뜨였습니다. "아, 그랬구나. 내가 예수 믿는 것이 분명하면 영생을 얻는 것이구나. 내가 왜 그것을 의심했을까?" 그리고 그는 확신을 가졌습니다. "내게는 영생이 있다." 그는 신학교에 가서 목사가 되고, 훗날 무디를 이어서 그 교회의 담임목사가 됩니다.

하나님이 우리에게 정말 원하시는 것은, 우리가 예수를 믿는 것입니다. 하나님이 우리에게 주시고 싶은 확신은, 영원한 생명이 이제 우리에게 임했다는 것입니다. 우리는 영원한 생명을 가지고 있습니다. 이 세상에서의 육신의 삶이 전부가 아닙니다. 이 세상이 전부가 아니고 하나님의 나라가 있다는 것을 믿어야 합니다. 예수가 그리스도이기 때문에 우리에게 그런 축복이 오게 된 것입니다.

"나는 하나님의 아들의 이름을 믿는 사람들인 여러분에게 이 글을 씁니다. 그것은 여러분이 영원한 생명을 가지고 있다는 것을 알게 하려는 것입니다" 요일 5:13.

여기서 안다는 것은, 믿는다는 표현보다 강한 것입니다. "제 아내가 저를 사랑하는 것을 압니다"라고 말하는 것과 "제 아내가 저를 사랑하는 것을 믿습니다"라고 하는 것은 그 뉘앙스가 좀 다릅니다. 믿는다고 이야기할 때 말하는 뉘앙스에 따라 확신할 수 없다는 표현이 담길 때가 있습니다. "믿어야지. 행동하는 것 보면 잘 안 믿어지지만, 그래도 믿어야지." 뭐, 이런 식의 의미가 담겨 있는 것입니다. 그런데 안다는 것은 정말 확신하는 것입니다. 나는 영생이 있다는 고백이 나오십니까? 예수님을 정말 바로 믿어야 합니다.

예수님과의 풍성한 사귐

영생을 얻었다는 것에 만족하지 말고, 자기 안에 있는 이 영원한 생명이 풍성해지기를 구해야 합니다. 예수님이 그렇게 약속하셨기 때문입니다.

"내가 온 것은 양으로 생명을 얻게 하고 더 풍성히 얻게 하려는 것이라" 요 10:10, 개역개정.

우리는 예수님 때문에 영생을 얻었습니다. 그러나 주님의 계획은 우리가 그 생명을 더 풍성하게 얻는 것입니다. 생명을 가지고는 있는데 풍성하지 않은 사람이 있습니다. 중환자실에 있는 사람이 그렇습니다. 살아 있지만 생명이 풍성하지 않습니다. 겨우 생존하고 있을 따름입니다. 영생을 가진 사람도 마찬가지입니다. 영생을 가졌지만 그 사람이 진짜 영생을 가졌는지, 안 가졌는지를 전혀 알 수 없을 때가 있습니다. 그래서 신앙 상담을 한두 시간 해 보면 "살아 있네. 이 사람에게도 영생은 있구나. 예수님이 마음에 계시기는 계시구나. 구원은 받았어" 하는 사람이 있습니다. 또 어떤 사람은 그냥 보기만 해도 "이 사람에게는 생명이 충만하구나. 영원한 생명이, 그 능력이 충만하구나" 하고 느껴집니다. 예수님이 십자가에서 우리를 위해 죽으실 때 우리가 어떻게 살기를 원하셨겠습니까? 생명이 있다는 것을 겨우 알게 되기를 원하셨을까요? 아닐 것입니다. 주님은 우리가 생명을 가지되, 그 생명이 넘치는 삶을 사는 것을 원하십니다.

왜 우리는 예수를 믿기는 하지만, 생명이 넘치는 삶을 살지 못할까요? 예수님과의 관계에 문제가 있기 때문입니다. 예수가 그리스도라는 것을 교리로 아는 것 가지고는 결코 생명이 풍성해지지 않습니다. 예수님의 영원한 생명이 우리의 삶 속에서 풍성해지려면, 우리가 세상을 이기는 자가 되려면, 살아 계신 주님과의 살아 있는 관계가 있어야 합니다. 요한 사도가 요한서신을 썼을 때, 그는 예수가 그리스도라는 사실을 아는 정도가 아니었습니다. 예수님이 그와 함께 계셨습니다. 예수님이 부활하시고 승천하신 후에, 요한 사도의 마음에 예수님이 성령으로 임하셨습니다. 요한 사도는 예수님이 자신과 같이 계신 것을 알았습니다. 그는 그저 영생을 가진 사람이 아니라, 생명이 풍성한 사람이었습니다. 나이도 많이 들었고, 밧모 섬에서 말할 수 없는 고난도 겪었지만 그에게는 예수님의 생명이 풍성했습니다. 살아 계신 주님이 함께 계셨기 때문입니다. 요한 사도는 고백했습니다.

> "우리의 사귐은 아버지와 또 그의 아들 예수 그리스도와 함께하는 사귐입니다" 요일 1:3.

요한 사도는 예수님과 사귀고 있었습니다. 그보다 더 놀랍게, 예수님은 요한 안에 계셨습니다. 요한 사도는 우리에게도 그렇게 예수님을 믿으라고 도전합니다.

> "그러므로 자녀 된 이 여러분, 그리스도 안에 머물러 있으십시오" 요일 2:28.

> "그 아들을 모시고 있는 사람은 생명을 가지고 있고, 하나님의 아들을 모시고 있지 않은 사람은 생명을 가지고 있지 않습니다" 요일 5:12.

예수님을 마음에 모시고 사는 사람은 그 생명이 풍성합니다. 그저 교리적인 지식으로 아는 것이 아니라, 예수님을 정말로 마음에 모시고 사는 것입니다. 놀라운 생명의 역사는 바로 이것을 통해서 오는 것입니다. 요한 사도는 예수님을 믿는 자는 마음에 영생을 가졌다는 증언이 있다고 했습니다.

"하나님의 아들을 믿는 사람은 그 증언을 자기 속에 가지고 있습니다"

요일 5:10.

예수를 믿는 사람 안에는 증언이 있습니다. 주님으로부터, 마음에서
부터 그 증언을 듣길 바랍니다.

마태복음 16장 15절에서 예수님은 제자들에게 물으셨습니다. "너희
는 나를 누구라 하느냐." 그때 어부였던 베드로가 목수였던 예수님께
대답합니다. 베드로는 아직도 생선 냄새가 나는 어부였고, 예수님의
제자가 된 지 얼마 되지 않았습니다. 예수님은 30세가 되실 때까지 목
수였습니다. 그 두 사람이 대화를 나누는 것입니다. 베드로는 예수님
께 "주는 그리스도시요, 살아 계신 하나님의 아들이시니이다"마 16:16, 개역
개정라고 했습니다. 아마 다른 사람들이 봤다면 웃었을 것입니다. 정말
말이 안 되는 상황이잖아요. 목수인 예수님에게 어떻게 "그리스도시
고, 살아 계신 하나님의 아들"이라고 말하겠습니까? 그런데 예수님이
해석해 주셨습니다. "이것은 네가 생각한 것이 아니다. 하나님이 너로
하여금 알게 하시지 않았다면 이렇게 고백할 수가 없다." 하나님이 베
드로에게 이분은 그리스도이고 하나님의 아들이라는 것을 가르쳐 주
신 것입니다.

그런데 이 일이 지금 우리에게 일어나고 있습니다. 우리도 예수님을
그리스도라고, 살아 계신 하나님의 아들이라고 믿고 고백하기 때문입

니다. 그러면 이 고백은 도대체 어찌된 일입니까? 베드로는 예수님을 보기라도 했지, 우리는 예수님을 보지도 못했습니다. 그런데 어째서 우리는 예수님을 그리스도라고, 살아 계신 하나님의 아들이라고 믿고 고백하는 걸까요? 그것은 바로 우리 안에 계시는 하나님께서 그렇다고 말씀하시기 때문입니다. 우리 속에 이 증언이 있는 것입니다. 베드로만 예수님의 말씀을 들은 것이 아니라, 우리도 지금 듣고 있는 것입니다.

"성령으로 아니하고는 누구든지 예수를 주시라 할 수 없느니라"고전 12:3, 개역개정.

예수님은 주기도문에서 하나님을 아버지라고 부르라고 하셨습니다. 당시로서는 기절초풍할 말이었습니다. 하나님을 아버지라고 부른 것 때문에 예수님이 십자가에서 죽으신 것입니다. 그런데 예수님은 제자들에게도 하나님을 아버지라고 부르라고 하셨습니다.

"예수께서 이르시되 나를 붙들지 말라 내가 아직 아버지께로 올라가지 아니하였노라 너는 내 형제들에게 가서 이르되 내가 내 아버지 곧 너희 아버지, 내 하나님 곧 너희 하나님께로 올라간다 하라 하시니"요 20:17, 개역개정.

예수님은 제자들에게 "하나님은 내 아버지시고 너희의 아버지시다"라고 말씀하십니다. 그래서 제자들은 하나님을 아버지라고 부릅니다.

지금 우리에게도 똑같은 일이 벌어지고 있습니다. 우리도 하나님께 기도할 때 아버지라고 하지 않습니까? 우리 안에 계신 분이 하나님을 아버지라고 부르라고 하셨기 때문에 우리가 하나님을 아버지라고 부르는 것입니다.

> "너희는 다시 무서워하는 종의 영을 받지 아니하고 양자의 영을 받았으므로 우리가 아빠 아버지라고 부르짖느니라"롬 8:15, 개역개정.

제자들만 주님의 말씀을 들은 것이 아닙니다. 예수를 믿는 모든 성도들은 다 그 마음에서 주님의 음성을 듣습니다.

> "내 양은 내 음성을 들으며 나는 저희를 알며 저희는 나를 따르느니라 내가 저희에게 영생을 주노니 영원히 멸망치 아니할 터이요 또 저희를 내 손에서 빼앗을 자가 없느니라"요 10:27-28, 개역한글.

이는 빈말이 아닙니다. 예수를 믿는 사람이라면 누구나 주님의 음성을 듣습니다. 영생이 있기 때문입니다. 주님의 음성을 듣는 사람은 영생이 있습니다. 이 생명은 뺏기지 않습니다. 주님은 지금도 우리와 함께하시고 우리에게 말씀하고 계십니다. 그 증언이 우리 안에 있습니다. 예수님이 내 안에 계시니, 내 안에 영생이 있는 것입니다. 영원한 생명이 내 안에 있는 것입니다. 예수님과 이렇게 살아 있는 관계 속에서 살아야 우리 안에 있는 생명이 엄청난 역사를 일으키게 됩니다.

저의 부친이 세상을 떠나시고, 어머님이 이제 혼자 지내시는데, 얼마 전에 큰 수술을 하셨습니다. 그런데 어머님이 이런 말씀을 하십니다. "나는 죽는 게 두렵지는 않아. 네 아버지 돌아가시고 사는 재미가 하나도 없어." 아버님께서 돌아가신 후 많이 쓸쓸하시고 외로우셨을 어머니의 마음을 잘 헤아려 드리지 못한 것 같아서 마음이 무거웠습니다.

우리도 언젠가는 혼자 있을 때가 옵니다. 사랑하는 사람들이 다 떠나고, 혼자만 남을 때가 옵니다. 그때 여러분은 무슨 재미로 살 것입니까? 우리와 함께 계시는 예수님과 동행하는 눈이 열리지 않으면, 어떻게 견딜 것입니까? 혼자 있는 정도가 아니라 사방에서 자기를 죽이려고 할 때는 또 어떻게 견딜 것입니까? 내 안에 계시는 예수님을 정말 알고, 그 주님과의 깊은 교제가 이뤄지지 않는다면 어떻게 견딜 수 있겠습니까? 참 생명이신 주님과의 인격적이고 친밀한 교제부터 준비해야 합니다. 그래야 인생을 헛살지 않습니다. 어떤 상황에서도 하나님이 기뻐하시는 뜻대로 살 수 있습니다.

주 예수님이 마음에 계신다는 것은 듣는 것만으로는 충분하지 않습니다. 주님과 깊이 교제하며, 24시간 주님을 바라보며, 예수님 한 분이면 충분한 믿음으로 살아야 합니다. 그것이 생명입니다. 예수님은 영원한 생명이십니다.

우리가 왜 풍성한 삶을 못 사나요? 생명을 소홀히 여기니까, 자꾸 세상을 바라보니까 그렇습니다. 이것저것이 마음속에 자꾸 들어옵니다. 이렇게 사니까 예수님의 영원한 참생명의 역사가 우리 안에서 죽어 버리는 것입니다. "아이고, 목사님. 너무 융통성이 없으시네요. 어떻게 그렇게 숨 막히게 살아요? 오직 예수, 오직 예수. 어떻게 그렇게 살아요?"
이렇게 말하는 분들도 있을 것입니다. 그렇다면 부부 사이는 어떤가
요? 좀 융통성 있게 살아 보겠습니까? "어떻게 당신만 바라보고 살란
말이야. 이렇게 여자가 많은데. 이렇게 남자가 많은데" 하며 살아 보실
래요? '오직 당신'이 기본이 되어야 세상에 나가서 이런 일도 하고 저
런 일도 하는 것입니다. 하물며 주님과의 관계는 어떻겠습니까? 오직
예수가 안 되니까 헤매고 사는 것입니다. 진정한 생명의 풍성함이 없
는 사람이 세상에서 무슨 기쁨을 얻겠습니까?

　부자 청년에게는 한 가지가 부족했습니다. 한 가지가 부족하면, 신
앙생활을 잘한 것이죠. 여러분은 몇 가지나 부족하신가요? 한 가지가
부족한 사람은 정말 교회 안에서 대단한 믿음을 가진 사람입니다. 그
런데 그 부자 청년은 천국에 못 갔습니다. 그 한 가지 부족한 것 때문에
영생을 얻지 못하고 돌아갔습니다. 이 영원한 생명을 쉽게 생각하면
안 됩니다. 전적인 은혜로 받았지만, 쉽게 생각하면 안 됩니다. 오직 주
님이십니다. 그 다음에 하나님이 주시는 것을 누릴 수 있는 힘도 생기
고, 눈도 열리고, 사명도 감당하는 것입니다. 문제는 갈망입니다. 오직
주님을 향한 갈망, 영원한 생명이신 예수님을 향한 간절한 갈망이 있
다면 다 얻은 것입니다.

　'다시 복음 앞에' 집회에서 말씀을 전해주신 한 선교사님이 있습니
다. 아주 어려운 지역에 순교를 각오하고 가 계신데, 말씀 중에 은혜의
눈이 열리게 된 과정을 간증하셨습니다. 선교사님의 아버님은 장로님
이셨고, 교회를 지으신 분입니다. 집안의 모든 친척이 예수를 잘 믿었

습니다. 초등학교에 들어가기 전까지는 예수 안 믿는 사람이 있는지도 모를 정도로 어릴 적부터 성실하게 살았습니다.

어느 날 고등학교 2학년이 된 동생이 달라져 버렸습니다. 그의 마음에 기쁨이 있는 것을 봤습니다. 그렇게 말썽꾸러기였고, 같이 장난치며 다투곤 했는데 한순간에 달라졌습니다. 갑자기 동생이 이렇게 묻더랍니다. "형, 형에게는 진정한 기쁨이 있어? 구원의 감격이 있어?" 동생한테 차마 없다고는 말할 수 없어서 "그럼, 나도 있지"라고 말했습니다. 이렇게 말은 했지만, 마음속에서는 "나는 그런 것을 모르는데, 너는 아니?"라는 질문이 일어났습니다. 그리고 동생처럼 그런 구원의 기쁨, 넘치는 기쁨, 감사와 감격을 얻어 보려고 성경을 읽기 시작했습니다.

그런데 성경을 조금만 읽어도 힘들었습니다. 읽은 말씀도 이해가 잘 안 되어서 혼자 끙끙 앓다가 결국 포기하고 동생에게 물었습니다. "솔직히 나는 잘 모르겠다. 너는 도대체 어떻게 그런 믿음을 가졌니?" 그러자 동생은 복음에 대해서 이야기해 주었습니다. 그런데 다 아는 내용이었습니다. 동생은 자신과 똑같은 복음을 알고 있었던 것입니다.

"똑같은 집안에서 자랐는데, 어떻게 동생은 그렇게 구원의 기쁨과 감격을 가지고 살며, 나는 도무지 그것을 알 수가 없는가?" 그때부터 간절한 갈망이 생겼습니다. "안다고 다 똑같은 것이 아니구나. 똑같은 집안에서 자랐다고 믿음이 똑같은 것이 아니구나." 그래서 금식 기도도 하고 새벽 예배에도 나갔습니다. "주님, 저에게 그 문을 열어 주세요. 도대체 동생이 누리고 있는 구원의 기쁨이 무엇입니까?"

그때부터 주님이 선교사님의 눈을 열어 주기 시작하셨습니다. 십자가를 바라봐도 구원의 감격이 없었는데, 자신이 어떤 죄인인가를 보는 눈을 열어 주셨습니다. 죄를 이기지 못해서 그렇게 몸부림쳤는데, "다 이루었다"요 19:30고 하셨습니다. "주님이 다 이루셨구나. 나는 감사만 하면 되는 것이구나." 나는 죽고 예수로 사는 놀라운 십자가의 복음의 비밀을 열어 주신 것입니다.

> "그리스도 예수의 사람들은 육체와 함께 그 정욕과 탐심을 십자가에 못 박았느니라"갈 5:24, 개역개정.

선교사님이 말했습니다. "하나님이 나를 십자가에 못 박으셨지만, 나도 나의 욕심을 십자가에 못 박아야 한다는 것을 알게 되었습니다. 성령님이 그렇게 하나하나 가르쳐 주셨습니다."

우리 안에 있는 예수님의 생명은 엄청난 것입니다. 세상이 어떻게 해 볼 수도 없는 것입니다. 이런 충만한 생명으로 살지 못하는 것은 억울한 것입니다. 그 이유는 딱 한 가지입니다. 예수님으로 사는 것이 얼마나 귀한지를 아직도 모르고 있기 때문입니다. 예수님이 내 마음에 계신 것을 아는데도 풍성함이 없다면, 세상에 한눈팔고 살고 있는 것입니다. 세상이 마음을 사로잡고 있는 것입니다. 회개해야 합니다. "주님. 제가 주님만 붙잡지 못했습니다. 오직 예수님이 아니었습니다. 그래서 예수님의 생명의 풍성함을 누리지 못하고 있습니다." 진심으로 회개하고, 오직 주 예수님만 갈망하고 마음을 정할 때, 주님은 반드시 풍성하게 해 주십니다.

/

예수를 그리스도라고

고백하는 것은

세상을 이기는 것입니다.

세상이 감당하지 못하는 것입니다.

요한일서 5:14-17

¹⁴ 우리가 하나님에 대하여 가지는 담대함은 이것이니, 곧 무엇이든 지 우리가 하나님의 뜻을 따라 구하면, 하나님은 우리의 청을 들어 주신다는 것입니다. ¹⁵ 우리가 무엇을 구하든지 하나님이 우리의 청을 들어주신다는 것을 알면, 우리가 하나님께 구한 것들은 우리가 받는다는 것도 압니다. ¹⁶ 누구든지 어떤 교우가 죄를 짓는 것을 볼 때에, 그것이 죽음에 이르게 하는 죄가 아니면, 하나님께 간구하십 시오. 그리하면 하나님은, 죽을죄는 짓지 않은 그 사람들에게 생명 을 주실 것입니다. 죽을죄가 있습니다. 이 죄를 두고 간구하라고 하 는 말이 아닙니다. ¹⁷ 불의한 것은 모두 죄입니다. 그러나 죽음에 이 르지 않는 죄도 있습니다.

유기성 목사님의 〈요한일서〉 강해 14강을 볼 수 있습니다.

CHAPTER 14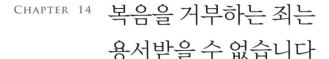

복음을 거부하는 죄는
용서받을 수 없습니다

용서받지 못할 죄는 복음을 버린 죄입니다. 예수님을 믿지 않는 죄입니다. 하나님은 분명히 어떤 죄도 용서받을 수 있는 복음을 우리에게 주셨습니다. 누구나 회개하고 예수님이 속죄주이심을 믿고 주님으로 영접하면 모든 죄를 용서받습니다. 그런데 그 복음을 거부해 버리면 용서받을 수 없습니다.

예수님을 부인하는 죄

십자가 복음의 핵심은 모든 죄가 사함을 받는 놀라운 하나님의 구원입니다. 어떤 죄인이라도 예수님이 십자가에 달려 피 흘려 주셨기에, 모든 죄가 사함을 받고 하나님의 자녀가 되는 권세를 얻게 됩니다. 이것이 예수 믿는 사람이 누리는 가장 놀라운 축복입니다. 그런데 예수님을 믿으면서도 속죄에 대한 확신을 분명히 갖지 못하는 분들이 있습니다.

김해에 있는 어느 교회의 부흥회에 갔다가 여든이 넘으신 권사님을 상담해 드린 적이 있습니다. 그 권사님은 울면서 자식을 죽인 엄마도 구원받을 수 있는지 물으셨습니다. 권사님에게는 마음속에만 묻어둔 죄가 있었습니다. 자식을 죽였다는 것입니다. 17세에 결혼해서 임신을 했습니다. 그때가 일제 시대인지라 남편이 징용에 끌려가서 행방불명이 되었습니다. 그래서 할 수 없이 아기를 낳으려고 친정으로 갔는데, 먹고살기 어려운 때 시집간 딸이 임신해서 돌아온 것을 친정식구들이 마땅치 않게 여겼습니다. 아기를 낳았는데 낳고 보니 쌍둥이였습니다. 친정식구들의 외면하는 눈초리를 이 젊은 여인이 감당할 수 없어서 한 아이에게는 젖을 주지 않았습니다. 자식을 죽인 어미, 이것이 권사님이 누구에게도 털어놓지 못한 비밀이었습니다. 이제 죽을 날이 가까이 왔다고 느껴지는데, 자신이 정말 구원받을 수 있을지를 묻고 싶으셨던 것입니다. 그 권사님은 연세가 많으신 데도 교회 청소를 도맡아 하고 계셨습니다. 누구에게도 양보하지 않으셨습니다. '이렇게라도 하면 하나님이 나를 용서하실까?' 하는 마음이었던 것입니다.

저는 그 권사님께 세 마디를 따라 하시라고 했습니다.

"자식 죽인 어미 죄, 예수님이 짊어지시고 십자가에서 죽으셨습니다. 하나님은 이제 자식을 죽인 죄를 기억하지도 않으십니다. 자식을 죽인 어미지만, 하나님은 당신의 딸로 삼으셨습니다."

이 세 마디를 따라하는 데 그렇게 시간이 오래 걸렸습니다. 그리고는 권사님은 한참 동안을 우셨습니다. 그리고 집회가 끝나고 담임목사님은 그 권사님이 그렇게 환히 웃으시는 것을 처음 봤다고 했습니다. 구원의 확신의 문을 넘은 것입니다.

유명한 부흥사 찰스 피니 Charles Finney 는 집회 때마다 예수님의 십자가 복음, 속죄의 복음, 어떤 죄도 용서받는 복음을 전했습니다. 어느 날 집회를 인도하려고 올라가는데, 험상궂게 생긴 남자가 그의 손을 붙잡았습니다. "당신이 찰스 피니요? 상담 좀 할 수 있겠습니까?" 주변 사람들은 무슨 일이 벌어질 것 같다며, 그 사람을 만나지 말라고 했습니다. 그러나 집회가 끝나고 찰스 피니는 그를 만났습니다. 그랬더니 그 남자가 자기 집으로 가자고 했습니다. 주변에서는 걱정하며 반대했지만 찰스 피니는 그를 따라갔습니다.

집에 들어가자 그 남자가 문을 걸어 잠갔습니다. 그리고 총을 꺼내 들이대면서 "내가 이 총으로 사람을 5명이나 죽였소. 어제 분명히 당신이 이야기했지. 어떤 죄인도 용서받는다고. 그 말이 사실이요? 나 같은 사람도 용서받을 수 있습니까?"라고 했습니다. 찰스 피니는 "분명히 하나님은 약속하시기를, 우리가 우리 죄를 자백하면 하나님은 신실하시고 의로우신 분이셔서 우리 죄를 용서하시고, 모든 불의에서 우리를 깨끗하게 해 주신다고 하셨습니다. 당신이 진심으로 죄를 회개하고 예수님을 영접하면 용서받을 수 있습니다"라고 대답했습니다.

그러자 그 남자는 커튼을 확 치우고 술병들과 도박판을 보여 줬습니다. "내가 여기에 수많은 사람들을 데리고 와서 패가망신시키고, 재산을 다 빼앗았습니다. 심지어 그 사람들 중에는 자살한 사람도 있습니다. 내가 이런 짓을 저질렀습니다. 이런 나도 용서받을 수 있습니까?", "물론 당신이 진심으로 회개하면, 그리고 예수를 믿으면 용서받을 수 있습니다."

남자는 방에 들어가서 한 여자를 끌고 나왔습니다. "이 사람이 내 아내입니다. 내가 사업 때문에 뉴욕에 왔을 때, 이 여자를 거의 빼앗다시피 해서 결혼했습니다. 그리고 지금까지 상습적으로 폭행을 해 왔습니다. 심지어 딸아이가 울면서 매달릴 때 그 아이를 내동댕이쳐서 아이가 난로에 부딪혔고, 팔에 장애가 생겼습니다. 우리 집은 그렇게 지옥 같은 형편에서 살았습니다. 이런 나도 구원받을 수 있습니까?", "당신이 정말 회개하고 예수를 믿고 믿음 안에서 살면 구원받을 수 있습니다." 그랬더니 그 남자는 털썩 주저앉으면서 이제 됐으니 가라고 했습니다.

찰스 피니는 그 집에서 나왔지만, 다시 가야할 것만 같았습니다. 그래서 다음 날 부흥회 스텝들과 함께 그 집을 찾아갔습니다. 그랬더니 온 집안이 난장판이 되어 있었습니다. 술병은 다 깨지고 도박판은 뒤집어지고, 그 남자는 잠을 못 잤는지 눈이 충혈되어 있었습니다. 아내와 딸들과 함께 밤새도록 운 것입니다. 아내가 남편을 붙들고 이렇게 이야기했습니다. "당신은 이제 가장 좋은 남편이에요." 딸도 "아빠는 이제 가장 좋은 아빠예요"라고 했습니다. 울면서도 그렇게도 기뻐했습니다. 찰스 피니는 그 남자가 구원받은 간증을 그의 책에 썼습니다. 십자가의 복음은 어떤 사람도 용서받고 구원받는 복음입니다. 이것은 정말 놀라운 복음입니다.

그런데 요한 사도는 본문에서 깜짝 놀랄 말을 전하고 있습니다. 용서받지 못하는 죄가 있다는 것입니다. 16절에 죽을 죄가 있다고 했습니다. 여기서 죽을 죄라는 것은 멸망당할 수밖에 없는 죄를 말합니다. 아무리 그를 위해서 기도해도 하나님은 그를 용서하실 수가 없습니다. 하나님이 우리의 어떤 죄도 용서하시려고 하나님의 독생자를 보내시고, 예수님은 우리를 어떤 죄에서도 다 건져 내시려고 십자가에서 죽으셨는데, 용서받지 못하는 죄가 있단 말입니까? 본문 말씀이 우리를 혼란스럽게 하고, 마음에 두려움을 심어 주기도 합니다. 이 문제를 가지고 사람들을 계속 어렵게 하는 분들도 있습니다. 용서받지 못하는 죄가 있기에 끊임없이 회개를 시킵니다. 성도들 중에 마음을 두렵게 하는 성경 구절을 계속 품고 있는 분도 있습니다.

여기서 말하는 용서받지 못할 죄는, 성령을 거역하는 것입니다. 이는 예수님이 직접 하신 말씀입니다.

> "또 누구든지 말로 인자를 거역하면 사하심을 얻되 누구든지 말로 성령을 거역하면 이 세상과 오는 세상에서도 사하심을 얻지 못하리라"
> 마 12:32, 개역개정.

성령을 거역하는 것은 도대체 어떤 죄일까요? 마음에 이렇게 걱정하는 분이 있습니다. '아, 내가 성령을 거역했나 봐. 예수 믿기 전에 예수 믿는 사람을 핍박했는데. 이건, 분명히 성령을 거역한 거잖아. 이건 용서를 못 받는다고 했는데.' 이런 두려움 속에 있는 분들이 있습니다. 그러나 그렇지 않습니다. 바울은 예수 믿는 사람을 핍박한 정도가 아니라 죽였습니다. 그런데도 사도로 쓰임을 받았습니다. 불신자 때, 복음을 모를 때 예수 믿는 사람을 핍박했던 것은 성령을 거역한 죄가 아닙니다.

어떤 분은 '나는 성령님께 순종 안 한 적이 많아요. 영성 일기도 쓰지 않았고, 큐티도 안 했고, 전도도 안 했고, 십일조도 못했어요. 제가 성령을 거역한 것은 아닐까요?' 하고 걱정합니다. 여러 가지 이유 때문에 자신이 성령을 거역한 것이 있을까 봐 두렵고, 혹시 그것 때문에 용서받지 못할까 봐 걱정되는 분들께 제가 단언합니다. 여러분들은 성령을 거역한 사람이 아닙니다. 다시는 고민하지 마시기 바랍니다. '내가 성령을 거역한 것은 아닐까?' 이렇게 걱정하는 것 자체가 이미 성령을 거역한 사람이 아니라는 증거입니다. 성령을 거역한 사람은 이런 고민을 하지도 않습니다. 예수 믿는 것이 오히려 이상하고, 예수 안 믿는 것을 자랑으로 여깁니다.

어떤 사람은 마음에 의심이 자꾸 듭니다. '이 성경이 진짜일까? 저 설교는 진짜일까?' 그러나 이런 분들은 시험을 당하고 있는 것입니다. 마귀가 계속해서 여러분의 마음에 의심을 주며 시험하는 것입니다. 그것은 성령을 거역하는 것이 아닙니다.

말씀대로 살지 못하고 죄짓는 일을 자꾸 반복하고 있다면, 믿음이 적은 것입니다. 아직도 믿음이 어린 상태에 있는 것이지, 성령을 거역하고 있는 것이 아닙니다. 우리의 마음속에서 성령님이 우리가 하나님이 기뻐하시는 뜻대로 살지 못하고 있다는 것을 깨우쳐 주고 계십니다. 우리는 분명하게 정신을 차리기만 하면 됩니다. 우리는 성령께서 주시는 근심을 가지고 있으니까, 성령을 거역한 것이 아닙니다.

그렇다면 용서받지 못할 죄는 도대체 무엇인가요? 예수님을 믿고 분명히 복음을 들었는데, 그 복음을 버린 사람입니다. 분명히 하나님은 어떤 죄도 용서받을 수 있는 복음을 그에게 주셨습니다. 회개하고 예수님을 믿으면, 예수님이 자신을 위해 죽으셨음을 믿으면 용서받습니다. 그런데 그 복음을 거부해 버린 것입니다. 무시하고 버린 것입니다. 요한 사도는 이런 사람들에 대해 이야기하는 것입니다.

"어린이 여러분, 지금은 마지막 때입니다. 여러분이 그리스도의 적
대자가 올 것이라는 말을 들은 것과 같이, 지금 그리스도의 적대자
가 많이 생겼습니다. 그래서 우리는 지금이 마지막 때임을 압니다.
그들이 우리에게서 갔지만, 그들은 우리에게 속한 자들이 아니었습
니다. 그들이 우리에게 속한 자들이었더라면, 그들은 우리와 함께
그대로 남아 있었을 것입니다. 그러나 결국에는 그들은 모두 우리에
게 속한 자들이 아니라는 사실이 드러나게 되었습니다"요일 2:18-19.

교회 공동체 안에 들어왔습니다. 예수를 믿는다고도 했습니다. 복
음도 들었습니다. 그런데 떠나 버렸습니다. 복음을 거부하고, 예수님
을 부인하고 떠났습니다. 그 사람들은 이미 그 영혼이 악한 영에게 완
전히 사로잡힌 사람들입니다. 그래서 그 사람들을 위해서 아무리 기도
해도 하나님께서 예수님을 버린 죄에서 그를 구원하실 수가 없습니다.
구원받을 길이 예수를 믿는 것인데, 구원받는 길 자체를 버렸으니 기
도해도 회복될 방법이 없는 것입니다.

"하나님의 선한 말씀과 장차 올 세상의 권능을 맛본 사람들이 타락
하면 그들을 새롭게 해서 회개에 이르게 할 수 없습니다. 그런 사람
들이야말로 하나님의 아들을 다시금 십자가에 못 박고 욕되게 하는
것이기 때문입니다"히 6:5-6.

마음이 강퍅해지는 것을 조심해야 합니다. 어떤 사람이 예수님을 믿

었다가 부인하고 떠날까요? 마음이 강퍅해진 사람입니다. 예수님을 부인하면 그 다음에는 용서받을 길이 없어집니다. 그래서 가장 큰 죄가 예수를 믿지 않는 죄입니다. 예수 믿고 회개하면, 죄를 다 용서받을 수 있습니다. 그런데 예수님을 부인해 버리면 용서받을 길이 없습니다.

가룟 유다가 그랬습니다. 예수님이 가룟 유다를 붙들어 주실 수가 없었습니다. 유다가 마귀를 마음에 받아들였기 때문입니다. 그래서 마귀가 가룟 유다 속에 들어와 버렸습니다. 예수님은 가룟 유다에게 "네가 하는 일을 속히 하라"요 13:27, 개역개정고 밖에는 말할 수가 없었습니다. 하나님은 아담과 하와가 선악과를 따 먹는 것을 다 보고 계셨습니다. 하지만 어떻게 하실 수가 없었습니다. 아담과 하와 스스로가 마귀를 받아들였습니다. 하나님은 안타깝게 지켜보실 수밖에 없었습니다.

왜 하나님은 배교자들을 붙들어 주지 않으실까요? 왜 용서하지 않으실까요? 하나님께서 용서하지 않으신 것이 아닙니다. 용서하실 수가 없었던 것이고, 붙들어 주실 수가 없었던 것입니다. 롯의 아내는 99.99% 구원받았습니다. 그런데도 결국 멸망하고 말았습니다. 하나님께서 롯의 아내를 구원할 모든 방법을 열어 주셨습니다. 남편도, 두 딸도 끝까지 갔는데, 롯의 아내만큼은 뒤를 돌아보고 말았습니다. 하나님이 어떻게 하실 수가 없는 것입니다. 마음에 세상이 가득하고 악한 영에 사로잡힌 사람은 하나님이 어떻게 도와주실 수가 없습니다.

한 자매가 정말 안타까운 마음으로 기도를 받으러 나왔습니다. 아마 가족 중에 그런 분이 있는 것 같았습니다. "예수님을 믿다가 버리고 간 사람이 다시 교회에 와도 용서받지 못하는 것인가요?" 그 자매에게는 심각한 문제였을 것입니다. 만일 다시 주님께로 돌아오는 경우라면 하나님이 용서 안 하실 리가 없습니다. 다시 주님께로 돌아올 수 있는 상태가 못 되니까 문제인 것입니다. 그러나 그 여부는 누구도 알 수 없습니다. 분명한 것은, 자신의 영혼을 빼앗겨 버리면 가룟 유다처럼 되고 만다는 것입니다. 예수님도 더 이상 가룟 유다에게 어떻게 말하실 수 없었습니다. 예수님만 부인하지 않으면, 용서받지 못할 죄가 없습니다. 이것은 정말 놀라운 복음인 것입니다.

죄를 안 짓도록 기도해야 합니다

예수님만 부인하지 않으면 다 용서받는다는 말을 오해하면 안 됩니다. 죄를 지어도 괜찮다는 뜻이 아닙니다. 그냥 자동적으로 용서받는다는 것이 아닙니다. 구원파는 그렇게 말합니다. 한번 예수를 믿고 나면 그 다음부터는 어떤 죄를 지어도 다 용서를 받은 것이라고 합니다. 그러나 그렇지 않습니다. 요한 사도는 기도하라고 했습니다. 예수를 믿었는데 또 죄를 짓고, 세상적으로 살면 기도해야 합니다. 그냥 두면 안 됩니다.

예수를 믿고도 죄짓는 것을 당연하게 여기는 그리스도인들이 있습니다. 정말 안타까운 일입니다. "예수를 믿었다고 어떻게 죄 안 짓고 사나?" 이런 말을 하는 시대입니다. 예수를 믿지만 세상에 살면서 죄짓는 것을 어쩔 수 없는 것으로 여깁니다. 그러나 초대 교회 때는 그렇지 않았습니다. 예수 믿으면 죄 안 짓는다고 생각했습니다. 예수를 믿는다는 말은 죄에서 떠났다는 뜻입니다. 예수를 믿으려면 목숨도 걸어야 합니다. 순교도 각오해야 합니다. 그러니 세상에서 죄를 또 짓는다는 것은 상상도 못할 일입니다. 예수를 믿고 또 죄를 지은 사람이 생기면, 심각한 문제가 생긴 것입니다. 온 교회의 기도제목이 생긴 것입니다. 이것은 대단히 심각한 문제라고 여겨야 합니다. 그가 다시 죄에서 벗어나서 온전한 삶을 살도록 기도해야 합니다. 죄짓는 것을 당연한 것으로 여기면 안 됩니다.

"하나님, 지난주에 승리하고 왔습니다. 놀라운 주간이었습니다. 하나님, 지난주는 정말 주님께 순종하였던 주간이었습니다." 이렇게 기도할 수 있는 날이 오기를 소망합니다. 평생 "하나님, 또 죄짓고 왔어요" 하다가 인생을 끝내는 것은 하나님의 뜻이 아닙니다.

요한 사도는 예수를 믿고도 죄짓는 사람을 위해 기도하라고 했습니다.

"누구든지 어떤 교우가 죄를 짓는 것을 볼 때에, 그것이 죽음에 이르게 하는 죄가 아니면, 하나님께 간구하십시오. 그리하면 하나님은, 죽을죄는 짓지 않은 그 사람들에게 생명을 주실 것입니다" 요일 5:16.

주변에서 예수 믿는데 죄짓는 사람들을 봤다면 반드시 기도해야 합니다. 어쩔 수 없는 일이라고 여기면 안 됩니다. 그냥 있으면 안 됩니다. 용서받을 수 있다고 해서 죄 지어도 된다는 것은 절대 아닙니다.

또 기도하라는 말씀은 정죄하지 말라는 뜻입니다. 누구든지 죄짓는 것을 본다면, 정죄하지 말고 하나님께 간구하십시오. 죄짓는 사람을 보면 판단하고 비난하고 소문을 내고 정죄하고, 결국 교회에서 쫓아내는 일들이 많이 있습니다. 제발 그렇게 하지 마십시오. 그렇게 하는 사람들은 예수 믿는 사람이 아닙니다. 예수를 믿고도 그렇게 할 수는 없습니다. 죄짓는 사람이 혹시 없나, 눈에 불을 켜고 찾아다니는 사람들이 있습니다. 이런 분들은 정말 무섭습니다.

어느 목사님이 장로였을 때, 한국 교회는 성령의 역사에 대해 둘로 쫙 갈라져 있었습니다. 그분이 다니던 교회에서 방언은 마귀의 역사라고 가르쳤습니다. 그래서 그분은 새벽 예배에서 방언하는 교인을 색출해 내는 사명을 받았습니다. 새벽 예배 때마다 불을 꺼 놓고 기도하는데, 기도하는 사람 옆에 가서 혹시 방언으로 기도하나 듣는 것입니다. 나중에 성령 받고 나서 그 일이 얼마나 잘못된 것이었는지 깨닫고 회개했다고 고백했습니다. 이런 분들이 교회 안에 있습니다. 누구 죄짓는 사람이 없나 살펴보고, 죄짓는 사람을 보면 무슨 큰일이라도 일어난 것처럼 소문을 냅니다.

어떤 목사님은 고등학생 때 친구가 음독자살을 시도했습니다. 가정 생활도 힘들고 여자 친구가 떠난 것 때문에 수면제를 먹었는데, 다행히 일찍 발견되어서 살았습니다. 목사님은 병원을 찾아갔습니다. 병실 문을 열고는 누워 있는 친구에게 손가락질하면서 이렇게 말했습니다.

"너도 예수 믿는 사람이냐? 너, 자살하면 지옥 간다는 것 몰라? 난 너랑 같이 교회 다녔다는 게 부끄럽다."

이렇게 혼을 내고 저주하고 문을 꽝 닫고 나왔습니다. 당시에는 그것이 잘한 일인 줄 생각했습니다. 저렇게 믿음 없는 사람들 때문에 교회가 욕을 먹는다고 생각했습니다. 나중에 예수님을 인격적으로 만나고 나서야 자신이 그때 얼마나 율법주의자였는지 깨닫고 회개했다고 합니다.

하나님 앞에서 말할 수 없는 용서를 받은 사람들끼리 교회에 모여 예배를 드리면서도, 죄를 용납하지 못하는 무서운 정죄가 있습니다.

손양원 목사님은 자신의 아들을 죽인 사람을 양아들로 삼았습니다. 그리고 그 양아들이 목사가 되었습니다. 그런데 손양원 목사님이 양아들 삼은 그를 배척한 교회가 있었다는 말을 들었습니다. 그분이 눈물로 고백했습니다. "제가 손양원 목사님의 양아들이라고 하면, 사람들이 처음에는 그러냐고 하면서 다음부터는 만나려고도 안 했습니다."

우리는 좀처럼 용서함이 없습니다. 어떤 사람이 무슨 잘못을 했다고 하면 교회에 소문이 쫙 퍼집니다. 이건 아니지 않습니까? 요한 사도는 만일 믿음의 형제 중에 죄짓는 사람을 보면 그를 위해 기도하라고 합니다. 그가 돌아오도록, 올바로 서도록, 바른 신앙생활을 하도록 기도하라고 합니다. 그러면 반드시 하나님이 들어주십니다. 요한 사도는 본문 말씀에서 하나님이 반드시 기도에 응답하시는 것에 대해 말하고 있습니다. 그것은 기도 응답에 대한 교훈이라기보다는 "제발 기도하십시오"라고 호소하는 것입니다. 죄짓는 교인을 봤으면, 제발 소문을 내거나 정죄하거나 판단하지 말고 기도하라는 것입니다.

> "우리가 무엇을 구하든지 하나님이 우리의 청을 들어주신다는 것을
> 알면, 우리가 하나님께 구한 것들은 우리가 받는다는 것도 압니다"
> 요일 5:15.

무엇을 구하든지 하나님은 다 들어주십니다. 우리의 아버지이시기 때문입니다. 그런데 14절에서 "하나님의 뜻을 따라" 구하라고 했습니다. 무엇이든지 우리가 하나님의 뜻을 따라 구하면 하나님께서는 우리의 청을 들어주십니다. 하나님께서 원하시는 대로 구하는데 우리의 기도를 들어주지 않으실 리가 없습니다. 혹시 기도 응답이 안 되었다면 그것은 하나님이 원하시지 않는 일을 구했거나 아직 하나님의 때가 아니기 때문입니다.

만일 사랑이 없다면, 하나님께 구하길 바랍니다. 하나님이 얼마나 우리가 사랑하고 살기를 원하시겠습니까? 밥을 먹을 때도, 잠자리에 들기 전에도, 아침에 일어나서도 "하나님, 제게 사랑을 주세요" 하고 기도해 보십시오. 전도를 하고 싶은데 못하시는 분, 하나님이 얼마나 우리가 전도하기를 원하시겠습니까? "나는 전도 못한다. 은사가 없다. 능력이 없다. 체험이 없다." 이런 말은 그만하고 전도하게 해 주시라고 기도해 보십시오. 우울증에 사로잡힌 분, 도무지 내 마음이 내 마음대로 안 되고, 모든 것이 그냥 답답하고 우울하고 죽고 싶은 분은 정확히 구하십시오. "하나님, 이것은 하나님 뜻이 아니잖아요. 기쁨과 감사가 하나님의 뜻이잖아요. 하나님, 제게 기쁨과 감사의 영으로 역사해 주세요." 자꾸 죄짓는 마음이 든다면 이렇게 구하십시오. "하나님, 제 안에 있는 죄를 죽여 주세요. 제 속에 자꾸 죄짓는 생각이 듭니다. 선하신 하나님, 저의 악한 마음을 다스려 주세요." 이런 각오로 기도해 보십시오. 다윗은 "하나님이여, 내 속에 정한 마음을 창조하시고 내 안에 정직한 영을 새롭게 하소서"시 51:10, 개역개정 라고 했습니다. 우리가 정말 하나님의 뜻을 구하면 하나님은 들어주십니다.

하나님의 뜻이 무엇이겠습니까? 기도의 축복, 기도의 능력을 어디에 쓰면 가장 좋을까요? 하나님이 어떤 기도를 가장 좋아하실까요? 죄짓고, 멸망의 길로 가는 믿음의 형제들이 돌아서도록 기도하는 것보다 더 좋은 일이 어디 있겠습니까? 죄로 인해 완전히 무너진 사람, 예수를 믿고도 여전히 세상에 묶여서 사는 사람, 죄의 습관을 버리지 못하는 사람이 주님께 온전히 돌아오게 해 달라고 기도하면 얼마나 좋겠습니까? 요한 사도가 말하는 것이 이것입니다. 하나님께서 우리에게 엄청난 기도의 축복을 주셨으니, 이 기도의 축복을 가지고 죄짓는 믿음의 형제를 위해서 기도해야 합니다. 그러면 하나님께서 반드시 그 기도를 들어주십니다.

언젠가 목회자 워크숍에서 서로 자신을 오픈하는 시간을 가지면서, 비밀 한 가지씩을 고백했습니다. 저도 제 비밀을 공개했습니다. 그것은 제 안에 분노가 많다는 것입니다. 사람들은 제가 그렇게 분노가 많은 사람이라는 것을 잘 모릅니다. 어떤 때는 저도 저를 속이고 지낼 때가 있습니다. 어릴 때부터 목사 아들로 자라면서 "절대로 화내면 안 돼. 싸우면 안 돼" 하며 화를 누르고 또 누르고 살았습니다. 그러나 제 속에서는 못마땅한 것이 너무 많고, 화나는 일이 너무 많았습니다. 평생 이 분노의 감정과 싸우고 살았습니다.

2001년 7월 25일의 일기를 봤습니다. 제가 안산에서 목회를 할 때입니다. 그날 부교역자들에게 얼마나 화가 났는지 모릅니다. 교회 안에서 제 마음에 드는 일이 하나도 없었습니다. 제가 하라는 대로 그렇게 하지 않은 것이었습니다. 그래서 야단도 치고 화도 냈습니다.

그날 어린이 여름성경학교를 마친 교육전도사님이 제게 메일을 보내왔습니다. 그런데 그 메일 끝에 "목사님이 무서워요"라고 써 있었습니다. 그 메일을 읽고 얼마나 화가 치밀어 오르던지요. "무섭기는 뭐가 무서워! 자기가 일을 잘해야지. 내가 괜히 무섭게 해? 제대로 일을 안 하니까, 내가 하라는 대로 안 하니까 그렇게 말하는 것이지. 그런 것을 가지고 무섭다고 하면 그게 전도사야?"

그러면서도 제 마음속에서 이런 생각이 들었습니다. '이건 성령 충만한 것이 아니잖아. 교육전도사가 담임목사한테 무섭다고 말하는 분위기는 성령 충만한 것이 아니잖아. 이것은 정상적인 은혜의 역사가 아니잖아. 우리 교회에 지금 심각한 문제가 있구나. 나에게도 뭔가 문제가 있는 것이구나.'

지금 상태에서는 아무 말도 하지 말아야겠다고 다짐하고, 매일 한 시간씩 기도했습니다. 그때 주님이 제 마음에 말씀하셨습니다.

"모든 일에 항상 기뻐하고 범사에 감사함으로 하라."

제 마음속에 찔림이 왔습니다. '아, 내게 있는 문제가 이것이구나. 나는 항상 부목사, 전도사들만 잘못했다고 생각했는데, 담임목사인 내가 짓고 있는 죄가 있었구나. 항상 기뻐하고 범사에 감사하라고 하셨는데, 그렇게 하지 못하고 있었구나.'

그러나 하나님 앞에서 하고 싶은 이야기가 있었습니다.

"하나님, 항상 기뻐하고 범사에 감사하라고 하셨지만, 교회가 이렇게 엉망으로 되고 있는데도 기뻐하고 감사할 수는 없잖아요? 일들이 지금 제대로 안 되고 있는데, 이런 상황을 보고도 어떻게 기뻐하고 감사할 수 있습니까?"

그때 주님이 또 물으셨습니다.

"그래서, 네가 화내서 잘된 일이 뭐가 있니?"

할 말이 없었습니다. 일은 더 꼬여 들어가고, 관계는 더 깨지고, 화낼 일은 더 많아졌습니다. 화를 내면 화날 일이 적어져야 하는데 더 많아지는 것이었습니다. 해결이 안 되었습니다. 주님이 다시 말씀하셨습니다.

"명심해. 오직 항상 기뻐하고 범사에 감사함으로 말도 하고 목회도 해야 한다. 문제가 있으면 쉬지 않고 기도해야 한다. 그것 때문에 기쁨을 잃어버리고 감사를 잃어버리면 안 된다."

제 마음에 얼마나 큰 깨달음이 왔는지 모릅니다. 그동안 그 말씀을 모르는 게 아니었습니다. 그 말씀으로 설교도 수없이 했습니다. 항상 기뻐하고 범사에 감사해야 하나님이 역사하실 수가 있는 것입니다. 담임목사가 항상 기쁘고 범사에 감사해야 그 교회 안에 하나님이 역사하실 수 있습니다. 그런데 항상 기뻐하고 범사에 감사하려면 쉬지 말고 기도해야 합니다. 저는 그날 일기에 이렇게 썼습니다.

기쁨의 목회와 감사의 삶을 살아야겠다. 설교도, 생활도, 모든 사람들과의 관계도 그러하다. 기도 시간을 충분히 가져야겠다. 무엇보다 먼저 기도해야겠다. "예루살렘을 떠나지 말고 내게 들은 바 아버지의 약속하신 것을 기다리라"행 1:4, 개역개정. "오직 성령이 너희에게 임하시면 너희가 권능을 받고 예루살렘과 온 유대와 사마리아와 땅

끝까지 이르러 내 증인이 되리라 하시니라"^{행 1:8, 개역개정}. 성령이 임하실 때까지 기도하고, 그 다음에 무엇이든지 하리라. 어떤 일이 있어도 화내지 말고 기도하자.

그래서 정말 화 안 내고 지금까지 목회를 해 왔을까요? 아마 우리 교회의 교역자들이 이 말을 들으면 어이없어 할지도 모르겠습니다. "아니, 그렇게 결단한 것이 그 모양이에요?" 이렇게 말할지도 모릅니다. 부끄러운 일입니다. 그러나 변화가 조금은 있었던 모양입니다.

제 아내가 안산에서 저와 같이 목회하던 목사님에게 물었습니다. "안산에 있을 때하고 지금하고 목사님이 좀 달라졌나요?" 그랬더니 그 목사님은 이렇게 말했습니다. "주님이 하셨습니다." 그때에 비하면 많이 변한 모양입니다.

사람은 반드시 바뀝니다. 기도하면 예수님이 그렇게 해 주십니다. 예수님을 부인하고 복음을 떠나지 않았다면 반드시 주님이 바꾸십니다. 죄짓는 생활을 청산하게 하시고, 온전한 삶으로 인도하십니다. 16절 말씀을 보면 주님이 우리에게 생명을 주신다고 하셨습니다. 정말 우리가 죄 안 짓고 살 수 있도록 하나님이 역사하십니다. 이것이 요한일서의 마지막 결론입니다. 결국 요한 사도는 이 말을 하려고 한 것입니다.

사망에 이르는 죄가 아니라면 하나님은 반드시 그 죄를 용서하시고, 그 죄에서 벗어나게 해 주심을 믿으시기 바랍니다. 무슨 일이 있어도 주 예수를 붙잡기 바랍니다. 십자가를 붙잡으십시오. 예수님은 우리의 삶 전체를 뒤바꾸시는 분입니다.

요한일서 5:18-21

18 하나님에게서 태어난 사람은 누구든지 죄를 짓지 않는다는 것을, 우리는 압니다. 하나님에게서 태어나신 분이 그 사람을 지켜주시므로, 악마가 그를 해치지 못합니다. 19 우리가 하나님에게서 났다는 것을 우리는 압니다. 그런데, 온 세상은 악마의 세력 아래 놓여 있습니다. 20 하나님의 아들이 오셔서, 그 참되신 분을 알 수 있도록, 우리에게 이해력을 주신 것을 우리는 압니다. 우리는 그 참되신 분 곧 하나님의 아들 예수 그리스도 안에 있습니다. 이분이 참하나님이시요, 영원한 생명이십니다. 21 자녀 된 이 여러분, 여러분은 우상을 멀리하십시오.

유기성 목사님의 〈요한일서〉 강해 15강을 볼 수 있습니다.

CHAPTER 15

주님이 지켜 주시므로
두려울 것이 없습니다

모든 예수 믿는 성도들 안에 성령님이 오셨습니다. 예수님이 우리 안에 오셨기 때문에 예수님이 우리를 지키십니다. 악한 자가 우리를 만지지도 못하게 하십니다. 우리가 죄짓지 못하게 하십니다. 이것이 예수 믿는 사람의 실상입니다.

하나님의 절대적인 보호

요한일서는 굉장히 귀한 성경입니다. 요한 사도가 성령의 감동하심으로 요한일서를 쓰면서 전하고자 했던 핵심은, 예수님은 지금도 살아 계시고 우리와 만나 주시고 우리와 사귐을 갖는 분이시라는 것입니다. 우리가 예수님을 이렇게 믿게 되면, 우리 안에 형편과 상황을 초월한 기쁨이 차고 넘치게 됩니다. 예수 믿는 삶 자체가 큰 기쁨의 삶인 것입니다.

> "우리가 이 글을 쓰는 것은 우리 서로의 기쁨이 차고 넘치게 하려는 것입니다" 요일 1:4.

우리 안에 오신 예수님을 알고, 그 예수님과 동행하는 삶을 살고, 예수님과 살아 있는 교제를 나누면 우리의 삶에 두 가지 특징이 생깁니다. 하나는 거룩한 삶을 살게 되는 것이고, 또 하나는 형제를 사랑하는 삶을 살게 되는 것입니다. 즉, 사랑만 하는 삶을 살게 된다는 것입니다. 이것은 정말 놀라운 일입니다. 자신이 예수님을 제대로 믿는지, 안 믿는지를 점검하는 기준이 되는 것입니다.

"모든 사람과 더불어 화평하게 지내고, 거룩하게 살기를 힘쓰십시오. 거룩해지지 않고서는, 아무도 주님을 뵙지 못할 것입니다" 히 12:14.

모든 사람과 화평하게 지내고 거룩하게 사는 것이 예수님을 모시고 사는 사람의 특징입니다.

"하나님의 자녀와 악마의 자녀가 여기에서 환히 드러납니다. 곧 의를 행하지 않는 사람과 자기 형제자매를 사랑하지 않는 사람은 누구나 하나님에게서 난 사람이 아닙니다" 요일 3:10.

죄짓고 의롭게 살지 않는 사람, 형제를 사랑하지 않는 사람은 마귀의 자녀입니다. 우리는 하나님의 이 말씀을 정말 믿어야 합니다. 요한 사도가 안타까워서 하는 말이, 그리스도인들 중에 죄에 빠진 사람이 생겼다는 것입니다. 요한 사도에게는 정말 있을 수 없는 일이었습니다. 요한 사도는 죄에 빠진 성도가 있다면 그를 위해 기도하라고 했습했습니다. 그러면 하나님이 그를 다시 죄에서 건지셔서 온전한 삶을 살게 해 주실 것이라고 하였습니다.

요한 사도가 이 말을 한 것은, 기도의 능력에 의지하라는 뜻도 있습니다. 우리가 무엇이든지 하나님의 뜻대로 구하면 하나님이 반드시 들어주시니, 그 능력에 의지해서 기도하라는 것입니다. 그리고 죄짓는 성도를 보면 비난하고 판단하고 정죄하지 말고, 기도해 주라는 것입니다. 교회가 영적으로 온전하지 못하면 교회 안에 죄의 역사가 나타날 때, 기도는 해 주지 않으면서 비난하고 지적하고 정죄하는 일이 벌어집니다. 하나님이 우리를 지옥에서 구원해 주시려고 독생자를 주셨는데, 예수님이 우리를 위해 십자가에 달려 피 흘리기까지 하셨는데, 우리가 다른 사람의 죄에 대해서 지적하고 비난하고 정죄한다는 것이 말이 됩니까? 그런 사람을 하나님의 자녀라고 할 수 있습니까?

그러면 우리는 물어보게 됩니다. 정말 예수 믿으면 죄 안 짓게 될까요? 요한 사도는 단호하게 말합니다. 물론입니다. 하나님이 우리를 죄짓지 않게 해 주십니다. "죄짓지 말라"는 것이 아니라, 죄짓지 않게 된다는 것입니다.

> "하나님에게서 태어난 사람은 누구든지 죄를 짓지 않는다는 것을, 우리는 압니다" 요일 5:18.

> "하나님에게서 난 사람은 누구나 죄를 짓지 않습니다. 하나님의 씨가 그 사람 속에 있기 때문입니다" 요일 3:9.

우리는 죄를 지을 수 없습니다. 우리가 하나님에게서 났기 때문입니다. 요한 사도는 예수 믿으면 죄짓지 않게 된다는 것을 우리가 안다고 했습니다. 당시에 그리스도인들은 "예수 믿으면 죄 안 짓게 된다"고 믿었던 것입니다. 대단한 확신이죠. 그런데 이것이 우리를 낙망하게 합니다. 요한 사도는 분명히 그렇게 말했고, 그때 당시에 그리스도인들은 그렇게 믿었지만, 우리는 전혀 그렇게 믿고 있지 않으니까요. 우리는 "예수 믿어도 어쩔 수 없이 죄짓고 살더라"며 오히려 정반대의 믿음을 가지고 있습니다. 아마 설문 조사를 해 보면 예수 믿어도 죄짓고 산다는 쪽으로 표가 많이 몰릴 것입니다. 왜 이렇죠? 우리가 하나님을 아직도 진짜 믿는 게 아니기 때문입니다.

하나님은 천지를 창조하셨습니다. 홍해를 가르시고, 요단 강도 가르셨습니다. 동정녀 탄생도 하나님이 하셨습니다. 예수님이 십자가에서 부활하신 것도 하나님이시니까 하신 것입니다. 죽은 나사로를 살리신 것도 하나님이십니다. 그런데 우리를 죄짓지 않게는 못하신다는 말입니까? 하나님이 하신다는 것입니다. 예수님을 믿기만 하면 죄짓지 않게 해 주신다는 것입니다. 그런데 여전히 예수 믿어도 죄짓는 줄로 믿으니까, 죄의 종노릇에서 벗어나지 못하는 것입니다.

하나님은 어떻게 우리가 죄를 안 짓게 만들어 주실 수 있을까요? 우리의 경험으로는 도무지 이해가 안 됩니다. "나는 예수 믿은 지 오래되었지만, 직분도 중직이지만, 여전히 죄짓고 삽니다. 주일에 또 죄짓고 왔다는 기도밖에는 할 게 없습니다. 정말 주님 재림하실 때까지 그럴 것 같습니다." 이것이 우리의 삶의 경험입니다. 그러니 도무지 안 믿어지는 것입니다. 그런데 하나님은 말씀의 진리로 우리에게 지적하시고 깨우쳐 주십니다. 안 믿을 수 없게 만들어 주십니다. 도대체 어떻게 예수를 믿으면 죄를 안 짓게 된다는 것입니까?

이스라엘 백성이 하도 하나님의 율법을 어기고 사니까, 나중에는 하나님이 직접 이스라엘 백성이 하나님의 율법을 온전히 지키고 살게 해 주겠다고 작정하셨습니다. 그리고 그것을 에스겔에게 예언하게 하셨습니다. 에스겔 36장 25-27절 말씀을 보면, 하나님이 에스겔에게 놀라운 약속을 주십니다. 그것은 하나님이 친히 우리를 모든 더러운 것에서, 모든 우상 숭배에서 정결하게 하시며, 새로운 영으로 우리 안에 오셔서 새 마음을 주시고, 육신에서 굳은 마음을 제거하고 부드러운 마음을 주시겠다는 것입니다.

마음이 바뀌는 것입니다. 마음이 바뀌면 삶이 바뀝니다. 마음이 안 바뀌니까 삶이 안 변하는 것입니다. 하나님의 말씀대로 살고 싶고, 죄가 너무 싫다면 왜 죄를 짓겠습니까? 흔히 육신이 약해서라고 말하지만 육신이 강해서입니다. 정직하게 말하면 죄가 나쁜 줄은 알지만 좋으니까, 끌림이 있으니까 짓는 것입니다. 그래서 하나님이 우리 안에 새로운 영으로, 성령으로 오셔서 우리의 속마음을 뒤집어 놓으시겠다는 것입니다. 그리고 우리가 하나님의 규례를 지켜 행하게 하실 것이라고 했습니다. 우리가 하나님의 말씀대로 살게 해 주시겠다는 것입니다. 하나님이 그렇게 예언하셨습니다. 그리고 이 예언은 예수님의 십자가와 부활 이후에 성령이 우리 안에 오심으로 이루어졌습니다.

에스겔의 예언처럼 모든 성도들 안에 성령님이 오셨습니다. 예수님이 우리 안에 오셨기 때문에 예수님이 우리를 지키십니다. 악한 자가 우리를 만지지도 못하게 하십니다. 우리가 죄짓지 못하게 하십니다.

> "하나님에게서 태어나신 분이 그 사람을 지켜주시므로, 악마가 그를 해치지 못합니다" 요일 5:18.

이것이 예수 믿는 사람의 실상입니다. 예수님이 내 안에 오셔서 악한 악마가 나를 해치지 못하게 지켜 주십니다. 예수를 믿었으면 이 말씀을 그대로 경험해야 합니다.

전라남도 어느 섬마을 학교에 선생님이 부임해 갔습니다. 가서 보니 아주 난감한 것이, 섬 아이들이 말하는 것이 다 욕이었습니다. 선생님은 아이들이 욕을 안 하게 만들려고 숙제를 내줬습니다. 딱지를 10장씩 나눠 주면서 욕을 하면 딱지를 뺏겠다고 했습니다. 욕을 안 한 아이, 남의 딱지를 많이 뺏은 아이는 상을 주고, 욕해서 딱지를 뺏긴 아이는 벌을 주겠다고 했습니다. 그리고 한 달 뒤에 검사하겠다고 했습니다.

학생들 중에 선생님을 좋아하는 아이가 있었습니다. 선생님이 너무 좋아서 선생님 말씀대로 하고 싶었습니다. 그런데 욕을 안 할 방법이 없었습니다. 욕이 나올 때마다 입을 틀어막아 보았지만, 자기도 모르게 말하면 다 욕이었습니다. 결국 딱지 10장을 다 뺏겼습니다. 남의 딱지는 하나도 못 뺏고 자기 딱지만 다 뺏겼습니다. 선생님이 숙제 검사를 하는데 어떤 아이는 딱지를 마흔 장이나 가지고 있었습니다. 당연히 상을 받았죠. 그런데 이 아이에게는 딱지가 한 장도 없었습니다. 결국 교무실로 불려 갔습니다.

"벌주겠다고 했지? 10대 맞아라. 뒤로 돌아서." 선생님이 회초리로 종아리를 때리시는데, 얼마나 세게 때리던지 3대를 맞으니까 더 맞으면 죽을 것 같았습니다. 도무지 더 맞을 수가 없어서 돌아섰습니다. "선생님, 때리지 마세요. 죽겠어요." 그런데 뒤돌아선 순간 바라본 선생님의 얼굴이 눈물범벅이었습니다. 그러면서 "이놈아, 내가 너는 믿었다"고 하셨습니다. 아이는 다시 돌아서서 때려 달라고 했습니다. 그리고 7대를 더 맞았는데, 하나도 안 아팠습니다.

아이는 교실로 돌아가서 책상에 엎드려 펑펑 울었습니다. 그리고 마음에 결심했습니다. "나는 커서 저 선생님처럼 될 거야." 학생이 욕한 것 때문에 너무 괴로워하면서 우시는 선생님의 얼굴이 아이를 바꿨습니다. 그 섬마을 아이가 바로 크리스찬치유상담연구원 원장이신 정태기 목사님입니다. 목사님이 직접 하신 간증에 나오는 이야기입니다.

자신이 욕한 것 때문에 우는 선생님의 얼굴이 아이의 인생을 바꾼다면, 자기 안에 오셔서 내가 죄지을 때마다 아파하시는 주님을 정말 바라보며 산다면, 어찌 삶이 변하지 않겠습니까? 예수님은 우리를 위해 십자가에서 죽으신 분입니다. 겟세마네 동산에서 그렇게 통곡하시다가 십자가에서 죽으신 주님은 우리가 죄지을 때마다 애통해하십니다. 이것을 정말 안다면 육신에 여전히 죄의 욕구가 있다고 해도 어찌 그 죄에 끌려 살 수 있겠습니까? 우리를 죄짓지 않게 하시는 하나님의 방법은, 예수님이 우리 안에 직접 오시는 것입니다. 그리고 우리가 그 예수님을 알게 되는 것입니다. 우리가 죄지을 때마다 주님의 아픔을 실제로 겪게 된다면 죄지을 사람이 아무도 없습니다.

예수 믿으면 저절로 죄 안 짓게 된다는 말이 아닙니다. 예수님이 무조건 죄 안 짓게 만들어 주신다는 뜻이 아닙니다. 예수님이 마음에 오신 것을 정말 믿고, 주 예수님을 계속 바라보면 반드시 예수님이 함께 계신 것을 알게 됩니다. 예수님을 알게 되는 눈이 뜨이면 예수님이 자기를 붙잡아 주시는 은혜를 경험하게 됩니다.

"항상 복종하여 두렵고 떨림으로 너희 구원을 이루라" 빌 2:12, 개역개정.

예수님이 마음에 임하셨다는 것이, 얼마나 놀라운 일입니까? 예수님이 지금 마음에 계시다면 두렵고 떨리는 마음으로 항상 복종해야 믿는 것이지 않겠습니까? 예수 믿는 사람들은 다 주님을 모시고 사는 사람입니다. 그것이 진짜라면 그때부터 주님은 그 사람을 지키십니다. 악한 자가 그를 만지지도 못하게 하십니다.

신학생 제자 훈련 때 어느 전도사님과 상담을 했습니다.

"목사님, 제 마음에 음란함이 너무 강하고 교만한 마음이 너무 강합니다. 이런 마음이 있는데 제가 결혼해도 될까요? 목사가 되도 될까요? 이런 마음이면 그 여자는 어떻게 되고, 교회는 어떻게 되겠습니까."

제가 그 전도사님께 대답했습니다.

"전도사님, 만일 음란한 마음과 교만한 마음이 없어지고 난 다음에 결혼을 하고 목회를 하겠다면 전도사님은 평생 결혼도 못하고 목회도 못합니다. 전도사님의 마음속에서 음란함과 교만함은 죽을 때까지 계속 역사할 것입니다. 지금 전도사님의 문제는 마음에 음란함과 교만함이 있다는 것이 아닙니다. 그것은 육신을 가지고 사니까 어쩔 수 없이 계속 일어납니다. 전도사님의 진짜 문제는 예수님을 건성으로 믿고 있는 것입니다. 음란함과 교만함이 마음속에 있는 것보다 더 중요한 것이 주 예수님이 전도사님 안에 계신 것입니다. 그런데 전도사님은 주 예수님에 대해서 너무나 모릅니다. 음란함과 교만함에 그냥 끌려 사는 것을 보면 틀림없이 전도사님은 주 예수님을 잘 모르십니다. 전도사님에게 이제 필요한 것은 주 예수님을 계속 믿고 바라보는 것입니다. 주 예수님을 인격적으로 만나고 주님과 친밀한 교제를 나누게 되면 전도사님은 더 이상 음란함과 교만함에 끌려가지 않게 될 것입니다. 주님이 이끄시는 대로 가게 될 것입니다. 결혼하고 목회하는 것은 전도사님과 주님과의 관계에 달려 있습니다."

계속해서 육신적인 역사가 일어나는 것 때문에 낙심하고 두려워하지 마시기 바랍니다. 우리는 이미 예수님을 영접한 사람들입니다. 예수님이 이미 우리 안에 계십니다. 그 예수님을 바라보고, 그 예수님과의 관계가 깊어지는 것이 열쇠입니다. 예수님이 우리를 지키시고 이끄실 수 있도록 말입니다. 죄의 역사가 강하지만, 주 예수님은 더 강하십니다. 우리를 능히 죄와 마귀의 손에서 지켜 주실 수 있는 분입니다.

예수님 때문에 사람은 바뀝니다

팀 한셀Tim Hansel 이라는 유명한 교육자가 《열정 성공 리더십》한국기독대학인회출판사, 2000 이라는 책에서 10년 만에 만난 친구의 이야기를 했습니다. 10년 전에도 그 친구는 참 성실한 그리스도인이었는데, 지금은 그저 성실한 사람이 아니라 충만한 사람이 되어 있었습니다. 기쁨이 충만하고, 얼굴에 힘이 있고, 말에도 힘이 있었습니다. 그래서 지난 10년 동안 무슨 일이 있었는지 말해 달라고 부탁했습니다.

"특별한 건 없지만 로마서에서 큰 은혜를 받았습니다. 로마서를 읽으면서 내가 죄인인 것과 또 내 안에 성령님이 계시는 것을 깨달았습니다."

"아니, 그것은 당신이 10년 전에도 알고 있었던 것 아닙니까?"

"물론입니다. 10년 전에도 내가 죄인인 것과 성령님이 내 안에 계신 것을 알고는 있었습니다. 그러나 나는 죄를 극복하지 못했습니다. 나는 알고도 계속 죄를 짓고 살았습니다. 그것 때문에 좌절하고 낙심하고 살았습니다. 그런데 이번에 로마서를 읽으면서 전혀 새로운 눈이 열렸습니다. 나는 이전에도 죄인이었고, 지금도 죄인이고, 앞으로도 죄를 지을 수밖에 없는 사람이라는 것을 성경을 통해서 분명하게 알았습니다. 그전에는 내가 죄를 지을 때마다 크게 좌절했습니다. 그러나 이제는 그것을 그냥 받아들이기로 했습니다. 나는 육신을 가지고 있기에 계속 죄가 일어나는 것을 받아들였고, 하나님께 고백했습니다. '하나님, 저는 이런 죄인입니다.'

로렌스 형제는 당신은 죄를 지을 때 어떻게 하느냐는 질문을 받았을 때 '나는 그저 하나님께 고백하고 나서 계속 살지요'라고 말했다는

데, 이제 그 형제의 말을 이해할 수 있게 되었습니다. 나는 죄를 짓는 것 때문에 몸부림치고 괴로워하고 가슴을 쥐어뜯으면서 죄책감에 시달리지 않습니다. 나는 그런 사람입니다.

그런데 더 놀라운 사실을 알았습니다. 내 안에는 죄만 있는 것이 아닙니다. 주님이 내 안에 오셔서 내 안에서 역사하십니다. 만일 내게 어떤 선한 열매가 나온다면 그것은 전적으로 주님이 하신 것입니다. 나는 이제 나를 통해서 주님이 어떻게 역사하실지 지켜보는 재미로 살고 있습니다. 나는 그저 주님이 하신 일에 감사하고 놀라고 기대할 뿐입니다. 전에는 나의 죄성을 바라보며 낙심에 빠져 살았지만, 이제는 예수님을 영접하고 난 다음에 내 안에서 역사하시는 주님을 바라보고 삽니다. 이제 나는 항상 내 삶에서 역사하시는 주님을 보고 있습니다. 이것은 일시적인 감정이 아닙니다. 정말 생생한 사실이고, 끊임없이 일어나는 사건입니다."

팀 한셀은 "내 친구는 변화되었습니다. 나쁜 사람에서 좋은 사람으로 변화된 게 아니고, 좋은 사람에서 놀라운 사람으로 바뀌었습니다"라고 썼습니다.

여러분, 이것은 모든 그리스도인에게 일어나는 일입니다. 만일 이런 일이 일어나고 있지 않다면, 예수님과의 관계에 문제가 있는 것입니다. 예수님은 이미 우리에게 오셨지만 전적으로 주님을 바라보는 삶을 살지 못하기 때문에 주님이 이런 변화를 일으키시지 못하는 것입니다.

게임이나 드라마, 좋아하십니까? 그러면 이번에 죄짓지 않는 게임을 해 보기 바랍니다. 진짜 게임을 하는 것입니다. 드라마를 좋아하는 분들은 죄짓지 않는 드라마를 한번 살아 보기 바랍니다. 그 드라마의 실제 주인공이 되는 것입니다. 주님이 나를 정말 죄짓지 않게 만드실 수 있을까요? 사랑만 하면서 사는 삶이 내게도 일어날 수 있을까요? 실제로 드라마의 주인공이 되어 보는 것입니다.

우리에게 필요한 것은 주 예수님을 바라보는 것뿐입니다. 자신이 하나님의 자녀가 되었다는 사실을 분명히 아는 것뿐입니다.

"우리가 하나님에게서 났다는 것을 우리는 압니다" 요일 5:19.

우리는 달라졌습니다. 우리는 하나님에게서 난 사람들입니다. 예수님이 우리 안에 계신 것이 그 증거입니다. 그러나 이 세상은 그렇지 않습니다. 이 세상은 악마에게 속해 있습니다. 온 세상은 악마의 세력 아래 놓여 있습니다. 악마는 이 세상에서 무슨 일을 할까요? 사람들을 죄짓게 만드는 일을 합니다. 그것이 악마의 일입니다. 그러므로 여러분, 예수 믿고도 죄짓는 삶을 사는 것은 심각한 일입니다. 죄를 짓는 사람은 악마에게서 생겨났습니다 요일 3:8. 악마는 처음부터 죄를 짓는 자이기 때문입니다. 하나님의 아들이 우리에게 오신 목적은 악마의 일을 멸하시는 것입니다. 우리가 죄짓지 않게 하시려고 오신 것입니다. 이 사실을 믿고, 주 예수님을 바라봐야 합니다. 예수님을 영접한 사람은 예수님이 내 안에 오신 것을 다 알게 돼 있습니다.

"하나님의 아들이 오셔서, 그 참되신 분을 알 수 있도록, 우리에게 이해력을 주신 것을 우리는 압니다"요일 5:20.

우리는 그 참되신 분, 곧 하나님의 아들 예수 그리스도 안에 있습니다. 이분이 참하나님이시요, 영원한 생명이십니다.

"자녀 된 이 여러분, 여러분은 우상을 멀리하십시오"요일 5:21.

요한 일서의 마지막 구절입니다. 요한 사도는 이제 100세가 가까워서 죽을 때가 되었습니다. 마지막으로 당부하고 싶은 말은 무엇이었을까요? 바로 이것이었습니다. "우상을 멀리하십시오." 요한 사도는 왜 갑자기 마지막에 이런 이야기를 했을까요? 초대 교회 당시에 그리스도인들은 우상 숭배를 했을까요? 점을 치러 다니고 귀신을 섬기고 신전 출입을 했을까요? 그런 기록은 거의 없습니다. 그런데 왜 요한 사도는 마지막에 우상을 멀리하라는 말씀으로 마치는 것일까요? 예수님을 바라보지 못하게 만드는 것이 다 우상이라는 뜻입니다. 예수님이 내 마음에 와 계시는데도 예수님을 전혀 생각하지 못하게 만드는 것이 우상입니다.

24시간 주님을 바라보지 못하게 만드는 것이 무엇입니까? 자녀와 부모일 수 있습니다. 일과 사업일 수도 있습니다. 어떤 것이라도 주님을 바라보지 못하게 만드는 것, 우리의 생각과 마음과 시각과 관심을 빼앗어 가는 것은 우상일 수 있습니다. 그것을 조심하라는 것입니다.

우상을 멀리하십시오. 우리가 24시간 주님을 바라보는 일에 자꾸 방해가 되는 것들이 있습니다. 그것 때문에 주님과의 관계가 친밀해지지 않고, 기쁨이 충만한 삶을 약속받고도 누리지 못하는 것입니다.

로빈 마이어스Robin Meyers가 지은《언더그라운드 교회》한국기독교연구소, 2013라는 책에 이런 일화가 있습니다. 어느 젊은 목사님이 큰 교회에서 만장일치로 청빙한다고 해서 갔습니다. 그런데 나중에 들으니 만장일치가 아니고 '사실상 만장일치'였습니다. 투표 결과가 243대 2였습니다. 목사님은 기분이 살짝 나빠졌습니다. 반대하는 두 사람이 있었단 말인데, 그렇다고 누구인지 물어볼 수도 없었습니다. 그래서 6개월 동안 탐정처럼 교인들을 가만히 살펴보다가 두 사람이 누구인지 감이 잡혔습니다. 그래서 목사님은 그 두 분에게 아주 잘했습니다. 그 두 사람까지 내 사람으로 만들면 이제 모든 교인이 나를 좋아하는 것이라고 생각했습니다. 그런데 목사님 재신임 투표 후 목사님은 그만 사임할 수밖에 없었습니다. 투표 결과가 243대 2였습니다. 두 사람만 좋아하고 다른 분들은 다 목사님을 싫어했던 것입니다. 참 웃지 못할 일입니다. 목사에게는 교회도, 사람도 우상일 수 있습니다.

> "이제 내가 사람들에게 좋게 하랴 하나님께 좋게 하랴 사람들에게 기쁨을 구하랴 내가 지금까지 사람들의 기쁨을 구하였다면 그리스도의 종이 아니니라"갈 1:10, 개역개정.

교인도 마찬가지입니다. 교인에게도 목사가 우상일 수 있습니다. 예수님을 바라보는 데 오히려 목사가 걸림이 될 수도 있습니다. 제가 6개월 동안 안식년을 가진다고 하니까 "목사님이 안식년을 가지면 교회가 괜찮을까요?" 하고 걱정하시는 분들이 있었습니다. "목사님 가시면 저는 어디서 은혜 받아요." 이렇게 말씀하시는 분도 있었습니다. 그래서 저는 "아, 가야겠구나. 이러다가는 심각하겠구나. 그래서 하나님이 내게 강단에서 6개월 동안 내려와 있으라고 말씀하신 것이구나" 하고 결론을 내렸습니다. 교회와 성도들이 목사를 거치지 않고도 얼마든지 주님과 친밀한 교제를 나눌 수 있는데 여전히 보이는 사람과 환경에 의존하니, 진정으로 예수님의 교회가 될 수 없는 것이죠.

지난 목회자 워크숍에서 어느 전도사님이 물으셨습니다.

"목사님, 24시간 주님을 바라보고 영성 일기를 쓰면 그것으로 끝입니까?"

저는 즉시 아니라고 했습니다. 24시간 예수님을 바라보는 것은 하나님이 우리를 훈련시키고 준비시키시는 것입니다. 그것이 끝일 수가 없습니다. 그 다음은 순종입니다. 주님이 함께 계시는 확신이 우리 안에 생기면 그 다음에는 주님이 우리에게 말씀하실 것입니다. 그러면 그때부터는 순종하는 것입니다. 하나님은 우리를 준비시키셔야 합니다. 24시간 주님을 바라보는 성도로, 교회로 준비시키셔야 우리를 쓰실 수 있습니다.

어느 장로님이 장로 수련회에 가서 물으셨습니다.

"목사님은 사랑으로 소문이 난 교회가 되어야 한다고 하셨는데, 구체적으로 무슨 계획이 있습니까?"

저는 그 장로님께 말씀드렸습니다.

"만일 우리가 사랑으로 소문 난 교회가 되기 위해 무엇을 하기 시작하면 그것은 가짜가 됩니다. 위선입니다. 자랑하려고 하는 것입니다. 그러면 오래 못 갑니다. 사람들에게 보이려고 하는 것이니까요. 우리가 할 일은 예수님과 온전히 하나 되는 일에 힘쓰는 것입니다. 예수님의 마음을 품고 사는 자로 서는 것입니다. 24시간 주님을 바라보는 것에 훈련되면, 주님은 우리의 마음에 주님의 뜻을 부어 주십니다. 주님이 무엇을 원하시는지 그냥 느끼게 됩니다. 사랑으로 소문을 낼 계획은 없습니다. 저는 그냥 주님의 마음을 가지고 했습니다. 그랬더니 사람들이 '이게 사랑이구나' 하고 느낀 것입니다. 그것만이 진짜입니다."

오늘 이 시간에도 '도대체 이게 가능이나 할까? 내 육신을 내가 아는데, 내 마음속에서 일어나는 모든 욕구와 죄성을 뻔히 아는데, 내가 어떻게 죄 안 짓고 살 수 있지?' 하는 생각이 드십니까? 그러나 주님이 하십니다. 우리 안에 오신 주님이 하십니다.

우리,
서로
사랑하자

에필로그

저희 집에는 아주 오래 전에 밧모 섬에 다녀온 선배 사모님이 선물로
주신 액자가 하나 있습니다. 사도 요한의 얼굴이 담긴 액자입니다. 요
한의 이마에 호두알 같은 굳은살이 박혀있는데, 아마도 기도하면서 이
마를 계속 바닥에 부딪혀 생긴 것일 겁니다. 저는 그 액자를 통해 야고
보만 낙타 무릎을 가진 것이 아니라 요한에게도 호두알 박힌 이마가
있었다는 것을 처음 알았습니다.

지금도 책상 앞에 놓여 있는 그 액자를 통해 유배지의 고독한 삶 속
에서, 이마에 호두알이 생길 정도로 기도했던 요한의 기도를 듣습니
다. 제게 기도의 삶과 사랑의 삶이 같이 갈 수밖에 없다는 것을 알려 주
는 것 같습니다.

성경에 써 있지는 않지만, 예수님의 어머니 마리아를 모시고 살았기
에 마음대로 살 수 없었던 순간들이 요한에게는 얼마나 많았을까요?
가족 없이 광야의 외치는 소리가 되는 것도 귀하디귀한 일이지만, 일
상에서 가족과 함께 부딪히며 말씀대로 사는 것도 그에 못지않게 귀한
일일 것입니다. 가족들과 지지고 볶고, 직장에서 어려운 일들을 겪는
일상 속에서도 사랑만 하는 축복을 누릴 수 있다고 이야기 해주는 사
도 요한의 목소리가 들리는 것 같습니다.

남편이 목회자 자녀로 겪었던 상처가 사랑이 넘치는 교회에 대한 갈

망으로 바뀌었다고 해서 우리가 그런 교회를 세울 수 있는 것은 아니었습니다. 저는 교회가 그리스도의 몸이라는 말이 성경에는 써 있지만 그냥 듣기 좋은 말일 뿐 불가능하다고 생각했던 사람이었습니다. 선한목자교회에 부임해서 일 년 반 정도가 지난 2005년 속장수련회에서 남편은 '한 몸 공동체'에 대한 이야기를 하면서 교인 모두는 아니어도 적어도 교회의 핵심 멤버들만이라도 온전한 그리스도의 몸을 이루어야 한다고 했습니다. 저는 그 이야기를 듣고 그날 참 많이 울었습니다. "성도들에게 선한 사마리아인처럼 선한 이웃이 되는 것까지는 해 보겠습니다. 가족이라고 하시니 때로는 징글징글해도 가족까지는 해 보겠습니다. 그런데 한몸이라니요? 한몸을 이룬다는 것은 불가능해요"라고 주님께 항변했습니다. 불가능하다고 말씀드렸지만 제 속내는 하기 싫다는 뜻이었습니다. 한참을 그렇게 울며 기도한 후, "그러나 진리가 그렇다고 하니 제가 진리를 취하겠습니다"라고 고백했습니다. 결단은 했지만 어떻게 해야 하는 것인지, 어떻게 이루어지는 것인지는 몰랐습니다. 그러고 나서 10년 정도의 세월이 흘렀습니다.

주님 뜻대로 사랑만 하며 살고 온전히 주님과 동행하고 싶은 갈망에 주님이 응답해 주셔서, 그 도구로 하나님께서 '영성일기'를 허락해 주셨습니다. 이를 통해 24시간 주님을 바라보는 것이 우리의 믿음을 온전케 하는 일임을 알게 되었습니다. 처음에는 일기를 나누는 일이 마음이 통하는 몇몇 사람들과만 가능하다고 생각했습니다. 그렇지만 지금은 나눌 수 있는 대상이 점점 확대되고 있습니다. 같이 영성일기를 쓰는 목적이 일기를 쓰는 일을 매일 지속할 수 있도록 서로 붙들어 주기 위함이라고 생각했는데, 하나님의 계획은 그것보다 훨씬 크다는 것을 깨닫게 되는 것 같습니다.

주님의 계획은 서로 붙잡아 주고 사랑하는 초대 교회와 같은 공동체를 세우는 일이었습니다. 뱃속까지 들여다볼 수 있도록 서로 마음을 나누다 보니 비로소 빛 가운데의 교제가 무엇인지, 회개의 기쁨이 무엇인지 알게 되었습니다. 마음을 나누다 보니 서로를 깊이 알고 이해하게 된 것입니다. 우리 모두는 누구나 예외 없이 연약한 존재이고, 서로를 보듬어 주어야 할 존재임을 깨닫고 나니, 형제의 아픔이 나의 아픔이며, 자매의 필요가 나의 필요임을 느낄 수 있게 되었습니다. 각기 다 다르지만 그 다름이 갈등의 요소가 아니라 일곱 빛 깔 무지개처럼 하나가 되어 아름다움이 되는 것을 경험하게 되었습니다. 각자가 주님의 마음과 주님의 뜻에 집중하다 보니, 십자가를 통해 서로를 사랑할 수 있는 길이 열린 것입니다.

교회의 규모가 제법 커서 이제는 교우들의 형편은커녕 얼굴조차 모르고 지내는 경우가 많습니다. 그러나 작은 규모의 소그룹들은 사랑의 공동체로서 작은 교회를 누리고 있습니다. 적어도 목회자와 그 가정들은 원형의 공동체로서 사랑의 삶을 실험하며 살고 있습니다. 물론 저희 공동체가 완벽한 공동체는 아닙니다. 교회 울타리 안에서 한 건물에 살다 보니 아이들 싸움 때문에 엄마들의 관계가 서먹해질 때도 있습니다. 그러나 적어도 우리는 "사람 사는 게 다 그렇지. 목회자 가정이라고 어떻게 다 하나가 될 수 있나? 사랑만 하면서 어떻게 살아?" 이렇게는 안 합니다. "한몸이라고 하셨는데 왜 사랑할 수 없는 겁니까? 왜 자꾸 마음에 판단이 들어오고, 싫은 마음이 들어오는 겁니까?" 이렇게 눈물로 기도하며 나아갑니다. 이런 몸부림을 통해 우리 안에 있는 둑들이 터지게 되고, 주의 은혜의 강물이 흐르는 축복을 누리게 됩니다.

공부를 많이 해서 유학까지 다녀온 사모님도 있고, 공부할 기회를 별로 얻지 못한 사모님도 있습니다. 어려운 살림에 부모님 빚까지 끌어안고 섬겨야 하는 이들도 있고, 부모님의 도움을 시시 때때로 받는 이도 있습니다. 그러나 이것이 자존심 상하는 일이 아닙니다. 어려운 일이 생긴 가정의 문제는 더 이상 남의 일이 아니라 내 일이 되었습니다.

속회마다, 모임들마다 이런 역사들이 확산되어 갑니다. 이웃의 작은 교회들이 우리의 섬김이 필요한 곳이 아니라, 우리에게 없어서는 안될 한몸으로 자리 잡기 시작했기 때문입니다. 교인은 아니라 할지라도 우리가 사는 동네의 사람들과 소외된 이들이 우리 주님의 사랑을 흘려받아야 할 이웃임을 깨닫고 섬기고 있습니다. 국내 선교사로 파송 받고 매주 비전교회들을 섬기러 가는 성도들의 모습과 골목골목을 찾아다니며 어려운 이웃의 손을 잡는 성도들의 모습을 통해 주님을 뵙습니다. 여전히 교회의 부채는 우리 힘으로는 감당할 수 없는 크기지만, 아껴서 해결될 일이 아니기에 오히려 정말 주님이 원하시는 대로 믿음과 사랑으로 교회가 나아갈 수 있었다고 고백합니다.

누가 우리들이 정말 사랑으로 사는 공동체인지 보러 온다면 실망할지도 모릅니다. "애걔, 그런 걸 가지고 뭐", "아무것도 아니네." 이럴 수도 있습니다. 그러나 우리는 사랑의 삶을 살려는 모든 수고와 실험들을 아무것도 아니라고 생각하지 않습니다. 자랑거리도 아니지만, 부끄러워하지도 않습니다. 한 번도, 아무리 사소한 사랑의 섬김도, '이까짓 거'인 적이 없었습니다. 콩 한 알을 나누려고 해도 그것이 자연스러워 질 때까지는 '이것조차도?'의 시간이 있었기 때문입니다. 사랑은 한 번도 사소한 적이 없습니다. 언제나 전심을 요구했고, 주 앞에서의 정직을 요구했습니다.

사랑만 하며 사는 축복이라는 요한일서의 메시지를 들으면서, 사랑만 하는 것이 사명이고 짐이지 무슨 축복이냐고 생각했던 제게 사랑만 하며 사는 일이 축복이라는 것을 깨닫게 하신 주님을 찬양합니다.

제게는 꿈이 있습니다. 요한 사도가 기록한 예수님의 마지막 기도가 교회를 통해 성취되는 꿈입니다. 우리가 다 사랑으로 하나가 되어, 세상이 우리를 통해 예수님을 믿게 되는 것입니다. 하나님이 나를 사랑하신 것같이 세상이 하나님의 사랑을 알고 우리를 통해 하나님의 영광을 알게 되는 것입니다요 17:21-24. 우리가 하나가 되어! 온전한 사랑의 몸을 이루어!

아무리 상처가 많은 교회라 할지라도, 현재의 모습이 초라한 교회라고 할지라도, 주님이 친히 물로 씻어 말씀으로 깨끗하게 하시기 때문에 교회의 이름은 '영광스런 교회'라는 한 가지 이름밖에 없음을 가르쳐 주시고 성도의 정체성은 '사랑'임을 십자가에서 가르쳐주신 나의 예수님께 이 사랑을 드립니다.

복의 우물이 터지는 복정동에서
이 책의 첫 번째 독자인 유기성 목사의 아내
박리부가